T&P BOOKS

# BULGAARS

## WOORDENSCHAT

THEMATISCHE WOORDENLIJST

# NEDERLANDS BULGAARS

De meest bruikbare woorden
Om uw woordenschat uit te breiden en
uw taalvaardigheid aan te scherpen

## 9000 woorden

# Thematische woordenschat Nederlands-Bulgaars - 9000 woorden

Door Andrey Taranov

Woordenlijsten van T&P Books zijn bedoeld om u woorden van een vreemde taal te helpen leren, onthouden, en bestudering. Dit woordenboek is ingedeeld in thema's en behandelt alle belangrijk terreinen van het dagelijkse leven, bedrijven, wetenschap, cultuur, etc.

Het proces van het leren van woorden met behulp van de op thema's gebaseerde aanpak van T&P Books biedt u de volgende voordelen:

- Correct gegroepeerde informatie is bepalend voor succes bij opeenvolgende stadia van het leren van woorden
- De beschikbaarheid van woorden die van dezelfde stam zijn maakt het mogelijk om woordgroepen te onthouden (in plaats van losse woorden)
- Kleine groepen van woorden faciliteren het proces van het aanmaken van associatieve verbindingen, die nodig zijn bij het consolideren van de woordenschat
- Het niveau van talenkennis kan worden ingeschat door het aantal geleerde woorden

T&P Books Publishing
www.tpbooks.com

ISBN: 978-1-78492-268-9

Dit boek is ook beschikbaar in e-boek formaat.
Gelieve www.tpbooks.com te bezoeken of de belangrijkste online boekwinkels.

# BULGAARSE WOORDENSCHAT
## nieuwe woorden leren

T&P Books woordenlijsten zijn bedoeld om u te helpen vreemde woorden te leren, te onthouden, en te bestuderen. De woordenschat bevat meer dan 9000 veel gebruikte woorden die thematisch geordend zijn.

- De woordenlijst bevat de meest gebruikte woorden
- Aanbevolen als aanvulling bij welke taalcursus dan ook
- Voldoet aan de behoeften van de beginnende en gevorderde student in vreemde talen
- Geschikt voor dagelijks gebruik, bestudering en zelftestactiviteiten
- Maakt het mogelijk om uw woordenschat te evalueren

### Bijzondere kenmerken van de woordenschat

- De woorden zijn gerangschikt naar hun betekenis, niet volgens alfabet
- De woorden worden weergegeven in drie kolommen om bestudering en zelftesten te vergemakkelijken
- Woorden in groepen worden verdeeld in kleine blokken om het leerproces te vergemakkelijken
- De woordenschat biedt een handige en eenvoudige beschrijving van elk buitenlands woord

### De woordenschat bevat 256 onderwerpen zoals:

Basisconcepten, getallen, kleuren, maanden, seizoenen, meeteenheden, kleding en accessoires, eten & voeding, restaurant, familieleden, verwanten, karakter, gevoelens, emoties, ziekten, stad, dorp, bezienswaardigheden, winkelen, geld, huis, thuis, kantoor, werken op kantoor, import & export, marketing, werk zoeken, sport, onderwijs, computer, internet, gereedschap, natuur, landen, nationaliteiten en meer ...

# INHOUDSOPGAVE

# UITSPRAAKGIDS

| T&P fonetisch alfabet | Bulgaars voorbeeld | Nederlands voorbeeld |
|---|---|---|
| [a] | сладък [sládək] | acht |
| [e] | череша [tʃeréʃa] | delen, spreken |
| [i] | килим [kilím] | bidden, tint |
| [o] | отломка [otlómka] | overeenkomst |
| [u] | улуча [ulútʃa] | hoed, doe |
| | | |
| [ə] | въже [vəʒé] | De sjwa, 'doffe e' |
| [ja], [ʲa] | вечеря [vetʃérʲa] | januari, gedetailleerd |
| [ʲu] | ключ [klʲutʃ] | jullie, aquarium |
| [ʲo] | фризьор [frizʲór] | New York, jongen |
| [ja], [ʲa] | история [istórija] | januari, gedetailleerd |
| | | |
| [b] | събота [sébota] | hebben |
| [d] | пладне [pládne] | Dank u, honderd |
| [f] | парфюм [parfúm] | feestdag, informeren |
| [g] | гараж [garáʒ] | goal, tango |
| [ʒ] | мрежа [mréʒa] | journalist, rouge |
| [j] | двубой [dvubój] | New York, januari |
| [h] | храбър [hrábər] | het, herhalen |
| [k] | колело [koleló] | kennen, kleur |
| [l] | паралел [paralél] | delen, luchter |
| [m] | мяукам [mʲaúkam] | morgen, etmaal |
| [n] | фонтан [fontán] | nemen, zonder |
| [p] | пушек [púʃek] | parallel, koper |
| [r] | крепост [krépost] | roepen, breken |
| [s] | каса [kása] | spreken, kosten |
| [t] | тютюн [tʲutʲún] | tomaat, taart |
| [v] | завивам [zavívam] | beloven, schrijven |
| [ts] | църква [tsérkva] | niets, plaats |
| [ʃ] | шапка [ʃápka] | shampoo, machine |
| [tʃ] | чорапи [tʃorápi] | Tsjechië, cello |
| [w] | уиски [wíski] | twee, willen |
| [z] | зарзават [zarzavát] | zeven, zesde |

# AFKORTINGEN
## gebruikt in de woordenschat

## Nederlandse afkortingen

| | | |
|---|---|---|
| abn | - | als bijvoeglijk naamwoord |
| bijv. | - | bijvoorbeeld |
| bn | - | bijvoeglijk naamwoord |
| bw | - | bijwoord |
| enk. | - | enkelvoud |
| enz. | - | enzovoort |
| form. | - | formele taal |
| inform. | - | informele taal |
| mann. | - | mannelijk |
| mil. | - | militair |
| mv. | - | meervoud |
| on.ww. | - | onovergankelijk werkwoord |
| ontelb. | - | ontelbaar |
| ov. | - | over |
| ov.ww. | - | overgankelijk werkwoord |
| telb. | - | telbaar |
| vn | - | voornaamwoord |
| vrouw. | - | vrouwelijk |
| vw | - | voegwoord |
| vz | - | voorzetsel |
| wisk. | - | wiskunde |
| ww | - | werkwoord |

## Nederlandse artikelen

| | | |
|---|---|---|
| de | - | gemeenschappelijk geslacht |
| de/het | - | gemeenschappelijk geslacht, onzijdig |
| het | - | onzijdig |

## Bulgaarse afkortingen

| | | |
|---|---|---|
| ж | - | vrouwelijk zelfstandig naamwoord |
| ж мн | - | vrouwelijk meervoud |
| м | - | mannelijk zelfstandig naamwoord |
| м мн | - | mannelijk meervoud |
| м, ж | - | mannelijk, vrouwelijk |

| мн | - | meervoud |
| с | - | onzijdig |
| с мн | - | onzijdig meervoud |

# BASISBEGRIPPEN

## Basisbegrippen Deel 1

### 1. Voornaamwoorden

| | | |
|---|---|---|
| ik | аз | [az] |
| jij, je | ти | [ti] |
| | | |
| hij | той | [toj] |
| zij, ze | тя | [tʲa] |
| het | то | [to] |
| | | |
| wij, we | ние | [níe] |
| jullie | вие | [víe] |
| zij, ze | те | [te] |

### 2. Begroetingen. Begroetingen. Afscheid

| | | |
|---|---|---|
| Hallo! Dag! | Здравей! | [zdravéj] |
| Hallo! | Здравейте! | [zdravéjte] |
| Goedemorgen! | Добро утро! | [dobró útro] |
| Goedemiddag! | Добър ден! | [dóbər den] |
| Goedenavond! | Добър вечер! | [dóbər vétʃer] |
| | | |
| gedag zeggen (groeten) | поздравявам | [pozdravʲávam] |
| Hoi! | Здрасти! | [zdrásti] |
| groeten (het) | поздрав (м) | [pózdrav] |
| verwelkomen (ww) | приветствувам | [privétstvuvam] |
| Hoe gaat het? | Как си? | [kak si] |
| Is er nog nieuws? | Какво ново? | [kakvó nóvo] |
| | | |
| Dag! Tot ziens! | Довиждане! | [dovíʒdane] |
| Tot snel! Tot ziens! | До скора среща! | [do skóra sréʃta] |
| Vaarwel! | Сбогом! | [zbógom] |
| afscheid nemen (ww) | сбогувам се | [sbogúvam se] |
| Tot kijk! | До скоро! | [do skóro] |
| | | |
| Dank u! | Благодаря! | [blagodarʲá] |
| Dank u wel! | Много благодаря! | [mnógo blagodarʲá] |
| Graag gedaan | Моля. | [mólʲa] |
| Geen dank! | Няма нищо. | [nʲáma níʃto] |
| Geen moeite. | Няма за какво. | [nʲáma za kakvó] |
| | | |
| Excuseer me, ... (inform.) | Извинявай! | [izvinʲávaj] |
| Excuseer me, ... (form.) | Извинявайте! | [izvinʲávajte] |
| excuseren (verontschuldigen) | извинявам | [izvinʲávam] |

| | | |
|---|---|---|
| zich verontschuldigen | извинявам се | [izvin'ávam se] |
| Mijn excuses. | Моите извинения. | [móite izvinénija] |
| Het spijt me! | Прощавайте! | [proʃtávajte] |
| alsjeblieft | моля | [mól'a] |

| | | |
|---|---|---|
| Vergeet het niet! | Не забравяйте! | [ne zabráv'ajte] |
| Natuurlijk! | Разбира се! | [razbíra se] |
| Natuurlijk niet! | Разбира се, не! | [razbíra se ne] |
| Akkoord! | Съгласен! | [səglásen] |
| Zo is het genoeg! | Стига! | [stíga] |

## 3. Hoe aan te spreken

| | | |
|---|---|---|
| meneer | Господине | [gospodíne] |
| mevrouw | Госпожо | [gospóʒo] |
| juffrouw | Госпожице | [gospóʒitse] |
| jongeman | Младежо | [mladéʒo] |
| jongen | Момче | [momtʃé] |
| meisje | Момиче | [momítʃe] |

## 4. Kardinale getallen. Deel 1

| | | |
|---|---|---|
| nul | нула (ж) | [núla] |
| een | едно | [ednó] |
| twee | две | [dve] |
| drie | три | [tri] |
| vier | четири | [tʃétiri] |

| | | |
|---|---|---|
| vijf | пет | [pet] |
| zes | шест | [ʃest] |
| zeven | седем | [sédem] |
| acht | осем | [ósem] |
| negen | девет | [dévet] |

| | | |
|---|---|---|
| tien | десет | [déset] |
| elf | единадесет | [edinádeset] |
| twaalf | дванадесет | [dvanádeset] |
| dertien | тринадесет | [trinádeset] |
| veertien | четиринадесет | [tʃetirinádeset] |

| | | |
|---|---|---|
| vijftien | петнадесет | [petnádeset] |
| zestien | шестнадесет | [ʃesnádeset] |
| zeventien | седемнадесет | [sedemnádeset] |
| achttien | осемнадесет | [osemnádeset] |
| negentien | деветнадесет | [devetnádeset] |

| | | |
|---|---|---|
| twintig | двадесет | [dvádeset] |
| eenentwintig | двадесет и едно | [dvádeset i ednó] |
| tweeëntwintig | двадесет и две | [dvádeset i dve] |
| drieëntwintig | двадесет и три | [dvádeset i tri] |
| dertig | тридесет | [trídeset] |
| eenendertig | тридесет и едно | [trídeset i ednó] |

| | | |
|---|---|---|
| tweeëndertig | тридесет и две | [trídeset i dve] |
| drieëndertig | тридесет и три | [trídeset i tri] |
| | | |
| veertig | четиридесет | [tʃetírideset] |
| eenenveertig | четиридесет и едно | [tʃetírideset i ednó] |
| tweeënveertig | четиридесет и две | [tʃetírideset i dve] |
| drieënveertig | четиридесет и три | [tʃetírideset i tri] |
| | | |
| vijftig | петдесет | [petdesét] |
| eenenvijftig | петдесет и едно | [petdesét i ednó] |
| tweeënvijftig | петдесет и две | [petdesét i dve] |
| drieënvijftig | петдесет и три | [petdesét i tri] |
| | | |
| zestig | шестдесет | [ʃestdesét] |
| eenenzestig | шестдесет и едно | [ʃestdesét i ednó] |
| tweeënzestig | шестдесет и две | [ʃestdesét i dve] |
| drieënzestig | шестдесет и три | [ʃestdesét i tri] |
| | | |
| zeventig | седемдесет | [sedemdesét] |
| eenenzeventig | седемдесет и едно | [sedemdesét i ednó] |
| tweeënzeventig | седемдесет и две | [sedemdesét i dve] |
| drieënzeventig | седемдесет и три | [sedemdesét i tri] |
| | | |
| tachtig | осемдесет | [osemdesét] |
| eenentachtig | осемдесет и едно | [osemdesét i ednó] |
| tweeëntachtig | осемдесет и две | [osemdesét i dve] |
| drieëntachtig | осемдесет и три | [osemdesét i tri] |
| | | |
| negentig | деветдесет | [devetdesét] |
| eenennegentig | деветдесет и едно | [devetdesét i ednó] |
| tweeënnegentig | деветдесет и две | [devetdesét i dve] |
| drieënnegentig | деветдесет и три | [devetdesét i tri] |

## 5. Kardinale getallen. Deel 2

| | | |
|---|---|---|
| honderd | сто | [sto] |
| tweehonderd | двеста | [dvésta] |
| driehonderd | триста | [trísta] |
| vierhonderd | четиристотин | [tʃétiri·stótin] |
| vijfhonderd | петстотин | [pét·stótin] |
| | | |
| zeshonderd | шестстотин | [ʃést·stótin] |
| zevenhonderd | седемстотин | [sédem·stótin] |
| achthonderd | осемстотин | [ósem·stótin] |
| negenhonderd | деветстотин | [dévet·stótin] |
| | | |
| duizend | хиляда (ж) | [hilʲáda] |
| tweeduizend | две хиляди | [dve hílʲadi] |
| drieduizend | три хиляди | [tri hílʲadi] |
| tienduizend | десет хиляди | [déset hílʲadi] |
| honderdduizend | сто хиляди | [sto hílʲadi] |
| | | |
| miljoen (het) | милион (м) | [milión] |
| miljard (het) | милиард (м) | [miliárt] |

## 6. Ordinale getallen

| | | |
|---|---|---|
| eerste (bn) | първи | [pérvi] |
| tweede (bn) | втори | [ftóri] |
| derde (bn) | трети | [tréti] |
| vierde (bn) | четвърти | [ʧetvérti] |
| vijfde (bn) | пети | [péti] |
| | | |
| zesde (bn) | шести | [ʃésti] |
| zevende (bn) | седми | [sédmi] |
| achtste (bn) | осми | [ósmi] |
| negende (bn) | девети | [devéti] |
| tiende (bn) | десети | [deséti] |

## 7. Getallen. Breuken

| | | |
|---|---|---|
| breukgetal (het) | дроб (м) | [drop] |
| half | една втора | [edná ftóra] |
| een derde | една трета | [edná tréta] |
| kwart | една четвърта | [edná ʧetvérta] |
| | | |
| een achtste | една осма | [edná ósma] |
| een tiende | една десета | [edná deséta] |
| twee derde | две трети | [dve tréti] |
| driekwart | три четвърти | [tri ʧetvérti] |

## 8. Getallen. Eenvoudige berekeningen

| | | |
|---|---|---|
| aftrekking (de) | изваждане (с) | [izváʒdane] |
| aftrekken (ww) | изваждам | [izváʒdam] |
| deling (de) | деление (с) | [delénie] |
| delen (ww) | деля | [delʲá] |
| | | |
| optelling (de) | събиране (с) | [səbírane] |
| erbij optellen (bij elkaar voegen) | събера | [səberá] |
| optellen (ww) | прибавям | [pribávʲam] |
| vermenigvuldiging (de) | умножение (с) | [umnoʒénie] |
| vermenigvuldigen (ww) | умножавам | [umnoʒávam] |

## 9. Getallen. Diversen

| | | |
|---|---|---|
| cijfer (het) | цифра (ж) | [tsífra] |
| nummer (het) | число (с) | [ʧisló] |
| telwoord (het) | числително име (с) | [ʧislítelno íme] |
| minteken (het) | минус (м) | [mínus] |
| plusteken (het) | плюс (м) | [plʲus] |
| formule (de) | формула (ж) | [fórmula] |
| berekening (de) | изчисление (с) | [istʃislénie] |

| tellen (ww) | броя | [brojá] |
| bijrekenen (ww) | преброявам | [prebrojávam] |
| vergelijken (ww) | сравнявам | [sravnʲávam] |

| Hoeveel? | Колко? | [kólko] |
| som (de), totaal (het) | сума (ж) | [súma] |
| uitkomst (de) | резултат (м) | [rezultát] |
| rest (de) | остатък (м) | [ostátək] |

| enkele (bijv. ~ minuten) | няколко | [nʲákolko] |
| weinig (bw) | малко ... | [málko] |
| restant (het) | остатък (м) | [ostátək] |
| anderhalf | един и половина | [edín i polovína] |
| dozijn (het) | дузина (ж) | [duzína] |

| middendoor (bw) | наполовина | [napolovína] |
| even (bw) | поравно | [porávno] |
| helft (de) | половина (ж) | [polovína] |
| keer (de) | път (м) | [pət] |

## 10. De belangrijkste werkwoorden. Deel 1

| aanbevelen (ww) | съветвам | [səvétvam] |
| aandringen (ww) | настоявам | [nastojávam] |
| aankomen (per auto, enz.) | пристигам | [pristígam] |
| aanraken (ww) | пипам | [pípam] |
| adviseren (ww) | съветвам | [səvétvam] |

| afdalen (on.ww.) | слизам | [slízam] |
| afslaan (naar rechts ~) | завивам | [zavívam] |
| antwoorden (ww) | отговарям | [otgovárʲam] |
| bang zijn (ww) | страхувам се | [strahúvam se] |
| bedreigen (bijv. met een pistool) | заплашвам | [zapláʃvam] |

| bedriegen (ww) | лъжа | [léʒa] |
| beëindigen (ww) | приключвам | [priklʲútʃvam] |
| beginnen (ww) | започвам | [zapótʃvam] |
| begrijpen (ww) | разбирам | [razbíram] |
| beheren (managen) | ръководя | [rəkovódʲa] |

| beledigen (met scheldwoorden) | оскърбявам | [oskərbʲávam] |
| beloven (ww) | обещавам | [obeʃtávam] |
| bereiden (koken) | готвя | [gótvʲa] |
| bespreken (spreken over) | обсъждам | [obséʒdam] |

| bestellen (eten ~) | поръчвам | [porétʃvam] |
| bestraffen (een stout kind ~) | наказвам | [nakázvam] |
| betalen (ww) | плащам | [pláʃtam] |
| betekenen (beduiden) | означавам | [oznatʃávam] |
| betreuren (ww) | съжалявам | [səʒalʲávam] |
| bevallen (prettig vinden) | харесвам | [harésvam] |
| bevelen (mil.) | заповядвам | [zapovʲádvam] |

18

| bevrijden (stad, enz.) | освобождавам | [osvoboзdávam] |
| bewaren (ww) | съхранявам | [səhranjávam] |
| bezitten (ww) | владея | [vladéja] |

| bidden (praten met God) | моля се | [mólja se] |
| binnengaan (een kamer ~) | влизам | [vlízam] |
| breken (ww) | чупя | [ʧúpja] |
| controleren (ww) | контролирам | [kontrolíram] |
| creëren (ww) | създам | [səzdám] |

| deelnemen (ww) | участвам | [uʧástvam] |
| denken (ww) | мисля | [míslja] |
| doden (ww) | убивам | [ubívam] |
| doen (ww) | правя | [právja] |
| dorst hebben (ww) | искам да пия | [ískam da píja] |

## 11. De belangrijkste werkwoorden. Deel 2

| een hint geven | намеквам | [namékvam] |
| eisen (met klem vragen) | изисквам | [izískvam] |
| excuseren (vergeven) | извинявам | [izvinjávam] |
| existeren (bestaan) | съществувам | [səʃtestvúvam] |
| gaan (te voet) | вървя | [vərvjá] |

| gaan zitten (ww) | сядам | [sjádam] |
| gaan zwemmen | къпя се | [képja se] |
| geven (ww) | давам | [dávam] |
| glimlachen (ww) | усмихвам се | [usmíhvam se] |
| goed raden (ww) | отгатна | [otgátna] |

| grappen maken (ww) | шегувам се | [ʃegúvam se] |
| graven (ww) | ровя | [róvja] |

| hebben (ww) | имам | [ímam] |
| helpen (ww) | помагам | [pomágam] |
| herhalen (opnieuw zeggen) | повтарям | [poftárjam] |
| honger hebben (ww) | искам да ям | [ískam da jam] |

| hopen (ww) | надявам се | [nadjávam se] |
| horen (waarnemen met het oor) | чувам | [ʧúvam] |
| huilen (wenen) | плача | [pláʧa] |
| huren (huis, kamer) | наемам | [naémam] |
| informeren (informatie geven) | информирам | [informíram] |

| instemmen (akkoord gaan) | съгласявам се | [səglasjávam se] |
| jagen (ww) | ловувам | [lovúvam] |
| kennen (kennis hebben van iemand) | познавам | [poznávam] |

| kiezen (ww) | избирам | [izbíram] |
| klagen (ww) | оплаквам се | [oplákvam se] |

| kosten (ww) | струвам | [strúvam] |
| kunnen (ww) | мога | [móga] |

| lachen (ww) | смея се | [sméja se] |
| laten vallen (ww) | изтървавам | [istərvávam] |
| lezen (ww) | чета | [t͡ʃeta] |

| liefhebben (ww) | обичам | [obít͡ʃam] |
| lunchen (ww) | обядвам | [obʲádvam] |
| nemen (ww) | взимам | [vzímam] |
| nodig zijn (ww) | трябвам | [trʲábvam] |

## 12. De belangrijkste werkwoorden. Deel 3

| onderschatten (ww) | недооценявам | [nedootsenʲávam] |
| ondertekenen (ww) | подписвам | [potpísvam] |
| ontbijten (ww) | закусвам | [zakúsvam] |
| openen (ww) | отварям | [otvárʲam] |
| ophouden (ww) | прекратявам | [prekratʲávam] |
| opmerken (zien) | забелязвам | [zabelʲázvam] |

| opscheppen (ww) | хваля се | [hválʲa se] |
| opschrijven (ww) | записвам | [zapísvam] |
| plannen (ww) | планирам | [planíram] |
| prefereren (verkiezen) | предпочитам | [pretpot͡ʃítam] |
| proberen (trachten) | опитвам се | [opítvam se] |
| redden (ww) | спасявам | [spasʲávam] |

| rekenen op ... | разчитам на ... | [rast͡ʃítam na] |
| rennen (ww) | бягам | [bʲágam] |
| reserveren (een hotelkamer ~) | резервирам | [rezervíram] |
| roepen (om hulp) | викам | [víkam] |
| schieten (ww) | стрелям | [strélʲam] |
| schreeuwen (ww) | викам | [víkam] |

| schrijven (ww) | пиша | [píʃa] |
| souperen (ww) | вечерям | [vet͡ʃérʲam] |
| spelen (kinderen) | играя | [igrája] |
| spreken (ww) | говоря | [govórʲa] |

| stelen (ww) | крада | [kradá] |
| stoppen (pauzeren) | спирам се | [spíram se] |

| studeren (Nederlands ~) | изучавам | [izut͡ʃávam] |
| sturen (zenden) | изпращам | [ispráʃtam] |
| tellen (optellen) | броя | [brojá] |
| toebehoren aan ... | принадлежа ... | [prinadleʒá] |

| toestaan (ww) | разрешавам | [razreʃávam] |
| tonen (ww) | показвам | [pokázvam] |

| twijfelen (onzeker zijn) | съмнявам се | [səmnʲávam se] |
| uitgaan (ww) | излизам | [izlízam] |
| uitnodigen (ww) | каня | [kánʲa] |
| uitspreken (ww) | произнасям | [proiznásʲam] |
| uitvaren tegen (ww) | ругая | [rugája] |

## 13. De belangrijkste werkwoorden. Deel 4

| vallen (ww) | падам | [pádam] |
|---|---|---|
| vangen (ww) | ловя | [lovʲá] |
| veranderen (anders maken) | сменям | [ménʲam] |
| verbaasd zijn (ww) | удивлявам се | [udivlʲávam se] |
| verbergen (ww) | крия | [kríja] |

| verdedigen (je land ~) | защитавам | [zaʃtitávam] |
|---|---|---|
| verenigen (ww) | обединявам | [obedinʲávam] |
| vergelijken (ww) | сравнявам | [sravnʲávam] |
| vergeten (ww) | забравям | [zabrávʲam] |
| vergeven (ww) | прощавам | [proʃtávam] |

| verklaren (uitleggen) | обяснявам | [obʲasnʲávam] |
|---|---|---|
| verkopen (per stuk ~) | продавам | [prodávam] |
| vermelden (praten over) | споменавам | [spomenávam] |
| versieren (decoreren) | украсявам | [ukrasʲávam] |
| vertalen (ww) | превеждам | [prevéʒdam] |

| vertrouwen (ww) | доверявам | [doverʲávam] |
|---|---|---|
| vervolgen (ww) | продължавам | [prodəlʒávam] |
| verwarren (met elkaar ~) | обърквам | [obérkvam] |
| verzoeken (ww) | моля | [mólʲa] |
| verzuimen (school, enz.) | пропускам | [propúskam] |

| vinden (ww) | намирам | [namíram] |
|---|---|---|
| vliegen (ww) | летя | [letʲá] |
| volgen (ww) | вървя след ... | [varvʲá slet] |
| voorstellen (ww) | предлагам | [predlágam] |

| voorzien (verwachten) | предвиждам | [predvíʒdam] |
|---|---|---|
| vragen (ww) | питам | [pítam] |

| waarnemen (ww) | наблюдавам | [nablʲudávam] |
|---|---|---|
| waarschuwen (ww) | предупреждавам | [predupreʒdávam] |
| wachten (ww) | чакам | [tʃákam] |

| weerspreken (ww) | възразявам | [vəzrazʲávam] |
|---|---|---|
| weigeren (ww) | отказвам се | [otkázvam se] |

| werken (ww) | работя | [rabótʲa] |
|---|---|---|
| weten (ww) | знам | [znam] |
| willen (verlangen) | искам | [ískam] |

| zeggen (ww) | кажа | [káʒa] |
|---|---|---|
| zich haasten (ww) | бързам | [bérzam] |

| zich interesseren voor ... | интересувам се | [interesúvam se] |
|---|---|---|
| zich vergissen (ww) | греша | [greʃá] |
| zien (ww) | виждам | [víʒdam] |

| zoeken (ww) | търся | [térsʲa] |
|---|---|---|
| zwemmen (ww) | плувам | [plúvam] |
| zwijgen (ww) | мълча | [məltʃá] |

## 14. Kleuren

| | | |
|---|---|---|
| kleur (de) | цвят (м) | [tsviat] |
| tint (de) | оттенък (м) | [otténək] |
| kleurnuance (de) | тон (м) | [ton] |
| regenboog (de) | небесна дъга (ж) | [nebésna dəgá] |
| | | |
| wit (bn) | бял | [bial] |
| zwart (bn) | черен | [ʧéren] |
| grijs (bn) | сив | [siv] |
| | | |
| groen (bn) | зелен | [zelén] |
| geel (bn) | жълт | [ʒəlt] |
| rood (bn) | червен | [ʧervén] |
| | | |
| blauw (bn) | син | [sin] |
| lichtblauw (bn) | небесносин | [nebesnosín] |
| roze (bn) | розов | [rózov] |
| oranje (bn) | оранжев | [oránʒev] |
| violet (bn) | виолетов | [violétov] |
| bruin (bn) | кафяв | [kafiáv] |
| | | |
| goud (bn) | златен | [zláten] |
| zilverkleurig (bn) | сребрист | [srebríst] |
| | | |
| beige (bn) | бежов | [béʒov] |
| roomkleurig (bn) | кремав | [krémaf] |
| turkoois (bn) | тюркоазен | [tiurkoázen] |
| kersrood (bn) | вишнев | [víʃnev] |
| lila (bn) | лилав | [liláf] |
| karmijnrood (bn) | малинов | [malínov] |
| | | |
| licht (bn) | светъл | [svétəl] |
| donker (bn) | тъмен | [təmen] |
| fel (bn) | ярък | [járək] |
| | | |
| kleur-, kleurig (bn) | цветен | [tsvéten] |
| kleuren- (abn) | цветен | [tsvéten] |
| zwart-wit (bn) | черно-бял | [ʧérno-bial] |
| eenkleurig (bn) | едноцветен | [edno·tsvéten] |
| veelkleurig (bn) | многоцветен | [mnogo·tsvéten] |

## 15. Vragen

| | | |
|---|---|---|
| Wie? | Кой? | [koj] |
| Wat? | Какво? | [kakvó] |
| Waar? | Къде? | [kədé] |
| Waarheen? | Къде? | [kədé] |
| Waarvandaan? | Откъде? | [otkədé] |
| Wanneer? | Кога? | [kogá] |
| Waarom? | За какво? | [za kakvó] |
| Waarom? | Защо? | [zaʃtó] |
| Waarvoor dan ook? | За какво? | [za kakvó] |

| | | |
|---|---|---|
| Hoe? | Как? | [kak] |
| Welk? | Кой? | [koj] |

| | | |
|---|---|---|
| Aan wie? | На кого? | [na kogó] |
| Over wie? | За кого? | [za kogó] |
| Waarover? | За какво? | [za kakvó] |
| Met wie? | С кого? | [s kogó] |

| | | |
|---|---|---|
| Hoeveel? | Колко? | [kólko] |
| Van wie? (mann.) | Чий? | [tʃij] |

## 16. Voorzetsels

| | | |
|---|---|---|
| met (bijv. ~ beleg) | с ... | [s] |
| zonder (~ accent) | без | [bez] |
| naar (in de richting van) | в, във | [v], [vəf] |
| over (praten ~) | за | [za] |
| voor (in tijd) | преди | [predí] |
| voor (aan de voorkant) | пред ... | [pret] |

| | | |
|---|---|---|
| onder (lager dan) | под | [pot] |
| boven (hoger dan) | над | [nat] |
| op (bovenop) | върху | [vərhú] |
| van (uit, afkomstig van) | от | [ot] |
| van (gemaakt van) | от | [ot] |

| | | |
|---|---|---|
| over (bijv. ~ een uur) | след | [slet] |
| over (over de bovenkant) | през | [pres] |

## 17. Functiewoorden. Bijwoorden. Deel 1

| | | |
|---|---|---|
| Waar? | Къде? | [kədé] |
| hier (bw) | тук | [tuk] |
| daar (bw) | там | [tam] |

| | | |
|---|---|---|
| ergens (bw) | някъде | [nʲákəde] |
| nergens (bw) | никъде | [níkəde] |

| | | |
|---|---|---|
| bij ... (in de buurt) | до ... | [do] |
| bij het raam | до прозореца | [do prozóretsa] |

| | | |
|---|---|---|
| Waarheen? | Къде? | [kədé] |
| hierheen (bw) | тук | [tuk] |
| daarheen (bw) | нататък | [natátək] |
| hiervandaan (bw) | оттук | [ottúk] |
| daarvandaan (bw) | оттам | [ottám] |

| | | |
|---|---|---|
| dichtbij (bw) | близо | [blízo] |
| ver (bw) | далече | [dalétʃe] |

| | | |
|---|---|---|
| in de buurt (van ...) | до | [do] |
| dichtbij (bw) | редом | [rédom] |

| | | |
|---|---|---|
| niet ver (bw) | недалече | [nedalétʃe] |
| linker (bn) | ляв | [lʲav] |
| links (bw) | отляво | [otlʲávo] |
| linksaf, naar links (bw) | вляво | [vlʲávo] |

| | | |
|---|---|---|
| rechter (bn) | десен | [désen] |
| rechts (bw) | отдясно | [otdʲásno] |
| rechtsaf, naar rechts (bw) | вдясно | [vdʲásno] |

| | | |
|---|---|---|
| vooraan (bw) | отпред | [otprét] |
| voorste (bn) | преден | [préden] |
| vooruit (bw) | напред | [naprét] |

| | | |
|---|---|---|
| achter (bw) | отзад | [otzát] |
| van achteren (bw) | отзад | [otzát] |
| achteruit (naar achteren) | назад | [nazát] |

| | | |
|---|---|---|
| midden (het) | среда (ж) | [sredá] |
| in het midden (bw) | по средата | [po sredáta] |

| | | |
|---|---|---|
| opzij (bw) | встрани | [fstraní] |
| overal (bw) | навсякъде | [nafsʲákəde] |
| omheen (bw) | наоколо | [naókolo] |

| | | |
|---|---|---|
| binnenuit (bw) | отвътре | [otvétre] |
| naar ergens (bw) | някъде | [nʲákəde] |
| rechtdoor (bw) | направо | [naprávo] |
| terug (bijv. ~ komen) | обратно | [obrátno] |

| | | |
|---|---|---|
| ergens vandaan (bw) | откъдето и да е | [otkədéto i da e] |
| ergens vandaan | отнякъде | [otnʲákəde] |
| (en dit geld moet ~ komen) | | |

| | | |
|---|---|---|
| ten eerste (bw) | първо | [pérvo] |
| ten tweede (bw) | второ | [ftóro] |
| ten derde (bw) | трето | [tréto] |

| | | |
|---|---|---|
| plotseling (bw) | изведнъж | [izvednéʃ] |
| in het begin (bw) | в началото | [f natʃáloto] |
| voor de eerste keer (bw) | за пръв път | [za prəv pét] |
| lang voor ... (bw) | много време преди ... | [mnógo vréme predí] |
| opnieuw (bw) | наново | [nanóvo] |
| voor eeuwig (bw) | завинаги | [zavínagi] |

| | | |
|---|---|---|
| nooit (bw) | никога | [níkoga] |
| weer (bw) | пак | [pak] |
| nu (bw) | сега | [segá] |
| vaak (bw) | често | [tʃésto] |
| toen (bw) | тогава | [togáva] |
| urgent (bw) | срочно | [srótʃno] |
| meestal (bw) | обикновено | [obiknovéno] |

| | | |
|---|---|---|
| trouwens, ... | между другото ... | [méʒdu drúgoto] |
| (tussen haakjes) | | |
| mogelijk (bw) | възможно | [vəzmóʒno] |
| waarschijnlijk (bw) | вероятно | [verojátno] |

| | | |
|---|---|---|
| misschien (bw) | може би | [móʒe bi] |
| trouwens (bw) | освен това, ... | [osvén tová] |
| daarom ... | затова | [zatová] |
| in weerwil van ... | въпреки че ... | [vápreki ʧe] |
| dankzij ... | благодарение на ... | [blagodarénie na] |

| | | |
|---|---|---|
| wat (vn) | какво | [kakvó] |
| dat (vw) | че | [ʧe] |
| iets (vn) | нещо | [néʃto] |
| iets | нещо | [néʃto] |
| niets (vn) | нищо | [níʃto] |

| | | |
|---|---|---|
| wie (~ is daar?) | кой | [koj] |
| iemand (een onbekende) | някой | [nʲákoj] |
| iemand | някой | [nʲákoj] |
| (een bepaald persoon) | | |

| | | |
|---|---|---|
| niemand (vn) | никой | [níkoj] |
| nergens (bw) | никъде | [níkəde] |
| niemands (bn) | ничий | [níʧij] |
| iemands (bn) | нечий | [néʧij] |

| | | |
|---|---|---|
| zo (Ik ben ~ blij) | така | [taká] |
| ook (evenals) | също така | [séʃto taká] |
| alsook (eveneens) | също | [séʃto] |

## 18. Functiewoorden. Bijwoorden. Deel 2

| | | |
|---|---|---|
| Waarom? | Защо? | [zaʃtó] |
| om een bepaalde reden | кой знае защо | [koj znáe zaʃtó] |
| omdat ... | защото ... | [zaʃtóto] |
| voor een bepaald doel | кой знае защо | [koj znáe zaʃtó] |

| | | |
|---|---|---|
| en (vw) | и | [i] |
| of (vw) | или | [ilí] |
| maar (vw) | но | [no] |
| voor (vz) | за | [za] |

| | | |
|---|---|---|
| te (~ veel mensen) | прекалено | [prekaléno] |
| alleen (bw) | само | [sámo] |
| precies (bw) | точно | [tóʧno] |
| ongeveer (~ 10 kg) | около | [ókolo] |

| | | |
|---|---|---|
| omstreeks (bw) | приблизително | [priblizítelno] |
| bij benadering (bn) | приблизителен | [priblizítelen] |
| bijna (bw) | почти | [poʧtí] |
| rest (de) | остатък (м) | [ostátək] |

| | | |
|---|---|---|
| de andere (tweede) | друг | [druk] |
| ander (bn) | друг | [druk] |
| elk (bn) | всеки | [fséki] |
| om het even welk | всеки | [fséki] |
| veel (grote hoeveelheid) | много | [mnógo] |
| veel mensen | много | [mnógo] |

| | | |
|---|---|---|
| iedereen (alle personen) | всички | [fsítʃki] |
| in ruil voor … | в обмяна на … | [v obmʲána na] |
| in ruil (bw) | в замяна | [v zamʲána] |
| met de hand (bw) | ръчно | [rétʃno] |
| onwaarschijnlijk (bw) | едва ли | [edvá li] |
| | | |
| waarschijnlijk (bw) | вероятно | [verojátno] |
| met opzet (bw) | специално | [spetsiálno] |
| toevallig (bw) | случайно | [slutʃájno] |
| | | |
| zeer (bw) | много | [mnógo] |
| bijvoorbeeld (bw) | например | [naprímer] |
| tussen (~ twee steden) | между | [meʒdú] |
| tussen (te midden van) | сред | [sret] |
| zoveel (bw) | толкова | [tólkova] |
| vooral (bw) | особено | [osóbeno] |

# Basisbegrippen Deel 2

## 19. Dagen van de week

| | | |
|---|---|---|
| maandag (de) | понеделник (м) | [ponedélnik] |
| dinsdag (de) | вторник (м) | [ftórnik] |
| woensdag (de) | сряда (ж) | [srʲáda] |
| donderdag (de) | четвъртък (м) | [tʃetvértək] |
| vrijdag (de) | петък (м) | [pétək] |
| zaterdag (de) | събота (ж) | [sébota] |
| zondag (de) | неделя (ж) | [nedélʲa] |
| | | |
| vandaag (bw) | днес | [dnes] |
| morgen (bw) | утре | [útre] |
| overmorgen (bw) | вдругиден | [vdrugidén] |
| gisteren (bw) | вчера | [vtʃéra] |
| eergisteren (bw) | завчера | [závtʃera] |
| | | |
| dag (de) | ден (м) | [den] |
| werkdag (de) | работен ден (м) | [rabóten den] |
| feestdag (de) | празничен ден (м) | [práznitʃen den] |
| verlofdag (de) | почивен ден (м) | [potʃíven dén] |
| weekend (het) | почивни дни (м мн) | [potʃívni dni] |
| | | |
| de hele dag (bw) | цял ден | [tsʲal den] |
| de volgende dag (bw) | на следващия ден | [na slédvaʃtija den] |
| twee dagen geleden | преди два дена | [predí dva déna] |
| aan de vooravond (bw) | в навечерието | [v navetʃérieto] |
| dag-, dagelijks (bn) | всекидневен | [fsekidnéven] |
| elke dag (bw) | всекидневно | [fsekidnévno] |
| | | |
| week (de) | седмица (ж) | [sédmitsa] |
| vorige week (bw) | през миналата седмица | [pres mínalata sédmitsa] |
| volgende week (bw) | през следващата седмица | [pres slédvaʃtata sédmitsa] |
| wekelijks (bn) | седмичен | [sédmitʃen] |
| elke week (bw) | седмично | [sédmitʃno] |
| twee keer per week | два пъти на седмица | [dva petí na sédmitsa] |
| elke dinsdag | всеки вторник | [fséki ftórnik] |

## 20. Uren. Dag en nacht

| | | |
|---|---|---|
| morgen (de) | сутрин (ж) | [sútrin] |
| 's morgens (bw) | сутринта | [sutrintá] |
| middag (de) | пладне (с) | [pládne] |
| 's middags (bw) | следобед | [sledóbet] |
| | | |
| avond (de) | вечер (ж) | [vétʃer] |
| 's avonds (bw) | вечер | [vétʃer] |

27

| | | |
|---|---|---|
| nacht (de) | нощ (ж) | [noʃt] |
| 's nachts (bw) | нощем | [nóʃtem] |
| middernacht (de) | полунощ (ж) | [polunóʃt] |

| | | |
|---|---|---|
| seconde (de) | секунда (ж) | [sekúnda] |
| minuut (de) | минута (ж) | [minúta] |
| uur (het) | час (м) | [ʧas] |
| halfuur (het) | половин час (м) | [polovín ʧas] |
| kwartier (het) | четвърт (ж) час | [ʧétvərt ʧas] |
| vijftien minuten | петнадесет минути | [petnádeset minúti] |
| etmaal (het) | денонощие (с) | [denonóʃtie] |

| | | |
|---|---|---|
| zonsopgang (de) | изгрев слънце (с) | [ízgrev sléntsə] |
| dageraad (de) | разсъмване (с) | [rassémvane] |
| vroege morgen (de) | ранна сутрин (ж) | [ránna sútrin] |
| zonsondergang (de) | залез (м) | [zález] |

| | | |
|---|---|---|
| 's morgens vroeg (bw) | рано сутрин | [ráno sútrin] |
| vanmorgen (bw) | тази сутрин | [tázi sútrin] |
| morgenochtend (bw) | утре сутрин | [útre sútrin] |

| | | |
|---|---|---|
| vanmiddag (bw) | днес през деня | [dnes pres denʲá] |
| 's middags (bw) | следобед | [sledóbet] |
| morgenmiddag (bw) | утре следобед | [útre sledóbet] |

| | | |
|---|---|---|
| vanavond (bw) | довечера | [dovéʧera] |
| morgenavond (bw) | утре вечер | [útre véʧer] |

| | | |
|---|---|---|
| klokslag drie uur | точно в три часа | [tóʧno v tri ʧasá] |
| ongeveer vier uur | около четири часа | [ókolo ʧétiri ʧasá] |
| tegen twaalf uur | към дванадесет часа | [kəm dvanádeset ʧasá] |

| | | |
|---|---|---|
| over twintig minuten | след двадесет минути | [slet dvádeset minúti] |
| over een uur | след един час | [slet edín ʧas] |
| op tijd (bw) | навреме | [navréme] |

| | | |
|---|---|---|
| kwart voor … | без четвърт … | [bes ʧétvərt] |
| binnen een uur | в течение на един час | [v teʧénie na edín ʧas] |
| elk kwartier | на всеки петнадесет минути | [na fséki petnádeset minúti] |
| de klok rond | цяло денонощие | [tsʲálo denonóʃtie] |

## 21. Maanden. Seizoenen

| | | |
|---|---|---|
| januari (de) | януари (м) | [januári] |
| februari (de) | февруари (м) | [fevruári] |
| maart (de) | март (м) | [mart] |
| april (de) | април (м) | [apríl] |
| mei (de) | май (м) | [maj] |
| juni (de) | юни (м) | [júni] |

| | | |
|---|---|---|
| juli (de) | юли (м) | [júli] |
| augustus (de) | август (м) | [ávgust] |
| september (de) | септември (м) | [septémvri] |

| oktober (de) | октомври (м) | [októmvri] |
| november (de) | ноември (м) | [noémvri] |
| december (de) | декември (м) | [dekémvri] |

| lente (de) | пролет (ж) | [prólet] |
| in de lente (bw) | през пролетта | [prez prolettá] |
| lente- (abn) | пролетен | [próleten] |

| zomer (de) | лято (c) | [l'áto] |
| in de zomer (bw) | през лятото | [prez l'átoto] |
| zomer-, zomers (bn) | летен | [léten] |

| herfst (de) | есен (ж) | [ésen] |
| in de herfst (bw) | през есента | [prez esentá] |
| herfst- (abn) | есенен | [ésenen] |

| winter (de) | зима (ж) | [zíma] |
| in de winter (bw) | през зимата | [prez zímata] |
| winter- (abn) | зимен | [zímen] |

| maand (de) | месец (м) | [mésets] |
| deze maand (bw) | през този месец | [pres tózi mésets] |
| volgende maand (bw) | през следващия месец | [prez slédvaʃtija mésets] |
| vorige maand (bw) | през миналия месец | [prez mínalija mésets] |

| een maand geleden (bw) | преди един месец | [predí edín mésets] |
| over een maand (bw) | след един месец | [slet edín mésets] |
| over twee maanden (bw) | след два месеца | [slet dva mésetsa] |
| de hele maand (bw) | цял месец | [ts'al mésets] |
| een volle maand (bw) | цял месец | [ts'al mésets] |

| maand-, maandelijks (bn) | месечен | [mésetʃen] |
| maandelijks (bw) | месечно | [mésetʃno] |
| elke maand (bw) | всеки месец | [fséki mésets] |
| twee keer per maand | два пъти на месец | [dva péti na mésets] |

| jaar (het) | година (ж) | [godína] |
| dit jaar (bw) | тази година | [tázi godína] |
| volgend jaar (bw) | през следващата година | [prez slédvaʃtata godína] |
| vorig jaar (bw) | през миналата година | [prez mínalata godína] |

| een jaar geleden (bw) | преди една година | [predí edná godína] |
| over een jaar | след една година | [slet edná godína] |
| over twee jaar | след две години | [slet dve godíni] |
| het hele jaar | цяла година | [ts'ála godína] |
| een vol jaar | цяла година | [ts'ála godína] |

| elk jaar | всяка година | [fs'áka godína] |
| jaar-, jaarlijks (bn) | ежегоден | [eʒegóden] |
| jaarlijks (bw) | ежегодно | [eʒegódno] |
| 4 keer per jaar | четири пъти годишно | [tʃétiri péti godíʃno] |

| datum (de) | число (c) | [tʃisló] |
| datum (de) | дата (ж) | [dáta] |
| kalender (de) | календар (м) | [kalendár] |
| een half jaar | половин година | [polovín godína] |

| zes maanden | полугодие (c) | [polugódie] |
| seizoen (bijv. lente, zomer) | сезон (м) | [sezón] |
| eeuw (de) | век (м) | [vek] |

## 22. Tijd. Diversen

| tijd (de) | време (c) | [vréme] |
| ogenblik (het) | миг (м) | [mik] |
| moment (het) | мигновение (c) | [mignovénie] |
| ogenblikkelijk (bn) | мигновен | [mignovén] |

| tijdsbestek (het) | отрязък (м) | [otrázək] |
| leven (het) | живот (м) | [ʒivót] |
| eeuwigheid (de) | вечност (ж) | [véʧnost] |

| epoche (de), tijdperk (het) | епоха (ж) | [epóha] |
| era (de), tijdperk (het) | ера (ж) | [éra] |
| cyclus (de) | цикъл (м) | [tsíkəl] |
| periode (de) | период (м) | [períot] |
| termijn (vastgestelde periode) | срок (м) | [srok] |

| toekomst (de) | бъдеще (c) | [bédeʃte] |
| toekomstig (bn) | бъдещ | [bédeʃt] |
| de volgende keer | следващия път | [slédvaʃtija pət] |

| verleden (het) | минало (c) | [mínalo] |
| vorig (bn) | минал | [mínal] |
| de vorige keer | миналия път | [mínalija pət] |

| later (bw) | по-късно | [po-késno] |
| na (~ het diner) | след това | [slet tová] |
| tegenwoordig (bw) | сега | [segá] |
| nu (bw) | сега | [segá] |

| onmiddellijk (bw) | незабавно | [nezabávno] |
| snel (bw) | скоро | [skóro] |
| bij voorbaat (bw) | предварително | [predvarítelno] |

| lang geleden (bw) | отдавна | [otdávna] |
| kort geleden (bw) | неотдавна | [neotdávna] |
| noodlot (het) | съдба (ж) | [sədbá] |
| herinneringen (mv.) | памет (ж) | [pámet] |
| archief (het) | архив (м) | [arhív] |

| tijdens ... (ten tijde van) | по времето на ... | [po vrémeto na] |
| lang (bw) | дълго | [délgo] |
| niet lang (bw) | недълго | [nedélgo] |

| vroeg (bijv. ~ in de ochtend) | рано | [ráno] |
| laat (bw) | късно | [késno] |

| voor altijd (bw) | завинаги | [zavínagi] |
| beginnen (ww) | започвам | [zapóʧvam] |
| uitstellen (ww) | отложа | [otlóʒa] |

| tegelijkertijd (bw) | едновременно | [ednovrémenno] |
| voortdurend (bw) | постоянно | [postojánno] |
| voortdurend | постоянен | [postojánen] |
| tijdelijk (bn) | временен | [vrémenen] |
| soms (bw) | понякога | [ponʲákoga] |
| zelden (bw) | рядко | [rʲátko] |
| vaak (bw) | често | [tʃésto] |

## 23. Tegenovergestelden

| rijk (bn) | богат | [bogát] |
| arm (bn) | беден | [béden] |

| ziek (bn) | болен | [bólen] |
| gezond (bn) | здрав | [zdrav] |

| groot (bn) | голям | [golʲám] |
| klein (bn) | малък | [málək] |

| snel (bw) | бързо | [bérzo] |
| langzaam (bw) | бавно | [bávno] |

| snel (bn) | бърз | [bərz] |
| langzaam (bn) | бавен | [báven] |

| vrolijk (bn) | весел | [vésel] |
| treurig (bn) | тъжен | [téʒen] |

| samen (bw) | заедно | [záedno] |
| apart (bw) | поотделно | [pootdélno] |

| hardop (~ lezen) | на глас | [na glás] |
| stil (~ lezen) | на ум | [na úm] |

| hoog (bn) | висок | [visók] |
| laag (bn) | нисък | [nísək] |

| diep (bn) | дълбок | [dəlbók] |
| ondiep (bn) | плитък | [plítək] |

| ja | да | [da] |
| nee | не | [ne] |

| ver (bn) | далечен | [dalétʃen] |
| dicht (bn) | близък | [blízək] |

| ver (bw) | далече | [dalétʃe] |
| dichtbij (bw) | близо | [blízo] |

| lang (bn) | дълъг | [délək] |
| kort (bn) | къс | [kəs] |

| vriendelijk (goedhartig) | добър | [dobér] |
| kwaad (bn) | зъл | [zəl] |

| gehuwd (mann.) | женен | [ʒénen] |
| ongehuwd (mann.) | ерген | [ergén] |

| verbieden (ww) | забранявам | [zabranʲávam] |
| toestaan (ww) | разрешавам | [razreʃávam] |

| einde (het) | край (м) | [kraj] |
| begin (het) | начало (с) | [natʃálo] |

| linker (bn) | ляв | [lʲav] |
| rechter (bn) | десен | [désen] |

| eerste (bn) | първи | [pérvi] |
| laatste (bn) | последен | [posléden] |

| misdaad (de) | престъпление (с) | [prestəplénie] |
| bestraffing (de) | наказание (с) | [nakazánie] |

| bevelen (ww) | заповядвам | [zapovʲádvam] |
| gehoorzamen (ww) | подчиня се | [podtʃinʲá se] |

| recht (bn) | прав | [prav] |
| krom (bn) | крив | [kriv] |

| paradijs (het) | рай (м) | [raj] |
| hel (de) | ад (м) | [at] |

| geboren worden (ww) | родя се | [rodʲá se] |
| sterven (ww) | умра | [umrá] |

| sterk (bn) | силен | [sílen] |
| zwak (bn) | слаб | [slap] |

| oud (bn) | стар | [star] |
| jong (bn) | млад | [mlat] |

| oud (bn) | стар | [star] |
| nieuw (bn) | нов | [nov] |

| hard (bn) | твърд | [tvərt] |
| zacht (bn) | мек | [mek] |

| warm (bn) | топъл | [tópəl] |
| koud (bn) | студен | [studén] |

| dik (bn) | дебел | • [debél] |
| dun (bn) | слаб | [slap] |

| smal (bn) | тесен | [tésen] |
| breed (bn) | широк | [ʃirók] |

| goed (bn) | добър | [dobér] |
| slecht (bn) | лош | [loʃ] |

| moedig (bn) | храбър | [hrábər] |
| laf (bn) | страхлив | [strahlíf] |

## 24. Lijnen en vormen

| | | |
|---|---|---|
| vierkant (het) | квадрат (м) | [kvadrát] |
| vierkant (bn) | квадратен | [kvadráten] |
| cirkel (de) | кръг (м) | [krək] |
| rond (bn) | кръгъл | [krégəl] |
| driehoek (de) | триъгълник (м) | [triégəlnik] |
| driehoekig (bn) | триъгълен | [triégəlen] |
| | | |
| ovaal (het) | овал (м) | [ovál] |
| ovaal (bn) | овален | [oválen] |
| rechthoek (de) | правоъгълник (м) | [pravoégəlnik] |
| rechthoekig (bn) | правоъгълен | [pravoégəlen] |
| | | |
| piramide (de) | пирамида (ж) | [piramída] |
| ruit (de) | ромб (м) | [romp] |
| trapezium (het) | трапец (м) | [trapéts] |
| kubus (de) | куб (м) | [kup] |
| prisma (het) | призма (ж) | [prízma] |
| | | |
| omtrek (de) | окръжност (ж) | [okréʒnost] |
| bol, sfeer (de) | сфера (ж) | [sféra] |
| bal (de) | кълбо (с) | [kəlbó] |
| diameter (de) | диаметър (м) | [diámetər] |
| straal (de) | радиус (м) | [rádius] |
| omtrek (~ van een cirkel) | периметър (м) | [perímetər] |
| middelpunt (het) | център (м) | [tséntər] |
| | | |
| horizontaal (bn) | хоризонтален | [horizontálen] |
| verticaal (bn) | вертикален | [vertikálen] |
| parallel (de) | паралел (м) | [paralél] |
| parallel (bn) | паралелно | [paralélno] |
| | | |
| lijn (de) | линия (ж) | [línija] |
| streep (de) | черта (ж) | [tʃertá] |
| rechte lijn (de) | права (ж) | [práva] |
| kromme (de) | крива (ж) | [kríva] |
| dun (bn) | тънък | [ténək] |
| omlijning (de) | контур (м) | [kóntur] |
| | | |
| snijpunt (het) | пресичане (с) | [presítʃane] |
| rechte hoek (de) | прав ъгъл (м) | [prav égəl] |
| segment (het) | сегмент (м) | [segmént] |
| sector (de) | сектор (м) | [séktor] |
| zijde (de) | страна (ж) | [straná] |
| hoek (de) | ъгъл (м) | [égəl] |

## 25. Meeteenheden

| | | |
|---|---|---|
| gewicht (het) | тегло (с) | [tegló] |
| lengte (de) | дължина (ж) | [dəʒiná] |
| breedte (de) | широчина (ж) | [ʃirotʃiná] |
| hoogte (de) | височина (ж) | [visotʃiná] |

| | | |
|---|---|---|
| diepte (de) | дълбочина (ж) | [dəlbotʃiná] |
| volume (het) | обем (м) | [obém] |
| oppervlakte (de) | площ (ж) | [ploʃt] |

| | | |
|---|---|---|
| gram (het) | грам (м) | [gram] |
| milligram (het) | милиграм (м) | [miligrám] |
| kilogram (het) | килограм (м) | [kilográm] |
| ton (duizend kilo) | тон (м) | [ton] |
| pond (het) | фунт (м) | [funt] |
| ons (het) | унция (ж) | [úntsija] |

| | | |
|---|---|---|
| meter (de) | метър (м) | [métər] |
| millimeter (de) | милиметър (м) | [milimétər] |
| centimeter (de) | сантиметър (м) | [santimétər] |
| kilometer (de) | километър (м) | [kilométər] |
| mijl (de) | миля (ж) | [mílʲa] |

| | | |
|---|---|---|
| duim (de) | дюйм (м) | [dʲujm] |
| voet (de) | фут (м) | [fut] |
| yard (de) | ярд (м) | [jart] |

| | | |
|---|---|---|
| vierkante meter (de) | квадратен метър (м) | [kvadráten métər] |
| hectare (de) | хектар (м) | [hektár] |

| | | |
|---|---|---|
| liter (de) | литър (м) | [lítər] |
| graad (de) | градус (м) | [grádus] |
| volt (de) | волт (м) | [volt] |
| ampère (de) | ампер (м) | [ampér] |
| paardenkracht (de) | конска сила (ж) | [kónska síla] |

| | | |
|---|---|---|
| hoeveelheid (de) | количество (с) | [kolítʃestvo] |
| een beetje … | малко … | [málko] |
| helft (de) | половина (ж) | [polovína] |
| dozijn (het) | дузина (ж) | [duzína] |
| stuk (het) | брой (м) | [broj] |

| | | |
|---|---|---|
| afmeting (de) | размер (м) | [razmér] |
| schaal (bijv. ~ van 1 op 50) | мащаб (м) | [maʃtáp] |

| | | |
|---|---|---|
| minimaal (bn) | минимален | [minimálen] |
| minste (bn) | най-малък | [naj-máлək] |
| medium (bn) | среден | [sréden] |
| maximaal (bn) | максимален | [maksimálen] |
| grootste (bn) | най-голям | [naj-golʲám] |

## 26. Containers

| | | |
|---|---|---|
| glazen pot (de) | буркан (м) | [burkán] |
| blik (conserven~) | тенекия (ж) | [tenekíja] |
| emmer (de) | кофа (ж) | [kófa] |
| ton (bijv. regenton) | бъчва (ж) | [bétʃva] |

| | | |
|---|---|---|
| ronde waterbak (de) | леген (м) | [legén] |
| tank (bijv. watertank-70-ltr) | резервоар (м) | [rezervoár] |

| | | |
|---|---|---|
| heupfles (de) | манерка (ж) | [manérka] |
| jerrycan (de) | туба (ж) | [túba] |
| tank (bijv. ketelwagen) | цистерна (ж) | [tsistérna] |

| | | |
|---|---|---|
| beker (de) | чаша (ж) | [tʃáʃa] |
| kopje (het) | чаша (ж) | [tʃáʃa] |
| schoteltje (het) | чинийка (ж) | [tʃiníjka] |
| glas (het) | стакан (м) | [stakán] |
| wijnglas (het) | чаша (ж) за вино | [tʃáʃa za víno] |
| pan (de) | тенджера (ж) | [téndʒera] |

| | | |
|---|---|---|
| fles (de) | бутилка (ж) | [butílka] |
| flessenhals (de) | гърло (с) на бутилка | [gérlo na butílka] |

| | | |
|---|---|---|
| karaf (de) | гарафа (ж) | [garáfa] |
| kruik (de) | кана (ж) | [kána] |
| vat (het) | съд (м) | [sət] |
| pot (de) | гърне (с) | [gərné] |
| vaas (de) | ваза (ж) | [váza] |

| | | |
|---|---|---|
| flacon (de) | шишенце (с) | [ʃiʃéntse] |
| flesje (het) | шишенце (с) | [ʃiʃéntse] |
| tube (bijv. ~ tandpasta) | тубичка (ж) | [túbitʃka] |

| | | |
|---|---|---|
| zak (bijv. ~ aardappelen) | чувал (м) | [tʃuvál] |
| tasje (het) | плик (м) | [plik] |
| pakje (~ sigaretten, enz.) | кутия (ж) | [kutíja] |

| | | |
|---|---|---|
| doos (de) | кутия (ж) | [kutíja] |
| kist (de) | щайга (ж) | [ʃtájga] |
| mand (de) | кошница (ж) | [kóʃnitsa] |

## 27. Materialen

| | | |
|---|---|---|
| materiaal (het) | материал (м) | [materiál] |
| hout (het) | дърво (с) | [dərvó] |
| houten (bn) | дървен | [dérven] |

| | | |
|---|---|---|
| glas (het) | стъкло (с) | [steklló] |
| glazen (bn) | стъклен | [stéklen] |

| | | |
|---|---|---|
| steen (de) | камък (м) | [kámək] |
| stenen (bn) | каменен | [kámenen] |

| | | |
|---|---|---|
| plastic (het) | пластмаса (ж) | [plastmása] |
| plastic (bn) | пластмасов | [plastmásov] |

| | | |
|---|---|---|
| rubber (het) | гума (ж) | [gúma] |
| rubber-, rubberen (bn) | гумен | [gúmen] |

| | | |
|---|---|---|
| stof (de) | плат (м) | [plat] |
| van stof (bn) | от плат | [ot plát] |
| papier (het) | хартия (ж) | [hartíja] |
| papieren (bn) | хартиен | [hartíen] |

| karton (het) | картон (м) | [kartón] |
| kartonnen (bn) | картонен | [kartónen] |

| polyethyleen (het) | полиетилен (м) | [polietilén] |
| cellofaan (het) | целофан (м) | [tselofán] |
| multiplex (het) | шперплат (м) | [ʃperplát] |

| porselein (het) | порцелан (м) | [portselán] |
| porseleinen (bn) | порцеланов | [portselánof] |
| klei (de) | глина (ж) | [glína] |
| klei-, van klei (bn) | глинен | [glínen] |
| keramiek (de) | керамика (ж) | [kerámika] |
| keramieken (bn) | керамичен | [kerámitʃen] |

## 28. Metalen

| metaal (het) | метал (м) | [metál] |
| metalen (bn) | метален | [metálen] |
| legering (de) | сплав (м) | [splav] |

| goud (het) | злато (с) | [zláto] |
| gouden (bn) | златен | [zláten] |
| zilver (het) | сребро (с) | [srebró] |
| zilveren (bn) | сребърен | [srébəren] |

| ijzer (het) | желязо (с) | [ʒelʲázo] |
| ijzeren | железен | [ʒelézen] |
| staal (het) | стомана (ж) | [stomána] |
| stalen (bn) | стоманен | [stománen] |
| koper (het) | мед (ж) | [met] |
| koperen (bn) | меден | [méden] |

| aluminium (het) | алуминий (м) | [alumínij] |
| aluminium (bn) | алуминиев | [alumíniev] |
| brons (het) | бронз (м) | [bronz] |
| bronzen (bn) | бронзов | [brónzov] |

| messing (het) | месинг (м) | [mésink] |
| nikkel (het) | никел (м) | [níkel] |
| platina (het) | платина (ж) | [platína] |
| kwik (het) | живак (м) | [ʒivák] |
| tin (het) | калай (м) | [kaláj] |
| lood (het) | олово (с) | [olóvo] |
| zink (het) | цинк (м) | [tsink] |

# MENS

## Mens. Het lichaam

### 29. Mensen. Basisbegrippen

| | | |
|---|---|---|
| mens (de) | човек (м) | [ʧovék] |
| man (de) | мъж (м) | [məʒ] |
| vrouw (de) | жена (ж) | [ʒená] |
| kind (het) | дете (с) | [deté] |
| | | |
| meisje (het) | момиче (с) | [momíʧe] |
| jongen (de) | момче (с) | [momʧé] |
| tiener, adolescent (de) | тинейджър (м) | [tinéjdʒər] |
| oude man (de) | старец (м) | [stárets] |
| oude vrouw (de) | старица (ж) | [stáritsa] |

### 30. Menselijke anatomie

| | | |
|---|---|---|
| organisme (het) | организъм (м) | [organízəm] |
| hart (het) | сърце (с) | [sərtsé] |
| bloed (het) | кръв (ж) | [krəv] |
| slagader (de) | артерия (ж) | [artérija] |
| ader (de) | вена (ж) | [véna] |
| | | |
| hersenen (mv.) | мозък (м) | [mózək] |
| zenuw (de) | нерв (м) | [nerv] |
| zenuwen (mv.) | нерви (м мн) | [nérvi] |
| wervel (de) | прешлен (м) | [préʃlen] |
| ruggengraat (de) | гръбнак (м) | [grəbnák] |
| | | |
| maag (de) | стомах (м) | [stomáh] |
| darmen (mv.) | стомашно-чревен тракт (м) | [stomáʃno-ʧréven trakt] |
| darm (de) | черво (с) | [ʧervó] |
| lever (de) | черен дроб (м) | [ʧéren drop] |
| nier (de) | бъбрек (м) | [bébrek] |
| | | |
| been (deel van het skelet) | кост (ж) | [kost] |
| skelet (het) | скелет (м) | [skélet] |
| rib (de) | ребро (с) | [rebró] |
| schedel (de) | череп (м) | [ʧérep] |
| | | |
| spier (de) | мускул (м) | [múskul] |
| biceps (de) | бицепс (м) | [bítseps] |
| triceps (de) | трицепс (м) | [trítseps] |
| pees (de) | сухожилие (с) | [suhoʒílie] |
| gewricht (het) | става (ж) | [stáva] |

| longen (mv.) | бели дробове (м мн) | [béli dróbove] |
| geslachtsorganen (mv.) | полови органи (м мн) | [pólovi órgani] |
| huid (de) | кожа (ж) | [kóʒa] |

## 31. Hoofd

| hoofd (het) | глава (ж) | [glavá] |
| gezicht (het) | лице (с) | [litsé] |
| neus (de) | нос (м) | [nos] |
| mond (de) | уста (ж) | [ustá] |

| oog (het) | око (с) | [okó] |
| ogen (mv.) | очи (с мн) | [otʃí] |
| pupil (de) | зеница (ж) | [zénitsa] |
| wenkbrauw (de) | вежда (ж) | [véʒda] |
| wimper (de) | мигла (ж) | [mígla] |
| ooglid (het) | клепач (м) | [klepátʃ] |

| tong (de) | език (м) | [ezík] |
| tand (de) | зъб (м) | [zəp] |
| lippen (mv.) | устни (ж мн) | [ústni] |
| jukbeenderen (mv.) | скули (ж мн) | [skúli] |
| tandvlees (het) | венец (м) | [venéts] |
| gehemelte (het) | небце (с) | [nebtsé] |

| neusgaten (mv.) | ноздри (ж мн) | [nózdri] |
| kin (de) | брадичка (ж) | [bradítʃka] |
| kaak (de) | челюст (ж) | [tʃélʲust] |
| wang (de) | буза (ж) | [búza] |

| voorhoofd (het) | чело (с) | [tʃeló] |
| slaap (de) | слепоочие (с) | [slepóotʃie] |
| oor (het) | ухо (с) | [uhó] |
| achterhoofd (het) | тил (м) | [til] |
| hals (de) | шия (ж) | [ʃíja] |
| keel (de) | гърло (с) | [gérlo] |

| haren (mv.) | коса (ж) | [kosá] |
| kapsel (het) | прическа (ж) | [pritʃéska] |
| haarsnit (de) | подстригване (с) | [potstrígvane] |
| pruik (de) | перука (ж) | [perúka] |

| snor (de) | мустаци (м мн) | [mustátsi] |
| baard (de) | брада (ж) | [bradá] |
| dragen (een baard, enz.) | нося | [nósʲa] |
| vlecht (de) | коса (ж) | [kosá] |
| bakkebaarden (mv.) | бакенбарди (мн) | [bakenbárdi] |

| ros (roodachtig, rossig) | червенокос | [tʃervenokós] |
| grijs (~ haar) | беловлас | [belovlás] |
| kaal (bn) | плешив | [pleʃív] |
| kale plek (de) | плешивина (ж) | [pleʃiviná] |
| paardenstaart (de) | опашка (ж) | [opáʃka] |
| pony (de) | бретон (м) | [bretón] |

## 32. Menselijk lichaam

| | | |
|---|---|---|
| hand (de) | китка (ж) | [kítka] |
| arm (de) | ръка (ж) | [rəká] |

| | | |
|---|---|---|
| vinger (de) | пръст (м) | [prəst] |
| teen (de) | пръст (м) на крак | [prəst na krak] |
| duim (de) | палец (м) | [pálets] |
| pink (de) | кутре (с) | [kutré] |
| nagel (de) | нокът (м) | [nókət] |

| | | |
|---|---|---|
| vuist (de) | юмрук (м) | [jumrúk] |
| handpalm (de) | длан (ж) | [dlan] |
| pols (de) | китка (ж) | [kítka] |
| voorarm (de) | предмишница (ж) | [predmíʃnitsa] |
| elleboog (de) | лакът (м) | [lákət] |
| schouder (de) | рамо (с) | [rámo] |

| | | |
|---|---|---|
| been (rechter ~) | крак (м) | [krak] |
| voet (de) | ходило (с) | [hodílo] |
| knie (de) | коляно (с) | [kolʲáno] |
| kuit (de) | прасец (м) | [praséts] |
| heup (de) | бедро (с) | [bedró] |
| hiel (de) | пета (ж) | [petá] |

| | | |
|---|---|---|
| lichaam (het) | тяло (с) | [tʲálo] |
| buik (de) | корем (м) | [korém] |
| borst (de) | гръд (ж) | [grəd] |
| borst (de) | женска гръд (ж) | [ʒénska grəd] |
| zijde (de) | страна (ж) | [straná] |
| rug (de) | гръб (м) | [grəp] |
| lage rug (de) | кръст (м) | [krəst] |
| taille (de) | талия (ж) | [tálija] |

| | | |
|---|---|---|
| navel (de) | пъп (м) | [pəp] |
| billen (mv.) | седалище (с) | [sedáliʃte] |
| achterwerk (het) | задник (м) | [zádnik] |

| | | |
|---|---|---|
| huidvlek (de) | бенка (ж) | [bénka] |
| moedervlek (de) | родилно петно (с) | [rodílno petnó] |
| tatoeage (de) | татуировка (ж) | [tatuirófka] |
| litteken (het) | белег (м) | [bélek] |

# Kleding en accessoires

## 33. Bovenkleding. Jassen

| | | |
|---|---|---|
| kleren (mv.) | облекло (с) | [obleklÓ] |
| bovenkleding (de) | горни дрехи (ж мн) | [gÓrni dréhi] |
| winterkleding (de) | зимни дрехи (ж мн) | [zÍmni dréhi] |
| | | |
| jas (de) | палто (с) | [paltÓ] |
| bontjas (de) | кожено палто (с) | [kÓʒeno paltÓ] |
| bontjasje (het) | полушубка (ж) | [poluʃúpka] |
| donzen jas (de) | пухено яке (с) | [púheno jáke] |
| | | |
| jasje (bijv. een leren ~) | яке (с) | [jáke] |
| regenjas (de) | шлифер (м) | [ʃlífer] |
| waterdicht (bn) | непромокаем | [nepromokáem] |

## 34. Heren & dames kleding

| | | |
|---|---|---|
| overhemd (het) | риза (ж) | [ríza] |
| broek (de) | панталон (м) | [pantalÓn] |
| jeans (de) | дънки, джинси (мн) | [dǿnki], [dʒínsi] |
| colbert (de) | сако (с) | [sakÓ] |
| kostuum (het) | костюм (м) | [kostʲúm] |
| | | |
| jurk (de) | рокля (ж) | [róklʲa] |
| rok (de) | пола (ж) | [polá] |
| blouse (de) | блуза (ж) | [blúza] |
| wollen vest (de) | жилетка (ж) | [ʒilétka] |
| blazer (kort jasje) | сако (с) | [sakÓ] |
| | | |
| T-shirt (het) | тениска (ж) | [téniska] |
| shorts (mv.) | къси панталони (м мн) | [kési pantalÓni] |
| trainingspak (het) | анцуг (м) | [ántsuk] |
| badjas (de) | хавлиен халат (м) | [havlíen halát] |
| pyjama (de) | пижама (ж) | [piʒáma] |
| | | |
| sweater (de) | пуловер (м) | [pulÓver] |
| pullover (de) | пуловер (м) | [pulÓver] |
| | | |
| gilet (het) | елек (м) | [elék] |
| rokkostuum (het) | фрак (м) | [frak] |
| smoking (de) | смокинг (м) | [smÓking] |
| | | |
| uniform (het) | униформа (ж) | [unifÓrma] |
| werkkleding (de) | работно облекло (с) | [rabÓtno obleklÓ] |
| overall (de) | гащеризон (м) | [gaʃterizÓn] |
| doktersjas (de) | бяла престилка (ж) | [bʲála prestÍlka] |

## 35. Kleding. Ondergoed

| | | |
|---|---|---|
| ondergoed (het) | бельо (с) | [belʲó] |
| herenslip (de) | боксер (м) | [boksér] |
| slipjes (mv.) | прашка (ж) | [práʃka] |
| onderhemd (het) | потник (м) | [pótnik] |
| sokken (mv.) | чорапи (м мн) | [ʧorápi] |
| | | |
| nachthemd (het) | нощница (ж) | [nóʃtnitsa] |
| beha (de) | сутиен (м) | [sutién] |
| kniekousen (mv.) | чорапи три четвърт (м мн) | [ʧorápi tri ʧétvərt] |
| panty (de) | чорапогащник (м) | [ʧorapogáʃtnik] |
| nylonkousen (mv.) | чорапи (м мн) | [ʧorápi] |
| badpak (het) | бански костюм (м) | [bánski kostʲúm] |

## 36. Hoofddeksels

| | | |
|---|---|---|
| hoed (de) | шапка (ж) | [ʃápka] |
| deukhoed (de) | шапка (ж) | [ʃápka] |
| honkbalpet (de) | шапка (ж) с козирка | [ʃápka s kozirká] |
| kleppet (de) | каскет (м) | [kaskét] |
| | | |
| baret (de) | барета (ж) | [baréta] |
| kap (de) | качулка (ж) | [katʃúlka] |
| panamahoed (de) | панама (ж) | [panáma] |
| gebreide muts (de) | плетена шапка (ж) | [plétena ʃápka] |
| | | |
| hoofddoek (de) | кърпа (ж) | [kérpa] |
| dameshoed (de) | шапка (ж) | [ʃápka] |
| | | |
| veiligheidshelm (de) | каска (ж) | [káska] |
| veldmuts (de) | пилотка (ж) | [pilótka] |
| helm, valhelm (de) | шлем (м) | [ʃlem] |
| | | |
| bolhoed (de) | бомбе (с) | [bombé] |
| hoge hoed (de) | цилиндър (м) | [tsilíndər] |

## 37. Schoeisel

| | | |
|---|---|---|
| schoeisel (het) | обувки (ж мн) | [obúfki] |
| schoenen (mv.) | ботинки (мн) | [botínki] |
| vrouwenschoenen (mv.) | обувки (ж мн) | [obúfki] |
| laarzen (mv.) | ботуши (м мн) | [botúʃi] |
| pantoffels (mv.) | чехли (м мн) | [ʧéhli] |
| | | |
| sportschoenen (mv.) | маратонки (ж мн) | [maratónki] |
| sneakers (mv.) | кецове (м мн) | [kétsove] |
| sandalen (mv.) | сандали (мн) | [sandáli] |
| | | |
| schoenlapper (de) | обущар (м) | [obuʃtár] |
| hiel (de) | ток (м) | [tok] |

| paar (een ~ schoenen) | чифт (м) | [ʧift] |
| veter (de) | връзка (ж) | [vréska] |
| rijgen (schoenen ~) | връзвам | [vrézvam] |
| schoenlepel (de) | обувалка (ж) | [obuválka] |
| schoensmeer (de/het) | крем (м) за обувки | [krem za obúfki] |

## 38. Textiel. Weefsel

| katoen (de/het) | памук (м) | [pamúk] |
| katoenen (bn) | от памук | [ot pamúk] |
| vlas (het) | лен (м) | [len] |
| vlas-, van vlas (bn) | от лен | [ot len] |

| zijde (de) | коприна (ж) | [koprína] |
| zijden (bn) | копринен | [koprínen] |
| wol (de) | вълна (ж) | [vélna] |
| wollen (bn) | вълнен | [vélnen] |

| fluweel (het) | кадифе (с) | [kadifé] |
| suède (de) | велур (м) | [velúr] |
| ribfluweel (het) | кадифе (с) | [kadifé] |

| nylon (de/het) | найлон (м) | [najlón] |
| nylon-, van nylon (bn) | от найлон | [ot najlón] |
| polyester (het) | полиестер (м) | [poliéster] |
| polyester- (abn) | полиестерен | [poliésteren] |

| leer (het) | кожа (ж) | [kóʒa] |
| leren (van leer gemaak) | кожен | [kóʒen] |
| bont (het) | кожа (ж) | [kóʒa] |
| bont- (abn) | кожен | [kóʒen] |

## 39. Persoonlijke accessoires

| handschoenen (mv.) | ръкавици (ж мн) | [rəkavítsi] |
| wanten (mv.) | ръкавици (ж мн) с един пърст | [rəkavítsi s edín pərst] |
| sjaal (fleece ~) | шал (м) | [ʃal] |

| bril (de) | очила (мн) | [oʧilá] |
| brilmontuur (het) | рамка (ж) за очила | [rámka za oʧilá] |
| paraplu (de) | чадър (м) | [ʧadér] |
| wandelstok (de) | бастун (м) | [bastún] |
| haarborstel (de) | четка (ж) за коса | [ʧétka za kosá] |
| waaier (de) | ветрило (с) | [vetrílo] |

| das (de) | вратовръзка (ж) | [vratovrézka] |
| strikje (het) | папийонка (ж) | [papijónka] |
| bretels (mv.) | тиранти (мн) | [tiránti] |
| zakdoek (de) | носна кърпичка (ж) | [nósna kérpiʧka] |
| kam (de) | гребен (м) | [grében] |
| haarspeldje (het) | шнола (ж) | [ʃnóla] |

| schuifspeldje (het) | фиба (ж) | [fíba] |
| gesp (de) | катарама (ж) | [kataráma] |

| broekriem (de) | колан (м) | [kolán] |
| draagriem (de) | ремък (м) | [rémək] |

| handtas (de) | чанта (ж) | [tʃánta] |
| damestas (de) | чантичка (ж) | [tʃántitʃka] |
| rugzak (de) | раница (ж) | [ránitsa] |

## 40. Kleding. Diversen

| mode (de) | мода (ж) | [móda] |
| de mode (bn) | модерен | [modéren] |
| kledingstilist (de) | моделиер (м) | [modeliér] |

| kraag (de) | яка (ж) | [jaká] |
| zak (de) | джоб (м) | [dʒop] |
| zak- (abn) | джобен | [dʒóben] |
| mouw (de) | ръкав (м) | [rəkáv] |
| lusje (het) | закачалка (ж) | [zakatʃálka] |
| gulp (de) | копчелък (м) | [koptʃelék] |

| rits (de) | цип (м) | [tsip] |
| sluiting (de) | закопчалка (ж) | [zakoptʃálka] |
| knoop (de) | копче (с) | [kóptʃe] |
| knoopsgat (het) | илик (м) | [ilík] |
| losraken (bijv. knopen) | откъсна се | [otkésna se] |

| naaien (kleren, enz.) | шия | [ʃíja] |
| borduren (ww) | бродирам | [brodíram] |
| borduursel (het) | бродерия (ж) | [brodérija] |
| naald (de) | игла (ж) | [iglá] |
| draad (de) | конец (м) | [konéts] |
| naad (de) | тегел (м) | [tegél] |

| vies worden (ww) | изцапам се | [istsápam se] |
| vlek (de) | петно (с) | [petnó] |
| gekreukt raken (ov. kleren) | смачкам се | [smátʃkam se] |
| scheuren (ov.ww.) | скъсам | [skésam] |
| mot (de) | молец (м) | [moléts] |

## 41. Persoonlijke verzorging. Schoonheidsmiddelen

| tandpasta (de) | паста (ж) за зъби | [pásta za zébi] |
| tandenborstel (de) | четка (ж) за зъби | [tʃétka za zébi] |
| tanden poetsen (ww) | мия си зъбите | [míja si zébite] |

| scheermes (het) | бръснач (м) | [brəsnátʃ] |
| scheerschuim (het) | крем (м) за бръснене | [krem za brésnene] |
| zich scheren (ww) | бръсна се | [brésna se] |
| zeep (de) | сапун (м) | [sapún] |

| | | |
|---|---|---|
| shampoo (de) | шампоан (м) | [ʃampoán] |
| schaar (de) | ножица (ж) | [nóʒitsa] |
| nagelvijl (de) | пиличка (ж) за нокти | [pílitʃka za nókti] |
| nagelknipper (de) | ножичка (ж) за нокти | [nóʒitʃka za nókti] |
| pincet (het) | пинсета (ж) | [pinséta] |

| | | |
|---|---|---|
| cosmetica (mv.) | козметика (ж) | [kozmétika] |
| masker (het) | маска (ж) | [máska] |
| manicure (de) | маникюр (м) | [manikʲúr] |
| manicure doen | правя маникюр | [právʲa manikʲúr] |
| pedicure (de) | педикюр (м) | [pedikʲúr] |

| | | |
|---|---|---|
| cosmetica tasje (het) | козметична чантичка (ж) | [kozmetítʃna tʃántitʃka] |
| poeder (de/het) | пудра (ж) | [púdra] |
| poederdoos (de) | пудриера (ж) | [pudriéra] |
| rouge (de) | руж (ж) | [ruʃ] |

| | | |
|---|---|---|
| parfum (de/het) | парфюм (м) | [parfʲúm] |
| eau de toilet (de) | тоалетна вода (ж) | [toalétna vodá] |
| lotion (de) | лосион (м) | [losión] |
| eau de cologne (de) | одеколон (м) | [odekolón] |

| | | |
|---|---|---|
| oogschaduw (de) | сенки (ж мн) за очи | [sénki za otʃí] |
| oogpotlood (het) | молив (м) за очи | [móliv za otʃí] |
| mascara (de) | спирала (ж) | [spirála] |

| | | |
|---|---|---|
| lippenstift (de) | червило (с) | [tʃervílo] |
| nagellak (de) | лак (м) за нокти | [lak za nókti] |
| haarlak (de) | лак (м) за коса | [lak za kosá] |
| deodorant (de) | дезодорант (м) | [dezodoránt] |

| | | |
|---|---|---|
| crème (de) | крем (м) | [krem] |
| gezichtscrème (de) | крем (м) за лице | [krem za litsé] |
| handcrème (de) | крем (м) за ръце | [krem za rətsé] |
| antirimpelcrème (de) | крем (м) срещу бръчки | [krem sreʃtú brétʃki] |
| dagcrème (de) | дневен крем (м) | [dnéven krem] |
| nachtcrème (de) | нощен крем (м) | [nóʃten krem] |
| dag- (abn) | дневен | [dnéven] |
| nacht- (abn) | нощен | [nóʃten] |

| | | |
|---|---|---|
| tampon (de) | тампон (м) | [tampón] |
| toiletpapier (het) | тоалетна хартия (ж) | [toalétna hartíja] |
| föhn (de) | сешоар (м) | [seʃoár] |

## 42. Juwelen

| | | |
|---|---|---|
| sieraden (mv.) | скъпоценности (ж мн) | [skəpotsénnosti] |
| edel (bijv. ~ stenen) | скъпоценен | [skəpotsénen] |
| keurmerk (het) | проба (ж) | [próba] |

| | | |
|---|---|---|
| ring (de) | пръстен (м) | [présten] |
| trouwring (de) | халка (ж) | [halká] |
| armband (de) | гривна (ж) | [grívna] |
| oorringen (mv.) | обеци (ж мн) | [obetsí] |

| halssnoer (het) | огърлица (ж) | [ogərlítsa] |
| kroon (de) | корона (ж) | [koróna] |
| kralen snoer (het) | гердан (м) | [gerdán] |

| diamant (de) | диамант (м) | [diamánt] |
| smaragd (de) | изумруд (м) | [izumrút] |
| robijn (de) | рубин (м) | [rubín] |
| saffier (de) | сапфир (м) | [sapfír] |
| parel (de) | бисер (м) | [bíser] |
| barnsteen (de) | кехлибар (м) | [kehlibár] |

## 43. Horloges. Klokken

| polshorloge (het) | часовник (м) | [tʃasóvnik] |
| wijzerplaat (de) | циферблат (м) | [tsiferblát] |
| wijzer (de) | стрелка (ж) | [strelká] |
| metalen horlogeband (de) | гривна (ж) | [grívna] |
| horlogebandje (het) | каишка (ж) | [kaíʃka] |

| batterij (de) | батерия (ж) | [batérija] |
| leeg zijn (ww) | батерията се изтощи | [batérijata se istoʃtí] |
| batterij vervangen | сменям батерия | [smén'am batérija] |
| voorlopen (ww) | избързвам | [izbérzvam] |
| achterlopen (ww) | изоставам | [izostávam] |

| wandklok (de) | стенен часовник (м) | [sténen tʃasóvnik] |
| zandloper (de) | пясъчен часовник (м) | [p'ásətʃen tʃasóvnik] |
| zonnewijzer (de) | слънчев часовник (м) | [sléntʃev tʃasóvnik] |
| wekker (de) | будилник (м) | [budílnik] |
| horlogemaker (de) | часовникар (м) | [tʃasovnikár] |
| repareren (ww) | поправям | [popráv'am] |

# Voedsel. Voeding

## 44. Voedsel

| | | |
|---|---|---|
| vlees (het) | месо (с) | [mesó] |
| kip (de) | кокошка (ж) | [kokóʃka] |
| kuiken (het) | пиле (с) | [píle] |
| eend (de) | патица (ж) | [pátitsa] |
| gans (de) | гъска (ж) | [géska] |
| wild (het) | дивеч (ж) | [dívetʃ] |
| kalkoen (de) | пуйка (ж) | [pújka] |
| varkensvlees (het) | свинско (с) | [svínsko] |
| kalfsvlees (het) | телешко месо (с) | [téleʃko mesó] |
| schapenvlees (het) | агнешко (с) | [ágneʃko] |
| rundvlees (het) | говеждо (с) | [govéʒdo] |
| konijnenvlees (het) | питомен заек (м) | [pítomen záek] |
| worst (de) | салам (м) | [salám] |
| saucijs (de) | кренвирш (м) | [krénvirʃ] |
| spek (het) | бекон (м) | [bekón] |
| ham (de) | шунка (ж) | [ʃúnka] |
| gerookte achterham (de) | бут (м) | [but] |
| paté (de) | пастет (м) | [pastét] |
| lever (de) | черен дроб (м) | [tʃéren drop] |
| gehakt (het) | кайма (ж) | [kajmá] |
| tong (de) | език (м) | [ezík] |
| ei (het) | яйце (с) | [jajtsé] |
| eieren (mv.) | яйца (с мн) | [jajtsá] |
| eiwit (het) | белтък (м) | [belték] |
| eigeel (het) | жълтък (м) | [ʒelték] |
| vis (de) | риба (ж) | [ríba] |
| zeevruchten (mv.) | морски продукти (м мн) | [mórski prodúkti] |
| kaviaar (de) | хайвер (м) | [hajvér] |
| krab (de) | морски рак (м) | [mórski rak] |
| garnaal (de) | скарида (ж) | [skarída] |
| oester (de) | стрида (ж) | [strída] |
| langoest (de) | лангуста (ж) | [langústa] |
| octopus (de) | октопод (м) | [oktopót] |
| inktvis (de) | калмар (м) | [kalmár] |
| steur (de) | есетра (ж) | [esétra] |
| zalm (de) | сьомга (ж) | [sʲómga] |
| heilbot (de) | палтус (м) | [páltus] |
| kabeljauw (de) | треска (ж) | [tréska] |
| makreel (de) | скумрия (ж) | [skumríja] |

| tonijn (de) | риба тон (м) | [ríba ton] |
| paling (de) | змиорка (ж) | [zmiórka] |

| forel (de) | пъстърва (ж) | [pəstérva] |
| sardine (de) | сардина (ж) | [sardína] |
| snoek (de) | щука (ж) | [ʃtúka] |
| haring (de) | селда (ж) | [sélda] |

| brood (het) | хляб (м) | [hlʲap] |
| kaas (de) | кашкавал (м) | [kaʃkavál] |
| suiker (de) | захар (ж) | [záhar] |
| zout (het) | сол (ж) | [sol] |

| rijst (de) | ориз (м) | [oríz] |
| pasta (de) | макарони (мн) | [makaróni] |
| noedels (mv.) | юфка (ж) | [jufká] |

| boter (de) | краве масло (с) | [kráve masló] |
| plantaardige olie (de) | олио (с) | [ólio] |
| zonnebloemolie (de) | слънчогледово масло (с) | [sləntʃoglédovo máslo] |
| margarine (de) | маргарин (м) | [margarín] |

| olijven (mv.) | маслини (ж мн) | [maslíni] |
| olijfolie (de) | зехтин (м) | [zehtín] |

| melk (de) | мляко (с) | [mlʲáko] |
| gecondenseerde melk (de) | сгъстено мляко (с) | [sgəsténo mlʲáko] |
| yoghurt (de) | йогурт (м) | [jógurt] |
| zure room (de) | сметана (ж) | [smetána] |
| room (de) | каймак (м) | [kajmák] |

| mayonaise (de) | майонеза (ж) | [majonéza] |
| crème (de) | крем (м) | [krem] |

| graan (het) | грис, булгур (м) | [gris], [bulgúr] |
| meel (het), bloem (de) | брашно (с) | [braʃnó] |
| conserven (mv.) | консерви (ж мн) | [konsérvi] |

| maïsvlokken (mv.) | царевичен флейкс (м) | [tsárevitʃen flejks] |
| honing (de) | мед (м) | [met] |
| jam (de) | конфитюр (м) | [konfitʲúr] |
| kauwgom (de) | дъвка (ж) | [défka] |

## 45. Drankjes

| water (het) | вода (ж) | [vodá] |
| drinkwater (het) | питейна вода (ж) | [pitéjna vodá] |
| mineraalwater (het) | минерална вода (ж) | [minerálna vodá] |

| zonder gas | негазирана | [negazíran] |
| koolzuurhoudend (bn) | газирана | [gazíran] |
| bruisend (bn) | газирана | [gazíran] |
| ijs (het) | лед (м) | [let] |
| met ijs | с лед | [s let] |

| | | |
|---|---|---|
| alcohol vrij (bn) | безалкохолен | [bezalkohólen] |
| alcohol vrije drank (de) | безалкохолна напитка (ж) | [bezalkohólna napítka] |
| frisdrank (de) | разхладителна напитка (ж) | [rashladítelna napítka] |
| limonade (de) | лимонада (ж) | [limonáda] |
| alcoholische dranken (mv.) | спиртни напитки (ж мн) | [spírtni napítki] |
| wijn (de) | вино (с) | [víno] |
| witte wijn (de) | бяло вино (с) | [bʲálo víno] |
| rode wijn (de) | червено вино (с) | [tʃervéno víno] |
| likeur (de) | ликьор (м) | [likʲór] |
| champagne (de) | шампанско (с) | [ʃampánsko] |
| vermout (de) | вермут (м) | [vermút] |
| whisky (de) | уиски (с) | [wíski] |
| wodka (de) | водка (ж) | [vótka] |
| gin (de) | джин (м) | [dʒin] |
| cognac (de) | коняк (м) | [konʲák] |
| rum (de) | ром (м) | [rom] |
| koffie (de) | кафе (с) | [kafé] |
| zwarte koffie (de) | черно кафе (с) | [tʃérno kafé] |
| koffie (de) met melk | кафе (с) с мляко | [kafé s mlʲáko] |
| cappuccino (de) | кафе (с) със сметана | [kafé səs smetána] |
| oploskoffie (de) | разтворимо кафе (с) | [rastvorímo kafé] |
| melk (de) | мляко (с) | [mlʲáko] |
| cocktail (de) | коктейл (м) | [koktéjl] |
| milkshake (de) | млечен коктейл (м) | [mlétʃen koktéjl] |
| sap (het) | сок (м) | [sok] |
| tomatensap (het) | доматен сок (м) | [domáten sok] |
| sinaasappelsap (het) | портокалов сок (м) | [portokálov sok] |
| vers geperst sap (het) | фреш (м) | [freʃ] |
| bier (het) | бира (ж) | [bíra] |
| licht bier (het) | светла бира (ж) | [svétla bíra] |
| donker bier (het) | тъмна бира (ж) | [témna bíra] |
| thee (de) | чай (м) | [tʃaj] |
| zwarte thee (de) | черен чай (м) | [tʃéren tʃaj] |
| groene thee (de) | зелен чай (м) | [zelén tʃaj] |

## 46. Groenten

| | | |
|---|---|---|
| groenten (mv.) | зеленчуци (м мн) | [zelentʃútsi] |
| verse kruiden (mv.) | зарзават (м) | [zarzavát] |
| tomaat (de) | домат (м) | [domát] |
| augurk (de) | краставица (ж) | [krástavitsa] |
| wortel (de) | морков (м) | [mórkof] |
| aardappel (de) | картофи (мн) | [kartófi] |
| ui (de) | лук (м) | [luk] |
| knoflook (de) | чесън (м) | [tʃésən] |

| kool (de) | зеле (c) | [zéle] |
| bloemkool (de) | карфиол (м) | [karfiól] |
| spruitkool (de) | брюкселско зеле (c) | [brʲúkselsko zéle] |
| broccoli (de) | броколи (c) | [brókoli] |

| rode biet (de) | цвекло (c) | [tsvekló] |
| aubergine (de) | патладжан (м) | [patladʒán] |
| courgette (de) | тиквичка (ж) | [tíkvitʃka] |
| pompoen (de) | тиква (ж) | [tíkva] |
| raap (de) | ряпа (ж) | [rʲápa] |

| peterselie (de) | магданоз (м) | [magdanóz] |
| dille (de) | копър (м) | [kópər] |
| sla (de) | салата (ж) | [saláta] |
| selderij (de) | целина (ж) | [tsélina] |
| asperge (de) | аспержа (ж) | [aspérʒa] |
| spinazie (de) | спанак (м) | [spanák] |

| erwt (de) | грах (м) | [grah] |
| bonen (mv.) | боб (м) | [bop] |
| maïs (de) | царевица (ж) | [tsárevitsa] |
| nierboon (de) | фасул (м) | [fasúl] |

| peper (de) | пипер (м) | [pipér] |
| radijs (de) | репичка (ж) | [répitʃka] |
| artisjok (de) | ангинар (м) | [anginár] |

## 47. Vruchten. Noten

| vrucht (de) | плод (м) | [plot] |
| appel (de) | ябълка (ж) | [jábəlka] |
| peer (de) | круша (ж) | [krúʃa] |
| citroen (de) | лимон (м) | [limón] |
| sinaasappel (de) | портокал (м) | [portokál] |
| aardbei (de) | ягода (ж) | [jágoda] |

| mandarijn (de) | мандарина (ж) | [mandarína] |
| pruim (de) | слива (ж) | [slíva] |
| perzik (de) | праскова (ж) | [práskova] |
| abrikoos (de) | кайсия (ж) | [kajsíja] |
| framboos (de) | малина (ж) | [malína] |
| ananas (de) | ананас (м) | [ananás] |

| banaan (de) | банан (м) | [banán] |
| watermeloen (de) | диня (ж) | [dínʲa] |
| druif (de) | грозде (c) | [grózde] |
| zure kers (de) | вишна (ж) | [víʃna] |
| zoete kers (de) | череша (ж) | [tʃeréʃa] |
| meloen (de) | пъпеш (м) | [pépeʃ] |

| grapefruit (de) | грейпфрут (м) | [gréjpfrut] |
| avocado (de) | авокадо (c) | [avokádo] |
| papaja (de) | папая (ж) | [papája] |
| mango (de) | манго (c) | [mángo] |

| granaatappel (de) | нар (м) | [nar] |
| rode bes (de) | червено френско грозде (с) | [ʧervéno frénsko grózde] |

| zwarte bes (de) | черно френско грозде (с) | [ʧérno frénsko grózde] |
| kruisbes (de) | цариградско грозде (с) | [tsarigrátsko grózde] |
| blauwe bosbes (de) | боровинки (ж мн) | [borovínki] |
| braambes (de) | къпина (ж) | [kəpína] |

| rozijn (de) | стафиди (ж мн) | [stafídi] |
| vijg (de) | смокиня (ж) | [smokínʲa] |
| dadel (de) | фурма (ж) | [furmá] |

| pinda (de) | фъстък (м) | [fəsték] |
| amandel (de) | бадем (м) | [badém] |
| walnoot (de) | орех (м) | [óreh] |
| hazelnoot (de) | лешник (м) | [léʃnik] |
| kokosnoot (de) | кокосов орех (м) | [kokósov óreh] |
| pistaches (mv.) | шамфъстъци (м мн) | [ʃamfəstétsi] |

## 48. Brood. Snoep

| suikerbakkerij (de) | сладкарски изделия (с мн) | [slatkárski izdélija] |
| brood (het) | хляб (м) | [hlʲap] |
| koekje (het) | бисквити (ж мн) | [biskvíti] |

| chocolade (de) | шоколад (м) | [ʃokolát] |
| chocolade- (abn) | шоколадов | [ʃokoládov] |
| snoepje (het) | бонбон (м) | [bonbón] |
| cakeje (het) | паста (ж) | [pásta] |
| taart (bijv. verjaardags~) | торта (ж) | [tórta] |

| pastei (de) | пирог (м) | [pirók] |
| vulling (de) | плънка (ж) | [plénka] |

| confituur (de) | сладко (с) | [slátko] |
| marmelade (de) | мармалад (м) | [marmalát] |
| wafel (de) | вафли (ж мн) | [váfli] |
| ijsje (het) | сладолед (м) | [sladolét] |

## 49. Bereide gerechten

| gerecht (het) | ястие (с) | [jástie] |
| keuken (bijv. Franse ~) | кухня (ж) | [kúhnʲa] |
| recept (het) | рецепта (ж) | [retsépta] |
| portie (de) | порция (ж) | [pórtsija] |

| salade (de) | салата (ж) | [saláta] |
| soep (de) | супа (ж) | [súpa] |

| bouillon (de) | бульон (м) | [buljón] |
| boterham (de) | сандвич (м) | [sándviʧ] |
| spiegelei (het) | пържени яйца (с мн) | [pérʒeni jajtsá] |

| hamburger (de) | хамбургер (м) | [hámburger] |
| biefstuk (de) | бифтек (м) | [bifték] |

| garnering (de) | гарнитура (ж) | [garnitúra] |
| spaghetti (de) | спагети (мн) | [spagéti] |
| aardappelpuree (de) | картофено пюре (с) | [kartófeno pʲuré] |
| pizza (de) | пица (ж) | [pítsa] |
| pap (de) | каша (ж) | [káʃa] |
| omelet (de) | омлет (м) | [omlét] |

| gekookt (in water) | варен | [varén] |
| gerookt (bn) | пушен | [púʃen] |
| gebakken (bn) | пържен | [pérʒen] |
| gedroogd (bn) | сушен | [suʃén] |
| diepvries (bn) | замразен | [zamrazén] |
| gemarineerd (bn) | маринован | [marinóvan] |

| zoet (bn) | сладък | [sládək] |
| gezouten (bn) | солен | [solén] |
| koud (bn) | студен | [studén] |
| heet (bn) | горещ | [goréʃt] |
| bitter (bn) | горчив | [gorʧív] |
| lekker (bn) | вкусен | [fkúsen] |

| koken (in kokend water) | готвя | [gótvʲa] |
| bereiden (avondmaaltijd ~) | готвя | [gótvʲa] |
| bakken (ww) | пържа | [pérʒa] |
| opwarmen (ww) | затоплям | [zatóplʲam] |

| zouten (ww) | соля | [solʲá] |
| peperen (ww) | слагам пипер | [slágam pipér] |
| raspen (ww) | стъргам | [stérgam] |
| schil (de) | кожа (ж) | [kóʒa] |
| schillen (ww) | беля | [bélʲa] |

## 50. Kruiden

| zout (het) | сол (ж) | [sol] |
| gezouten (bn) | солен | [solén] |
| zouten (ww) | соля | [solʲá] |

| zwarte peper (de) | черен пипер (м) | [ʧéren pipér] |
| rode peper (de) | червен пипер (м) | [ʧervén pipér] |
| mosterd (de) | горчица (ж) | [gorʧítsa] |
| mierikswortel (de) | хрян (м) | [hrʲan] |

| condiment (het) | подправка (ж) | [podpráfka] |
| specerij, kruiderij (de) | подправка (ж) | [podpráfka] |
| saus (de) | сос (м) | [sos] |
| azijn (de) | оцет (м) | [otsét] |

| anijs (de) | анасон (м) | [anasón] |
| basilicum (de) | босилек (м) | [bosílek] |
| kruidnagel (de) | карамфил (м) | [karamfíl] |

| gember (de) | джинджифил (м) | [dʒindʒifíl] |
| koriander (de) | кориандър (м) | [koriándər] |
| kaneel (de/het) | канела (ж) | [kanéla] |

| sesamzaad (het) | сусам (м) | [susám] |
| laurierblad (het) | дафинов лист (м) | [dafínov list] |
| paprika (de) | червен пипер (м) | [tʃervén pipér] |
| komijn (de) | черен тмин (м) | [tʃéren tmin] |
| saffraan (de) | шафран (м) | [ʃafrán] |

## 51. Maaltijden

| eten (het) | храна (ж) | [hraná] |
| eten (ww) | ям | [jam] |

| ontbijt (het) | закуска (ж) | [zakúska] |
| ontbijten (ww) | закусвам | [zakúsvam] |
| lunch (de) | обяд (м) | [obʲát] |
| lunchen (ww) | обядвам | [obʲádvam] |

| avondeten (het) | вечеря (ж) | [vetʃérʲa] |
| souperen (ww) | вечерям | [vetʃérʲam] |

| eetlust (de) | апетит (м) | [apetít] |
| Eet smakelijk! | Добър апетит! | [dobér apetít] |

| openen (een fles ~) | отварям | [otvárʲam] |
| morsen (koffie, enz.) | излея | [izléja] |
| zijn gemorst | излея се | [izléja se] |

| koken (water kookt bij 100°C) | вря | [vrʲa] |
| koken (Hoe om water te ~) | варя до кипване | [varʲá do kípvane] |
| gekookt (~ water) | преварен | [prevarén] |

| afkoelen (koeler maken) | охладя | [ohladʲá] |
| afkoelen (koeler worden) | изстудявам се | [isstudʲávam se] |

| smaak (de) | вкус (м) | [fkus] |
| nasmaak (de) | привкус (м) | [prífkus] |

| volgen een dieet | отслабвам | [otslábvam] |
| dieet (het) | диета (ж) | [diéta] |
| vitamine (de) | витамин (м) | [vitamín] |
| calorie (de) | калория (ж) | [kalórija] |

| vegetariër (de) | вегетарианец (м) | [vegetariánets] |
| vegetarisch (bn) | вегетариански | [vegetariánski] |

| vetten (mv.) | мазнини (ж мн) | [mazniní] |
| eiwitten (mv.) | белтъчини (ж мн) | [beltətʃiní] |
| koolhydraten (mv.) | въглехидрати (м мн) | [vəglehidráti] |
| snede (de) | резенче (с) | [rézentʃe] |
| stuk (bijv. een ~ taart) | парче (с) | [partʃé] |
| kruimel (de) | троха (ж) | [trohá] |

## 52. Tafelschikking

| lepel (de) | лъжица (ж) | [ləʒítsa] |
| mes (het) | нож (м) | [noʒ] |
| vork (de) | вилица (ж) | [vílitsa] |

| kopje (het) | чаша (ж) | [tʃáʃa] |
| bord (het) | чиния (ж) | [tʃiníja] |
| schoteltje (het) | чинийка (ж) | [tʃiníjka] |
| servet (het) | салфетка (ж) | [salfétka] |
| tandenstoker (de) | клечка (ж) за зъби | [klétʃka za zébi] |

## 53. Restaurant

| restaurant (het) | ресторант (м) | [restoránt] |
| koffiehuis (het) | кафене (с) | [kafené] |
| bar (de) | бар (м) | [bar] |
| tearoom (de) | чаен салон (м) | [tʃáen salón] |

| kelner, ober (de) | сервитьор (м) | [servitˈór] |
| serveerster (de) | сервитьорка (ж) | [servitˈórka] |
| barman (de) | барман (м) | [bárman] |

| menu (het) | меню (с) | [menˈú] |
| wijnkaart (de) | карта (ж) на виното | [kárta na vínoto] |
| een tafel reserveren | резервирам масичка | [rezervíram másitʃka] |

| gerecht (het) | ядене (с) | [jádene] |
| bestellen (eten ~) | поръчам | [porétʃam] |
| een bestelling maken | правя поръчка | [právˈa porétʃka] |

| aperitief (de/het) | аперитив (м) | [aperitív] |
| voorgerecht (het) | мезе (с) | [mezé] |
| dessert (het) | десерт (м) | [desért] |

| rekening (de) | сметка (ж) | [smétka] |
| de rekening betalen | плащам сметка | [pláʃtam smétka] |
| wisselgeld teruggeven | връщам ресто | [vréʃtam résto] |
| fooi (de) | бакшиш (м) | [bakʃíʃ] |

# Familie, verwanten en vrienden

## 54. Persoonlijke informatie. Formulieren

| | | |
|---|---|---|
| naam (de) | име (с) | [íme] |
| achternaam (de) | фамилия (ж) | [famílija] |
| geboortedatum (de) | дата (ж) на раждане | [dáta na ráӡdane] |
| geboorteplaats (de) | място (с) на раждане | [mʲásto na ráӡdane] |
| nationaliteit (de) | националност (ж) | [natsionálnost] |
| woonplaats (de) | местожителство (с) | [mestoӡítelstvo] |
| land (het) | страна (ж) | [straná] |
| beroep (het) | професия (ж) | [profésija] |
| geslacht (ov. het vrouwelijk ~) | пол (м) | [pol] |
| lengte (de) | ръст (м) | [rəst] |
| gewicht (het) | тегло (с) | [tegló] |

## 55. Familieleden. Verwanten

| | | |
|---|---|---|
| moeder (de) | майка (ж) | [májka] |
| vader (de) | баща (м) | [baʃtá] |
| zoon (de) | син (м) | [sin] |
| dochter (de) | дъщеря (ж) | [dəʃterʲá] |
| jongste dochter (de) | по-малка дъщеря (ж) | [po-málka dəʃterʲá] |
| jongste zoon (de) | по-малък син (м) | [po-málək sin] |
| oudste dochter (de) | по-голяма дъщеря (ж) | [po-golʲáma dəʃterʲá] |
| oudste zoon (de) | по-голям син (м) | [po-golʲám sin] |
| broer (de) | брат (м) | [brat] |
| zuster (de) | сестра (ж) | [sestrá] |
| neef (zoon van oom, tante) | братовчед (м) | [bratovtʃét] |
| nicht (dochter van oom, tante) | братовчедка (ж) | [bratovtʃétka] |
| mama (de) | мама (ж) | [máma] |
| papa (de) | татко (м) | [tátko] |
| ouders (mv.) | родители (м мн) | [rodíteli] |
| kind (het) | дете (с) | [deté] |
| kinderen (mv.) | деца (с мн) | [detsá] |
| oma (de) | баба (ж) | [bába] |
| opa (de) | дядо (м) | [dʲádo] |
| kleinzoon (de) | внук (м) | [vnuk] |
| kleindochter (de) | внучка (ж) | [vnútʃka] |
| kleinkinderen (mv.) | внуци (м мн) | [vnútsi] |

| | | |
|---|---|---|
| oom (de) | вуйчо (м) | [vújʧo] |
| tante (de) | леля (ж) | [lélʲa] |
| neef (zoon van broer, zus) | племенник (м) | [plémennik] |
| nicht (dochter van broer, zus) | племенница (ж) | [plémennitsa] |

| | | |
|---|---|---|
| schoonmoeder (de) | тъща (ж) | [téʃta] |
| schoonvader (de) | свекър (м) | [svékər] |
| schoonzoon (de) | зет (м) | [zet] |
| stiefmoeder (de) | мащеха (ж) | [máʃteha] |
| stiefvader (de) | пасрок (м) | [pástrok] |

| | | |
|---|---|---|
| zuigeling (de) | кърмаче (с) | [kərmáʧe] |
| wiegenkind (het) | бебе (с) | [bébe] |
| kleuter (de) | момченце (с) | [momʧéntse] |

| | | |
|---|---|---|
| vrouw (de) | жена (ж) | [ʒená] |
| man (de) | мъж (м) | [məʒ] |
| echtgenoot (de) | съпруг (м) | [səprúk] |
| echtgenote (de) | съпруга (ж) | [səprúga] |

| | | |
|---|---|---|
| gehuwd (mann.) | женен | [ʒénen] |
| gehuwd (vrouw.) | омъжена | [oméʒena] |
| ongehuwd (mann.) | неженен | [neʒénen] |
| vrijgezel (de) | ерген (м) | [ergén] |
| gescheiden (bn) | разведен | [razvéden] |
| weduwe (de) | вдовица (ж) | [vdovítsa] |
| weduwnaar (de) | вдовец (м) | [vdovéts] |

| | | |
|---|---|---|
| familielid (het) | роднина (м, ж) | [rodnína] |
| dichte familielid (het) | близък роднина (м) | [blízək rodnína] |
| verre familielid (het) | далечен роднина (м) | [daléʧen rodnína] |
| familieleden (mv.) | роднини (мн) | [rodníni] |

| | | |
|---|---|---|
| wees (de), weeskind (het) | сирак (м) | [sirák] |
| voogd (de) | опекун (м) | [opekún] |
| adopteren (een jongen te ~) | осиновявам | [osinovʲávam] |
| adopteren (een meisje te ~) | осиновявам момиче | [osinovʲávam momíʧe] |

## 56. Vrienden. Collega's

| | | |
|---|---|---|
| vriend (de) | приятел (м) | [prijátel] |
| vriendin (de) | приятелка (ж) | [prijátelka] |
| vriendschap (de) | приятелство (с) | [prijátelstvo] |
| bevriend zijn (ww) | дружа | [druʒá] |

| | | |
|---|---|---|
| makker (de) | приятел (м) | [prijátel] |
| vriendin (de) | приятелка (ж) | [prijátelka] |
| partner (de) | партньор (м) | [partnʲór] |

| | | |
|---|---|---|
| chef (de) | шеф (м) | [ʃef] |
| baas (de) | началник (м) | [naʧálnik] |
| ondergeschikte (de) | подчинен (м) | [podʧinén] |
| collega (de) | колега (м, ж) | [koléga] |
| kennis (de) | познат (м) | [poznát] |

| medereiziger (de) | спътник (м) | [spétnik] |
| klasgenoot (de) | съученик (м) | [səutʃeník] |

| buurman (de) | съсед (м) | [səsét] |
| buurvrouw (de) | съседка (ж) | [səsétka] |
| buren (mv.) | съседи (м мн) | [səsédi] |

## 57. Man. Vrouw

| vrouw (de) | жена (ж) | [ʒená] |
| meisje (het) | девойка (ж) | [devójka] |
| bruid (de) | годеница (ж) | [godenítsa] |

| mooi(e) (vrouw, meisje) | хубава | [húbava] |
| groot, grote (vrouw, meisje) | висока | [visóka] |
| slank(e) (vrouw, meisje) | стройна | [strójna] |
| korte, kleine (vrouw, meisje) | невисок | [nevisók] |

| blondine (de) | блондинка (ж) | [blondínka] |
| brunette (de) | брюнетка (ж) | [brˈunétka] |

| dames- (abn) | дамски | [dámski] |
| maagd (de) | девственица (ж) | [défstvenitsa] |
| zwanger (bn) | бременна | [brémenna] |

| man (de) | мъж (м) | [məʒ] |
| blonde man (de) | блондин (м) | [blondín] |
| bruinharige man (de) | брюнет (м) | [brˈunét] |
| groot (bn) | висок | [visók] |
| klein (bn) | невисок | [nevisók] |

| onbeleefd (bn) | груб | [grup] |
| gedrongen (bn) | едър | [édər] |
| robuust (bn) | як | [jak] |
| sterk (bn) | силен | [sílen] |
| sterkte (de) | сила (ж) | [síla] |

| mollig (bn) | пълен | [pélen] |
| getaand (bn) | мургав | [múrgav] |
| slank (bn) | строен | [stróen] |
| elegant (bn) | елегантен | [elegánten] |

## 58. Leeftijd

| leeftijd (de) | възраст (ж) | [vézrast] |
| jeugd (de) | младост (ж) | [mládost] |
| jong (bn) | млад | [mlat] |

| jonger (bn) | по-малък | [po-málək] |
| ouder (bn) | по-голям | [po-golˈám] |
| jongen (de) | младеж (м) | [mladéʒ] |
| tiener, adolescent (de) | тийнейджър (м) | [tinéjdʒər] |

| | | |
|---|---|---|
| kerel (de) | момък (м) | [mómək] |
| oude man (de) | старец (м) | [stárets] |
| oude vrouw (de) | старица (ж) | [stáritsa] |

| | | |
|---|---|---|
| volwassen (bn) | възрастен | [vézrasten] |
| van middelbare leeftijd (bn) | на средна възраст | [na srédna vézrast] |
| bejaard (bn) | възрастен | [vézrasten] |
| oud (bn) | стар | [star] |

| | | |
|---|---|---|
| pensioen (het) | пенсия (ж) | [pénsija] |
| met pensioen gaan | пенсионирам се | [pensioníram se] |
| gepensioneerde (de) | пенсионер (м) | [pensionér] |

## 59. Kinderen

| | | |
|---|---|---|
| kind (het) | дете (с) | [deté] |
| kinderen (mv.) | деца (с мн) | [detsá] |
| tweeling (de) | близнаци (м мн) | [bliznátsi] |

| | | |
|---|---|---|
| wieg (de) | люлка (ж) | [lʲúlka] |
| rammelaar (de) | дрънкалка (ж) | [drənkálka] |
| luier (de) | памперс (м) | [pámpers] |

| | | |
|---|---|---|
| speen (de) | биберон (м) | [biberón] |
| kinderwagen (de) | детска количка (ж) | [détska kolíʧka] |
| kleuterschool (de) | детска градина (ж) | [détska gradína] |
| babysitter (de) | детегледачка (ж) | [detegledáʧka] |

| | | |
|---|---|---|
| kindertijd (de) | детство (с) | [détstvo] |
| pop (de) | кукла (ж) | [kúkla] |
| speelgoed (het) | играчка (ж) | [igráʧka] |
| bouwspeelgoed (het) | конструктор (м) | [konstrúktor] |
| welopgevoed (bn) | възпитан | [vəspítan] |
| onopgevoed (bn) | невъзпитан | [nevəspítan] |
| verwend (bn) | разглезен | [razglézen] |

| | | |
|---|---|---|
| stout zijn (ww) | палувам | [palúvam] |
| stout (bn) | палав | [pálav] |
| stoutheid (de) | лудория (ж) | [ludoríja] |
| stouterd (de) | палавник (м) | [pálavnik] |

| | | |
|---|---|---|
| gehoorzaam (bn) | послушен | [poslúʃen] |
| ongehoorzaam (bn) | непослушен | [neposlúʃen] |

| | | |
|---|---|---|
| braaf (bn) | благоразумен | [blagorazúmen] |
| slim (verstandig) | умен | [úmen] |
| wonderkind (het) | вундеркинд (м) | [vúnderkint] |

## 60. Gehuwde paren. Gezinsleven

| | | |
|---|---|---|
| kussen (een kus geven) | целувам | [tselúvam] |
| elkaar kussen (ww) | целувам се | [tselúvam se] |

| gezin (het) | семейство (c) | [seméjstvo] |
|---|---|---|
| gezins- (abn) | семеен | [seméen] |
| paar (het) | двойка (ж) | [dvójka] |
| huwelijk (het) | брак (м) | [brak] |
| thuis (het) | семейно огнище (c) | [seméjno ogníʃte] |
| dynastie (de) | династия (ж) | [dinástija] |

| date (de) | среща (ж) | [sréʃta] |
|---|---|---|
| zoen (de) | целувка (ж) | [tselúfka] |

| liefde (de) | обич (ж) | [óbitʃ] |
|---|---|---|
| liefhebben (ww) | обичам | [obítʃam] |
| geliefde (bn) | любим | [lʲubím] |

| tederheid (de) | нежност (ж) | [néʒnost] |
|---|---|---|
| teder (bn) | нежен | [néʒen] |
| trouw (de) | вярност (ж) | [vʲárnost] |
| trouw (bn) | верен | [véren] |
| zorg (bijv. bejaarden~) | грижа (ж) | [gríʒa] |
| zorgzaam (bn) | грижлив | [griʒlív] |

| jonggehuwden (mv.) | младоженци (м мн) | [mladoʒéntsi] |
|---|---|---|
| wittebroodsweken (mv.) | меден месец (м) | [méden mésets] |
| trouwen (vrouw) | омъжа се | [oméʒa se] |
| trouwen (man) | женя се | [ʒénʲa se] |

| bruiloft (de) | сватба (ж) | [svátba] |
|---|---|---|
| gouden bruiloft (de) | златна сватба (ж) | [zlátna svádba] |
| verjaardag (de) | годишнина (ж) | [godíʃnina] |

| minnaar (de) | любовник (м) | [lʲubóvnik] |
|---|---|---|
| minnares (de) | любовница (ж) | [lʲubóvnitsa] |

| overspel (het) | изневяра (ж) | [iznevʲára] |
|---|---|---|
| overspel plegen (ww) | изневерявам | [izneverʲávam] |
| jaloers (bn) | ревнив | [revnív] |
| jaloers zijn (echtgenoot, enz.) | ревнувам | [revnúvam] |
| echtscheiding (de) | развод (м) | [razvót] |
| scheiden (ww) | развеждам се | [razvéʒdam se] |

| ruzie hebben (ww) | карам се | [káram se] |
|---|---|---|
| vrede sluiten (ww) | сдобрявам се | [zdobrʲávam se] |
| samen (bw) | заедно | [záedno] |
| seks (de) | секс (м) | [seks] |

| geluk (het) | щастие (c) | [ʃtástie] |
|---|---|---|
| gelukkig (bn) | щастлив | [ʃtastlív] |
| ongeluk (het) | нещастие (c) | [neʃtástie] |
| ongelukkig (bn) | нещастен | [neʃtásten] |

# Karakter. Gevoelens. Emoties

## 61. Gevoelens. Emoties

| | | |
|---|---|---|
| gevoel (het) | чувство (c) | [ʧústvo] |
| gevoelens (mv.) | чувства (c мн) | [ʧústva] |
| voelen (ww) | чувствам | [ʧúfstvam] |
| | | |
| honger (de) | глад (м) | [glat] |
| honger hebben (ww) | искам да ям | [ískam da jam] |
| dorst (de) | жажда (ж) | [ʒáʒda] |
| dorst hebben | искам да пия | [ískam da píja] |
| slaperigheid (de) | сънливост (ж) | [sənlívost] |
| willen slapen | искам да спя | [ískam da spʲa] |
| | | |
| moeheid (de) | умора (ж) | [umóra] |
| moe (bn) | изморен | [izmorén] |
| vermoeid raken (ww) | уморя се | [umorʲá se] |
| | | |
| stemming (de) | настроение (c) | [nastroénie] |
| verveling (de) | скука (ж) | [skúka] |
| zich vervelen (ww) | скучая | [skuʧája] |
| afzondering (de) | самота (ж) | [samotá] |
| zich afzonderen (ww) | уединявам се | [uedinʲávam se] |
| | | |
| bezorgd maken | безпокоя | [bespokojá] |
| bezorgd zijn (ww) | безпокоя се | [bespokojá se] |
| zorg (bijv. geld~en) | безпокойство (c) | [bespokójstvo] |
| ongerustheid (de) | тревога (ж) | [trevóga] |
| ongerust (bn) | загрижен | [zagríʒen] |
| zenuwachtig zijn (ww) | нервирам се | [nervíram se] |
| in paniek raken | паникьосвам се | [panikʲósvam se] |
| | | |
| hoop (de) | надежда (ж) | [nadéʒda] |
| hopen (ww) | надявам се | [nadʲávam se] |
| | | |
| zekerheid (de) | увереност (ж) | [uvérenost] |
| zeker (bn) | уверен | [uvéren] |
| onzekerheid (de) | неувереност (ж) | [neuvérenost] |
| onzeker (bn) | неуверен | [neuvéren] |
| | | |
| dronken (bn) | пиян | [piján] |
| nuchter (bn) | трезвен | [trézven] |
| zwak (bn) | слаб | [slap] |
| gelukkig (bn) | щастлив | [ʃtastlív] |
| doen schrikken (ww) | изплаша | [ispláʃa] |
| toorn (de) | бяс (м) | [bʲas] |
| woede (de) | ярост (ж) | [járost] |
| depressie (de) | депресия (ж) | [deprésija] |
| ongemak (het) | дискомфорт (м) | [diskomfórt] |

| gemak, comfort (het) | комфорт (м) | [komfórt] |
| spijt hebben (ww) | съжалявам | [səʒalʲávam] |
| spijt (de) | съжаление (c) | [səʒalénie] |
| pech (de) | несполука (ж) | [nespolúka] |
| bedroefdheid (de) | огорчение (c) | [ogortʃénie] |

| schaamte (de) | срам (м) | [sram] |
| pret (de), plezier (het) | веселба (ж) | [veselbá] |
| enthousiasme (het) | ентусиазъм (м) | [entusiázəm] |
| enthousiasteling (de) | ентусиаст (м) | [entusiást] |
| enthousiasme vertonen | ентусиазирам | [entusiazíram] |

## 62. Karakter. Persoonlijkheid

| karakter (het) | характер (м) | [harákter] |
| karakterfout (de) | недостатък (м) | [nedostátək] |
| verstand (het) | ум (м) | [um] |
| rede (de) | разум (м) | [rázum] |

| geweten (het) | съвест (ж) | [sóvest] |
| gewoonte (de) | навик (м) | [návik] |
| bekwaamheid (de) | способност (ж) | [sposóbnost] |
| kunnen (bijv., ~ zwemmen) | умея | [uméja] |

| geduldig (bn) | търпелив | [tərpelív] |
| ongeduldig (bn) | нетърпелив | [netərpelív] |
| nieuwsgierig (bn) | любопитен | [lʲubopíten] |
| nieuwsgierigheid (de) | любопитство (c) | [lʲubopítstvo] |

| bescheidenheid (de) | скромност (ж) | [skrómnost] |
| bescheiden (bn) | скромен | [skrómen] |
| onbescheiden (bn) | нескромен | [neskrómen] |

| luiheid (de) | мързел (м) | [mórzel] |
| lui (bn) | мързелив | [mərzelív] |
| luiwammes (de) | мързеливец (м) | [mərzelívets] |

| sluwheid (de) | хитрост (ж) | [hítrost] |
| sluw (bn) | хитър | [hítər] |
| wantrouwen (het) | недоверие (c) | [nedovérie] |
| wantrouwig (bn) | недоверчив | [nedovertʃív] |

| gulheid (de) | щедрост (ж) | [ʃtédrost] |
| gul (bn) | щедър | [ʃtédər] |
| talentrijk (bn) | талантлив | [talantlíf] |
| talent (het) | талант (м) | [talánt] |

| moedig (bn) | смел | [smel] |
| moed (de) | смелост (м) | [smélost] |
| eerlijk (bn) | честен | [tʃésten] |
| eerlijkheid (de) | честност (ж) | [tʃéstnost] |

| voorzichtig (bn) | предпазлив | [predpazlív] |
| manhaftig (bn) | храбър | [hrábər] |

| ernstig (bn) | сериозен | [seriózen] |
| streng (bn) | строг | [strok] |

| resoluut (bn) | решителен | [reʃítelen] |
| onzeker, irresoluut (bn) | нерешителен | [nereʃítelen] |
| schuchter (bn) | свенлив | [svenlív] |
| schuchterheid (de) | свенливост (ж) | [svenlívost] |

| vertrouwen (het) | доверие (c) | [dovérie] |
| vertrouwen (ww) | вярвам | [vʲárvam] |
| goedgelovig (bn) | доверчив | [dovertʃív] |

| oprecht (bw) | искрено | [ískreno] |
| oprecht (bn) | искрен | [ískren] |
| oprechtheid (de) | искреност (ж) | [ískrenost] |
| open (bn) | открит | [otkrít] |

| rustig (bn) | тих | [tih] |
| openhartig (bn) | откровен | [otkrovén] |
| naïef (bn) | наивен | [naíven] |
| verstrooid (bn) | разсеян | [rasséjan] |
| leuk, grappig (bn) | смешен | [sméʃen] |

| gierigheid (de) | алчност (ж) | [áltʃnost] |
| gierig (bn) | алчен | [áltʃen] |
| inhalig (bn) | стиснат | [stísnat] |
| kwaad (bn) | зъл | [zəl] |
| koppig (bn) | инат | [inát] |
| onaangenaam (bn) | неприятен | [neprijáten] |

| egoïst (de) | егоист (м) | [egoíst] |
| egoïstisch (bn) | егоистичен | [egoistítʃen] |
| lafaard (de) | страхливец (м) | [strahlívets] |
| laf (bn) | страхлив | [strahlíf] |

## 63. Slaap. Dromen

| slapen (ww) | спя | [spʲa] |
| slaap (in ~ vallen) | сън (м) | [sən] |
| droom (de) | сън (м) | [sən] |
| dromen (in de slaap) | сънувам | [sənúvam] |
| slaperig (bn) | сънен | [sénen] |

| bed (het) | легло (c) | [legló] |
| matras (de) | дюшек (м) | [dʲuʃék] |
| deken (de) | одеяло (c) | [odejálo] |
| kussen (het) | възглавница (ж) | [vəzglávnitsa] |
| laken (het) | чаршаф (м) | [tʃarʃáf] |

| slapeloosheid (de) | безсъние (c) | [bessénie] |
| slapeloos (bn) | безсънен | [bessénen] |
| slaapmiddel (het) | приспивателно (c) | [prispivátelno] |
| slaapmiddel innemen | взимам приспивателно | [vzímam prispivátelno] |
| willen slapen | искам да спя | [ískam da spʲa] |

| | | |
|---|---|---|
| geeuwen (ww) | прозявам се | [proz'ávam se] |
| gaan slapen | отивам да спя | [otívam da sp'a] |
| het bed opmaken | оправям легло | [opráv'am legló] |
| inslapen (ww) | заспивам | [zaspívam] |

| | | |
|---|---|---|
| nachtmerrie (de) | кошмар (м) | [koʃmár] |
| gesnurk (het) | хъркане (с) | [hérkane] |
| snurken (ww) | хъркам | [hérkam] |

| | | |
|---|---|---|
| wekker (de) | будилник (м) | [budílnik] |
| wekken (ww) | събудя | [səbúd'a] |
| wakker worden (ww) | събуждам се | [səbúʒdam se] |
| opstaan (ww) | ставам | [stávam] |
| zich wassen (ww) | измивам се | [izmívam se] |

## 64. Humor. Gelach. Blijdschap

| | | |
|---|---|---|
| humor (de) | хумор (м) | [húmor] |
| gevoel (het) voor humor | чувство (ж) за хумор | [tʃústvo za húmor] |
| plezier hebben (ww) | веселя се | [vesel'á se] |
| vrolijk (bn) | весел | [vésel] |
| pret (de), plezier (het) | веселба (ж) | [veselbá] |

| | | |
|---|---|---|
| glimlach (de) | усмивка (ж) | [usmífka] |
| glimlachen (ww) | усмихвам се | [usmíhvam se] |
| beginnen te lachen (ww) | засмея се | [zasméja se] |
| lachen (ww) | смея се | [sméja se] |
| lach (de) | смях (м) | [sm'ah] |

| | | |
|---|---|---|
| mop (de) | виц (м) | [vits] |
| grappig (een ~ verhaal) | смешен | [sméʃen] |
| grappig (~e clown) | смешен | [sméʃen] |

| | | |
|---|---|---|
| grappen maken (ww) | шегувам се | [ʃegúvam se] |
| grap (de) | шега (ж) | [ʃegá] |
| blijheid (de) | радост (ж) | [rádost] |
| blij zijn (ww) | радвам се | [rádvam se] |
| blij (bn) | радостен | [rádosten] |

## 65. Discussie, conversatie. Deel 1

| | | |
|---|---|---|
| communicatie (de) | общуване (с) | [obʃtúvane] |
| communiceren (ww) | общувам | [obʃtúvam] |

| | | |
|---|---|---|
| conversatie (de) | разговор (м) | [rázgovor] |
| dialoog (de) | диалог (м) | [dialók] |
| discussie (de) | дискусия (ж) | [diskúsija] |
| debat (het) | спор (м) | [spor] |
| debatteren, twisten (ww) | споря | [spór'a] |

| | | |
|---|---|---|
| gesprekspartner (de) | събеседник (м) | [səbesédnik] |
| thema (het) | тема (ж) | [téma] |

| standpunt (het) | гледна точка (ж) | [glédna tótʃka] |
| mening (de) | мнение (с) | [mnénie] |
| toespraak (de) | слово (с) | [slóvo] |

| bespreking (de) | обсъждане (с) | [obséʒdane] |
| bespreken (spreken over) | обсъждам | [obséʒdam] |
| gesprek (het) | беседа (ж) | [beséda] |
| spreken (converseren) | беседвам | [besédvam] |
| ontmoeting (de) | среща (ж) | [sréʃta] |
| ontmoeten (ww) | срещам се | [sréʃtam se] |

| spreekwoord (het) | пословица (ж) | [poslóvitsa] |
| gezegde (het) | поговорка (ж) | [pogovórka] |
| raadsel (het) | гатанка (ж) | [gátanka] |
| een raadsel opgeven | задавам гатанка | [zadávam gátanka] |
| wachtwoord (het) | парола (ж) | [paróla] |
| geheim (het) | секрет (м) | [sekrét] |

| eed (de) | клетва (ж) | [klétva] |
| zweren (een eed doen) | заклевам се | [zaklévam se] |
| belofte (de) | обещание (с) | [obeʃtánie] |
| beloven (ww) | обещавам | [obeʃtávam] |

| advies (het) | съвет (м) | [səvét] |
| adviseren (ww) | съветвам | [səvétvam] |
| advies volgen (iemands ~) | слушам | [slúʃam] |

| nieuws (het) | новина (ж) | [noviná] |
| sensatie (de) | сензация (ж) | [senzátsija] |
| informatie (de) | сведения (с мн) | [svédenija] |
| conclusie (de) | извод (м) | [ízvot] |
| stem (de) | глас (м) | [glas] |
| compliment (het) | комплимент (м) | [komplimént] |
| vriendelijk (bn) | любезен | [lʲubézen] |

| woord (het) | дума (ж) | [dúma] |
| zin (de), zinsdeel (het) | фраза (ж) | [fráza] |
| antwoord (het) | отговор (м) | [ótgovor] |

| waarheid (de) | истина (ж) | [ístina] |
| leugen (de) | лъжа (ж) | [ləʒá] |

| gedachte (de) | мисъл (ж) | [mísəl] |
| idee (de/het) | идея (ж) | [idéja] |
| fantasie (de) | измислица (ж) | [izmíslitsa] |

## 66. Discussie, conversatie. Deel 2

| gerespecteerd (bn) | уважаем | [uvaʒáem] |
| respecteren (ww) | уважавам | [uvaʒávam] |
| respect (het) | уважение (с) | [uvaʒénie] |
| Geachte ... (brief) | Уважаем ... | [uvaʒáem] |
| voorstellen (Mag ik jullie ~) | запозная | [zapoznája] |
| kennismaken (met ...) | запознавам се | [zapoznávam se] |

| | | |
|---|---|---|
| intentie (de) | намерение (c) | [namerénie] |
| intentie hebben (ww) | каня се | [kánʲa se] |
| wens (de) | пожелание (c) | [poӡelánie] |
| wensen (ww) | пожелая | [poӡelája] |

| | | |
|---|---|---|
| verbazing (de) | учудване (c) | [utʃúdvane] |
| verbazen (verwonderen) | удивлявам | [udivlʲávam] |
| verbaasd zijn (ww) | удивлявам се | [udivlʲávam se] |

| | | |
|---|---|---|
| geven (ww) | дам | [dam] |
| nemen (ww) | взема | [vzéma] |
| teruggeven (ww) | върна | [vérna] |
| retourneren (ww) | върна | [vérna] |

| | | |
|---|---|---|
| zich verontschuldigen | извинявам се | [izvinʲávam se] |
| verontschuldiging (de) | извинение (c) | [izvinénie] |
| vergeven (ww) | прощавам | [proʃtávam] |

| | | |
|---|---|---|
| spreken (ww) | разговарям | [razgovárʲam] |
| luisteren (ww) | слушам | [slúʃam] |
| aanhoren (ww) | изслушам | [isslúʃam] |
| begrijpen (ww) | разбера | [razberá] |

| | | |
|---|---|---|
| tonen (ww) | покажа | [pokáӡa] |
| kijken naar ... | гледам | [glédam] |
| roepen (vragen te komen) | повикам | [povíkam] |
| afleiden (storen) | отвличам | [otvlítʃam] |
| storen (lastigvallen) | преча | [prétʃa] |
| doorgeven (ww) | предам | [predám] |

| | | |
|---|---|---|
| verzoek (het) | молба (ж) | [molbá] |
| verzoeken (ww) | моля | [mólʲa] |
| eis (de) | изискване (c) | [izískvane] |
| eisen (met klem vragen) | изисквам | [izískvam] |

| | | |
|---|---|---|
| beledigen (beledigende namen geven) | дразня | [dráznʲa] |
| uitlachen (ww) | присмивам се | [prismívam se] |
| spot (de) | подигравка (ж) | [podigráfka] |
| bijnaam (de) | прякор (м) | [prʲákor] |

| | | |
|---|---|---|
| zinspeling (de) | намек (м) | [námek] |
| zinspelen (ww) | намеквам | [namékvam] |
| impliceren (duiden op) | подразбирам | [podrazbíram] |

| | | |
|---|---|---|
| beschrijving (de) | описание (c) | [opisánie] |
| beschrijven (ww) | опиша | [opíʃa] |
| lof (de) | похвала (ж) | [pohvála] |
| loven (ww) | похваля | [pohválʲa] |

| | | |
|---|---|---|
| teleurstelling (de) | разочарование (c) | [razotʃarovánie] |
| teleurstellen (ww) | разочаровам | [razotʃaróvam] |
| teleurgesteld zijn (ww) | разочаровам се | [razotʃaróvam se] |

| | | |
|---|---|---|
| veronderstelling (de) | предположение (c) | [predpoloӡénie] |
| veronderstellen (ww) | предполагам | [pretpolágam] |

| | | |
|---|---|---|
| waarschuwing (de) | предпазване (c) | [predpázvane] |
| waarschuwen (ww) | предпазя | [pretpázʲa] |

## 67. Discussie, conversatie. Deel 3

| | | |
|---|---|---|
| aanpraten (ww) | уговоря | [ugovórʲa] |
| kalmeren (kalm maken) | успокоявам | [uspokojávam] |

| | | |
|---|---|---|
| stilte (de) | мълчание (c) | [məltʃánie] |
| zwijgen (ww) | мълча | [məltʃá] |
| fluisteren (ww) | шепна | [ʃépna] |
| gefluister (het) | шепот (м) | [ʃépot] |

| | | |
|---|---|---|
| open, eerlijk (bw) | откровено | [otkrovéno] |
| volgens mij ... | според мен ... | [spóret men] |

| | | |
|---|---|---|
| detail (het) | подробност (ж) | [podróbnost] |
| gedetailleerd (bn) | подробен | [podróben] |
| gedetailleerd (bw) | подробно | [podróbno] |

| | | |
|---|---|---|
| hint (de) | подсказка (ж) | [potskáska] |
| een hint geven | подскажа | [potskáʒa] |

| | | |
|---|---|---|
| blik (de) | поглед (м) | [póglet] |
| een kijkje nemen | погледна | [poglédna] |
| strak (een ~ke blik) | неподвижен | [nepodvíʒen] |
| knipperen (ww) | мигам | [mígam] |
| knipogen (ww) | мигна | [mígna] |
| knikken (ww) | кимна | [kímna] |

| | | |
|---|---|---|
| zucht (de) | въздишка (ж) | [vəzdíʃka] |
| zuchten (ww) | въздъхна | [vəzdéhna] |
| huiveren (ww) | стряскам се | [strʲáskam se] |
| gebaar (het) | жест (м) | [ʒest] |
| aanraken (ww) | докосна се | [dokósna se] |
| grijpen (ww) | хващам | [hváʃtam] |
| een schouderklopje geven | тупам | [túpam] |

| | | |
|---|---|---|
| Kijk uit! | Внимавай! | [vnimávaj] |
| Echt? | Нима? | [nimá] |
| Succes! | Късмет! | [kəsmét] |
| Juist, ja! | Ясно! | [jásno] |
| Wat jammer! | Жалко! | [ʒálko] |

## 68. Overeenstemming. Weigering

| | | |
|---|---|---|
| instemming (het) | съгласие (c) | [səglásie] |
| instemmen (akkoord gaan) | съгласявам се | [səglasʲávam se] |
| goedkeuring (de) | одобрение (c) | [odobrénie] |
| goedkeuren (ww) | одобря | [odobrʲá] |
| weigering (de) | отказ (м) | [ótkaz] |
| weigeren (ww) | отказвам се | [otkázvam se] |

| Geweldig! | Отлично! | [otlítʃno] |
| Goed! | Добре! | [dobré] |
| Akkoord! | Дадено! | [dádeno] |

| verboden (bn) | забранен | [zabranén] |
| het is verboden | забранено | [zabranéno] |
| onjuist (bn) | грешен | [gréʃen] |

| afwijzen (ww) | отклоня | [otklonʲá] |
| steunen | подкрепям | [potkrepʲám] |
| (een goed doel, enz.) | | |
| aanvaarden (excuses ~) | приема | [priéma] |

| bevestigen (ww) | потвърдя | [potvərdʲá] |
| bevestiging (de) | потвърждение (c) | [potvərʒdénie] |
| toestemming (de) | разрешение (c) | [razreʃénie] |
| toestaan (ww) | разреша | [razreʃá] |
| beslissing (de) | решение (c) | [reʃénie] |
| z'n mond houden (ww) | премълча | [preməltʃá] |

| voorwaarde (de) | условие (c) | [uslóvie] |
| smoes (de) | привидна причина (ж) | [privídna pritʃína] |
| lof (de) | похвала (ж) | [pohvála] |
| loven (ww) | похваля | [pohválʲa] |

## 69. Succes. Veel geluk. Mislukking

| succes (het) | успех (м) | [uspéh] |
| succesvol (bw) | успешно | [uspéʃno] |
| succesvol (bn) | успешен | [uspéʃen] |

| geluk (het) | сполука (ж) | [spolúka] |
| Succes! | Късмет! | [kəsmét] |

| geluks- (bn) | сполучлив | [spolutʃlif] |
| gelukkig (fortuinlijk) | успешен | [uspéʃen] |

| mislukking (de) | несполука (ж) | [nespolúka] |
| tegenslag (de) | несполука (ж) | [nespolúka] |
| pech (de) | нещастие (c) | [neʃtástie] |

| zonder succes (bn) | несполучлив | [nespolutʃlív] |
| catastrofe (de) | катастрофа (ж) | [katastrófa] |

| fierheid (de) | гордост (ж) | [górdost] |
| fier (bn) | горд | [gort] |
| fier zijn (ww) | гордея се | [gordéja se] |

| winnaar (de) | победител (м) | [pobedítel] |
| winnen (ww) | победя | [pobedʲá] |
| verliezen (ww) | загубя | [zagúbʲa] |
| poging (de) | опит (м) | [ópit] |
| pogen, proberen (ww) | опитвам се | [opítvam se] |
| kans (de) | шанс (м) | [ʃans] |

## 70. Ruzies. Negatieve emoties

| | | |
|---|---|---|
| schreeuw (de) | вик (м) | [vik] |
| schreeuwen (ww) | викам | [víkam] |
| beginnen te schreeuwen | закрещя | [zakreʃtʲá] |

| | | |
|---|---|---|
| ruzie (de) | караница (ж) | [káranitsa] |
| ruzie hebben (ww) | карам се | [káram se] |
| schandaal (het) | скандал (м) | [skandál] |
| schandaal maken (ww) | правя скандали | [právʲa skandáli] |
| conflict (het) | конфликт (м) | [konflíkt] |
| misverstand (het) | недоразумение (с) | [nedorazuménie] |

| | | |
|---|---|---|
| belediging (de) | оскърбление (с) | [oskərblénie] |
| beledigen | оскърбявам | [oskərbʲávam] |
| (met scheldwoorden) | | |
| beledigd (bn) | оскърбен | [oskərbén] |
| krenking (de) | обида (ж) | [obída] |
| krenken (beledigen) | обидя | [obídʲa] |
| gekwetst worden (ww) | обидя се | [obídʲa se] |

| | | |
|---|---|---|
| verontwaardiging (de) | възмущение (с) | [vəzmuʃténie] |
| verontwaardigd zijn (ww) | възмущавам се | [vəzmuʃtávam se] |
| klacht (de) | оплакване (с) | [oplákvane] |
| klagen (ww) | оплаквам се | [oplákvam se] |

| | | |
|---|---|---|
| verontschuldiging (de) | извинение (с) | [izvinénie] |
| zich verontschuldigen | извинявам се | [izvinʲávam se] |
| excuus vragen | моля за прошка | [mólʲa za próʃka] |

| | | |
|---|---|---|
| kritiek (de) | критика (ж) | [krítika] |
| bekritiseren (ww) | критикувам | [kritikúvam] |
| beschuldiging (de) | обвинение (с) | [obvinénie] |
| beschuldigen (ww) | обвинявам | [obvinʲávam] |

| | | |
|---|---|---|
| wraak (de) | отмъщение (с) | [otməʃténie] |
| wreken (ww) | отмъщавам | [otməʃtávam] |
| wraak nemen (ww) | отплатя | [otplatʲá] |

| | | |
|---|---|---|
| minachting (de) | презрение (с) | [prezrénie] |
| minachten (ww) | презирам | [prezíram] |
| haat (de) | омраза (ж) | [omráza] |
| haten (ww) | мразя | [mrázʲa] |

| | | |
|---|---|---|
| zenuwachtig (bn) | нервен | [nérven] |
| zenuwachtig zijn (ww) | нервирам се | [nervíram se] |
| boos (bn) | сърдит | [sərdít] |
| boos maken (ww) | разсърдя | [rassérdʲa] |

| | | |
|---|---|---|
| vernedering (de) | унижение (с) | [uniʒénie] |
| vernederen (ww) | унижавам | [uniʒávam] |
| zich vernederen (ww) | унижавам се | [uniʒávam se] |

| | | |
|---|---|---|
| schok (de) | шок (м) | [ʃok] |
| schokken (ww) | шокирам | [ʃokíram] |

| | | |
|---|---|---|
| onaangenaamheid (de) | неприятност (ж) | [neprijátnost] |
| onaangenaam (bn) | неприятен | [neprijáten] |

| | | |
|---|---|---|
| vrees (de) | страх (м) | [strah] |
| vreselijk (bijv. ~ onweer) | силен | [sílen] |
| eng (bn) | страшен | [stráʃen] |
| gruwel (de) | ужас (м) | [úʒas] |
| vreselijk (~ nieuws) | ужасен | [uʒásen] |

| | | |
|---|---|---|
| beginnen te beven | затреперя | [zatrepérіa] |
| huilen (wenen) | плача | [plátʃa] |
| beginnen te huilen (wenen) | заплача | [zaplátʃa] |
| traan (de) | сълза (ж) | [səlzá] |

| | | |
|---|---|---|
| schuld (~ geven aan) | вина (ж) | [viná] |
| schuldgevoel (het) | вина (ж) | [viná] |
| schande (de) | позор (м) | [pozór] |
| protest (het) | протест (м) | [protést] |
| stress (de) | стрес (м) | [stres] |

| | | |
|---|---|---|
| storen (lastigvallen) | безпокоя | [bespokojá] |
| kwaad zijn (ww) | ядосвам се | [jadósvam se] |
| kwaad (bn) | зъл | [zəl] |
| beëindigen (een relatie ~) | прекъсвам | [prekésvam] |
| vloeken (ww) | карам се | [káram se] |

| | | |
|---|---|---|
| schrikken (schrik krijgen) | плаша се | [pláʃa se] |
| slaan (iemand ~) | удадя | [udárіa] |
| vechten (ww) | бия се | [bíja se] |

| | | |
|---|---|---|
| regelen (conflict) | урегулирам | [uregulíram] |
| ontevreden (bn) | недоволен | [nedovólen] |
| woedend (bn) | яростен | [járosten] |

| | | |
|---|---|---|
| Dat is niet goed! | Това не е хубаво! | [tová ne e húbavo] |
| Dat is slecht! | Това е лошо! | [tová e lóʃo] |

# Geneeskunde

## 71. Ziekten

| | | |
|---|---|---|
| ziekte (de) | болест (ж) | [bólest] |
| ziek zijn (ww) | боледувам | [boledúvam] |
| gezondheid (de) | здраве (с) | [zdráve] |
| | | |
| snotneus (de) | хрема (ж) | [hréma] |
| angina (de) | ангина (ж) | [angína] |
| verkoudheid (de) | настинка (ж) | [nastínka] |
| verkouden raken (ww) | настина | [nastína] |
| | | |
| bronchitis (de) | бронхит (м) | [bronhít] |
| longontsteking (de) | пневмония (ж) | [pnevmoníja] |
| griep (de) | грип (м) | [grip] |
| | | |
| bijziend (bn) | късоглед | [kəsoglét] |
| verziend (bn) | далекоглед | [dalekoglét] |
| scheelheid (de) | кривогледство (с) | [krivoglétstvo] |
| scheel (bn) | кривоглед | [krivoglét] |
| grauwe staar (de) | катаракта (ж) | [katarákta] |
| glaucoom (het) | глаукома (ж) | [glaukóma] |
| | | |
| beroerte (de) | инсулт (м) | [insúlt] |
| hartinfarct (het) | инфаркт (м) | [infárkt] |
| myocardiaal infarct (het) | инфаркт (м) на миокарда | [infárkt na miokárda] |
| verlamming (de) | парализа (ж) | [paráliza] |
| verlammen (ww) | парализирам | [paralizíram] |
| | | |
| allergie (de) | алергия (ж) | [alérgija] |
| astma (de/het) | астма (ж) | [ástma] |
| diabetes (de) | диабет (м) | [diabét] |
| | | |
| tandpijn (de) | зъбобол (м) | [zəboból] |
| tandbederf (het) | кариес (м) | [káries] |
| | | |
| diarree (de) | диария (ж) | [diárija] |
| constipatie (de) | запек (м) | [zápek] |
| maagstoornis (de) | разстройство (с) на стомаха | [rastrójstvo na stomáha] |
| | | |
| voedselvergiftiging (de) | отравяне (с) | [otrávʲane] |
| voedselvergiftiging oplopen | отровя се | [otrόvʲa se] |
| | | |
| artritis (de) | артрит (м) | [artrít] |
| rachitis (de) | рахит (м) | [rahít] |
| reuma (het) | ревматизъм (м) | [revmatízəm] |
| arteriosclerose (de) | атеросклероза (ж) | [ateroskleróza] |
| gastritis (de) | гастрит (м) | [gastrít] |
| blindedarmontsteking (de) | апандисит (м) | [apandisít] |

| galblaasontsteking (de) | холецистит (м) | [holetsistít] |
| zweer (de) | язва (ж) | [jázva] |

| mazelen (mv.) | дребна шарка (ж) | [drébna ʃárka] |
| rodehond (de) | шарка (ж) | [ʃárka] |
| geelzucht (de) | жълтеница (ж) | [ʒəltenítsa] |
| leverontsteking (de) | хепатит (м) | [hepatít] |

| schizofrenie (de) | шизофрения (ж) | [ʃizofreníja] |
| dolheid (de) | бяс (м) | [bʲas] |
| neurose (de) | невроза (ж) | [nevróza] |
| hersenschudding (de) | сътресение (с) на мозъка | [sətresénie na mózəka] |

| kanker (de) | рак (м) | [rak] |
| sclerose (de) | склероза (ж) | [skleróza] |
| multiple sclerose (de) | множествена склероза (ж) | [mnóʒestvena skleróza] |

| alcoholisme (het) | алкохолизъм (м) | [alkoholízəm] |
| alcoholicus (de) | алкохолик (м) | [alkoholík] |
| syfilis (de) | сифилис (м) | [sífilis] |
| AIDS (de) | СПИН (м) | [spin] |

| tumor (de) | тумор (м) | [túmor] |
| kwaadaardig (bn) | злокачествен | [zlokátʃestven] |
| goedaardig (bn) | доброкачествен | [dobrokátʃestven] |

| koorts (de) | треска (ж) | [tréska] |
| malaria (de) | малария (ж) | [malárija] |
| gangreen (het) | гангрена (ж) | [gangréna] |
| zeeziekte (de) | морска болест (ж) | [mórska bólest] |
| epilepsie (de) | епилепсия (ж) | [epilépsija] |

| epidemie (de) | епидемия (ж) | [epidémija] |
| tyfus (de) | тиф (м) | [tif] |
| tuberculose (de) | туберкулоза (ж) | [tuberkulóza] |
| cholera (de) | холера (ж) | [holéra] |
| pest (de) | чума (ж) | [tʃúma] |

## 72. Symptomen. Behandelingen. Deel 1

| symptoom (het) | симптом (м) | [simptóm] |
| temperatuur (de) | температура (ж) | [temperatúra] |
| verhoogde temperatuur (de) | висока температура (ж) | [visóka temperatúra] |
| polsslag (de) | пулс (м) | [puls] |

| duizeling (de) | световъртеж (м) | [svetovərtéʃ] |
| heet (erg warm) | горещ | [goréʃt] |
| koude rillingen (mv.) | тръпки (ж мн) | [trépki] |
| bleek (bn) | бледен | [bléden] |

| hoest (de) | кашлица (ж) | [káʃlitsa] |
| hoesten (ww) | кашлям | [káʃlʲam] |
| niezen (ww) | кихам | [kíham] |
| flauwte (de) | припадък (м) | [pripádək] |

| flauwvallen (ww) | припадна | [pripádna] |
|---|---|---|
| blauwe plek (de) | синина (ж) | [sininá] |
| buil (de) | подутина (ж) | [podutiná] |
| zich stoten (ww) | удари се | [udárʲa se] |
| kneuzing (de) | натъртване (с) | [natərtvane] |
| kneuzen (gekneusd zijn) | удари се | [udárʲa se] |

| hinken (ww) | куцам | [kútsam] |
|---|---|---|
| verstuiking (de) | изкълчване (с) | [iskə́ltʃvane] |
| verstuiken (enkel, enz.) | навехна | [navéhna] |
| breuk (de) | фрактура (ж) | [fraktúra] |
| een breuk oplopen | счупя | [stʃúpʲa] |

| snijwond (de) | порязване (с) | [porʲázvane] |
|---|---|---|
| zich snijden (ww) | порежа се | [poréʒa se] |
| bloeding (de) | кръвотечение (с) | [krəvotetʃénie] |

| brandwond (de) | изгаряне (с) | [izgárʲane] |
|---|---|---|
| zich branden (ww) | опаря се | [opárʲa se] |

| prikken (ww) | бодна | [bódna] |
|---|---|---|
| zich prikken (ww) | убода се | [ubodá se] |
| blesseren (ww) | нараня | [naranʲá] |
| blessure (letsel) | рана (ж) | [rána] |
| wond (de) | рана (ж) | [rána] |
| trauma (het) | травма (ж) | [trávma] |

| ijlen (ww) | бълнувам | [bəlnúvam] |
|---|---|---|
| stotteren (ww) | заеквам | [zaékvam] |
| zonnesteek (de) | слънчев удар (м) | [sléntʃev údar] |

## 73. Symptomen. Behandelingen. Deel 2

| pijn (de) | болка (ж) | [bólka] |
|---|---|---|
| splinter (de) | трънче (с) | [tréntʃe] |

| zweet (het) | пот (ж) | [pot] |
|---|---|---|
| zweten (ww) | потя се | [potʲá se] |
| braking (de) | повръщане (с) | [povréʃtane] |
| stuiptrekkingen (mv.) | гърчове (м мн) | [gértʃove] |

| zwanger (bn) | бременна | [brémenna] |
|---|---|---|
| geboren worden (ww) | родя се | [rodʲá se] |
| geboorte (de) | раждане (с) | [ráʒdane] |
| baren (ww) | раждам | [ráʒdam] |
| abortus (de) | аборт (м) | [abórt] |

| ademhaling (de) | дишане (с) | [díʃane] |
|---|---|---|
| inademing (de) | вдишване (с) | [vdíʃvane] |
| uitademing (de) | издишване (с) | [izdíʃvane] |
| uitademen (ww) | издишам | [izdíʃam] |
| inademen (ww) | направя вдишване | [naprávʲa vdíʃvane] |
| invalide (de) | инвалид (м) | [invalít] |
| gehandicapte (de) | сакат човек (м) | [sakát tʃovék] |

| drugsverslaafde (de) | наркоман (м) | [narkomán] |
| doof (bn) | глух | [gluh] |
| stom (bn) | ням | [n'am] |
| doofstom (bn) | глухоням | [gluhon'ám] |

| krankzinnig (bn) | луд | [lut] |
| krankzinnige (man) | луд (м) | [lut] |
| krankzinnige (vrouw) | луда (ж) | [lúda] |
| krankzinnig worden | полудея | [poludéja] |

| gen (het) | ген (м) | [gen] |
| immuniteit (de) | имунитет (м) | [imunitét] |
| erfelijk (bn) | наследствен | [naslétstven] |
| aangeboren (bn) | вроден | [vrodén] |

| virus (het) | вирус (м) | [vírus] |
| microbe (de) | микроб (м) | [mikróp] |
| bacterie (de) | бактерия (ж) | [baktérija] |
| infectie (de) | инфекция (ж) | [inféktsija] |

## 74. Symptomen. Behandelingen. Deel 3

| ziekenhuis (het) | болница (ж) | [bólnitsa] |
| patiënt (de) | пациент (м) | [patsiént] |

| diagnose (de) | диагноза (ж) | [diagnóza] |
| genezing (de) | лекуване (с) | [lekúvane] |
| medische behandeling (de) | лекуване (с) | [lekúvane] |
| onder behandeling zijn | лекувам се | [lekúvam se] |
| behandelen (ww) | лекувам | [lekúvam] |
| zorgen (zieken ~) | грижа се | [gríʒa se] |
| ziekenzorg (de) | грижа (ж) | [gríʒa] |

| operatie (de) | операция (ж) | [operátsija] |
| verbinden (een arm ~) | превържа | [prevérʒa] |
| verband (het) | превързване (с) | [prevérzvane] |

| vaccin (het) | ваксиниране (с) | [vaksinírane] |
| inenten (vaccineren) | ваксинирам | [vaksiníram] |
| injectie (de) | инжекция (ж) | [inʒéktsija] |
| een injectie geven | инжектирам | [inʒektíram] |

| aanval (de) | пристъп, припáдък (м) | [prístəp], [pripadək] |
| amputatie (de) | ампутация (ж) | [amputátsija] |
| amputeren (ww) | ампутирам | [amputíram] |
| coma (het) | кома (ж) | [kóma] |
| in coma liggen | намирам се в кома | [namíram se v kóma] |
| intensieve zorg, ICU (de) | реанимация (ж) | [reanimátsija] |

| zich herstellen (ww) | оздравявам | [ozdrav'ávam] |
| toestand (de) | състояние (с) | [səstojánie] |
| bewustzijn (het) | съзнание (с) | [səznánie] |
| geheugen (het) | памет (ж) | [pámet] |
| trekken (een kies ~) | вадя | [vád'a] |

| vulling (de) | пломба (ж) | [plómba] |
| vullen (ww) | пломбирам | [plombíram] |

| hypnose (de) | хипноза (ж) | [hipnóza] |
| hypnotiseren (ww) | хипнотизирам | [hipnotizíram] |

## 75. Artsen

| dokter, arts (de) | лекар (м) | [lékar] |
| ziekenzuster (de) | медицинска сестра (ж) | [meditsínska sestrá] |
| lijfarts (de) | личен лекар (м) | [líʧen lékar] |

| tandarts (de) | зъболекар (м) | [zəbolékar] |
| oogarts (de) | очен лекар (м) | [óʧen lékar] |
| therapeut (de) | терапевт (м) | [terapéft] |
| chirurg (de) | хирург (м) | [hirúrk] |

| psychiater (de) | психиатър (м) | [psihiátər] |
| pediater (de) | педиатър (м) | [pediátər] |
| psycholoog (de) | психолог (м) | [psiholók] |
| gynaecoloog (de) | гинеколог (м) | [ginekolók] |
| cardioloog (de) | кардиолог (м) | [kardiolók] |

## 76. Geneeskunde. Medicijnen. Accessoires

| geneesmiddel (het) | лекарство (с) | [lekárstvo] |
| middel (het) | средство (с) | [srétstvo] |
| voorschrijven (ww) | предпиша | [pretpíʃa] |
| recept (het) | рецепта (ж) | [retsépta] |

| tablet (de/het) | таблетка (ж) | [tablétka] |
| zalf (de) | мехлем (м) | [mehlém] |
| ampul (de) | ампула (ж) | [ampúla] |
| drank (de) | микстура (ж) | [mikstúra] |
| siroop (de) | сироп (м) | [sirópl] |
| pil (de) | хапче (с) | [hápʧe] |
| poeder (de/het) | прах (м) | [prah] |

| verband (het) | бинт (м) | [bint] |
| watten (mv.) | памук (м) | [pamúk] |
| jodium (het) | йод (м) | [jot] |

| pleister (de) | пластир (м) | [plastír] |
| pipet (de) | капкомер (м) | [kapkomér] |
| thermometer (de) | термометър (м) | [termométər] |
| spuit (de) | спринцовка (ж) | [sprintsófka] |
| rolstoel (de) | инвалидна количка (ж) | [invalídna kolíʧka] |
| krukken (mv.) | патерици (ж мн) | [páteritsi] |

| pijnstiller (de) | обезболяващо средство (с) | [obezbol'ávaʃto srétstvo] |
| laxeermiddel (het) | очистително (с) | [otʃistítelno] |

73

| spiritus (de) | спирт (м) | [spirt] |
| medicinale kruiden (mv.) | билка (ж) | [bílka] |
| kruiden- (abn) | билков | [bílkov] |

## 77. Roken. Tabaksproducten

| tabak (de) | тютюн (м) | [tʲutʲún] |
| sigaret (de) | цигара (ж) | [tsigára] |
| sigaar (de) | пура (ж) | [púra] |
| pijp (de) | лула (ж) | [lulá] |
| pakje (~ sigaretten) | кутия (ж) | [kutíja] |

| lucifers (mv.) | кибрит (м) | [kibrít] |
| luciferdoosje (het) | кибритена кутийка (ж) | [kibrítena kutíjka] |
| aansteker (de) | запалка (ж) | [zapálka] |
| asbak (de) | пепелник (м) | [pepelník] |
| sigarettendoosje (het) | табакера (ж) | [tabakéra] |

| sigarettenpijpje (het) | мундщук (м) | [mundʃtúk] |
| filter (de/het) | филтър (м) | [fíltər] |

| roken (ww) | пуша | [púʃa] |
| een sigaret opsteken | запаля | [zapálʲa] |
| roken (het) | пушене (с) | [púʃene] |
| roker (de) | пушач (м) | [puʃátʃ] |

| peuk (de) | фас (м) | [fas] |
| rook (de) | пушек (м) | [púʃek] |
| as (de) | пепел (ж) | [pépel] |

# HET MENSELIJKE LEEFGEBIED

## Stad

### 78. Stad. Het leven in de stad

| | | |
|---|---|---|
| stad (de) | град (м) | [grat] |
| hoofdstad (de) | столица (ж) | [stólitsa] |
| dorp (het) | село (с) | [sélo] |
| | | |
| plattegrond (de) | план (м) на града | [plan na gradá] |
| centrum (ov. een stad) | център (м) на града | [tsénter na gradá] |
| voorstad (de) | предградие (с) | [predgrádie] |
| voorstads- (abn) | крайградски | [krajgrátski] |
| | | |
| randgemeente (de) | покрайнина (ж) | [pokrajniná] |
| omgeving (de) | околности (мн) | [okólnosti] |
| blok (huizenblok) | квартал (м) | [kvartál] |
| woonwijk (de) | жилищен квартал (м) | [ʒíliʃten kvartál] |
| | | |
| verkeer (het) | движение (с) | [dviʒénie] |
| verkeerslicht (het) | светофар (м) | [svetofár] |
| openbaar vervoer (het) | градски транспорт (м) | [grátski transpórt] |
| kruispunt (het) | кръстовище (с) | [krəstóviʃte] |
| | | |
| zebrapad (oversteekplaats) | зебра (ж) | [zébra] |
| onderdoorgang (de) | подлез (м) | [pódlez] |
| oversteken (de straat ~) | пресичам | [presítʃam] |
| voetganger (de) | пешеходец (м) | [peʃehódets] |
| trottoir (het) | тротоар (м) | [trotoár] |
| | | |
| brug (de) | мост (м) | [most] |
| dijk (de) | кей (м) | [kej] |
| fontein (de) | фонтан (м) | [fontán] |
| | | |
| allee (de) | алея (ж) | [aléja] |
| park (het) | парк (м) | [park] |
| boulevard (de) | булевард (м) | [bulevárt] |
| plein (het) | площад (м) | [ploʃtát] |
| laan (de) | авеню (с) | [aven'ú] |
| straat (de) | улица (ж) | [úlitsa] |
| zijstraat (de) | пресечка (ж) | [presétʃka] |
| doodlopende straat (de) | задънена улица (ж) | [zadénena úlitsa] |
| | | |
| huis (het) | къща (ж) | [kéʃta] |
| gebouw (het) | сграда (ж) | [zgráda] |
| wolkenkrabber (de) | небостъргач (м) | [nebostergátʃ] |
| gevel (de) | фасада (ж) | [fasáda] |
| dak (het) | покрив (м) | [pókriv] |

| venster (het) | прозорец (м) | [prozórets] |
| boog (de) | арка (ж) | [árka] |
| pilaar (de) | колона (ж) | [kolóna] |
| hoek (ov. een gebouw) | ъгъл (м) | [ə́gəl] |

| vitrine (de) | витрина (ж) | [vitrína] |
| gevelreclame (de) | табела (ж) | [tabéla] |
| affiche (de/het) | афиш (м) | [afíʃ] |
| reclameposter (de) | постер (м) | [póster] |
| aanplakbord (het) | билборд (м) | [bilbórt] |

| vuilnis (de/het) | боклук (м) | [boklúk] |
| vuilnisbak (de) | кошче (с) | [kóʃt͡ʃe] |
| afval weggooien (ww) | правя боклук | [práv'a boklúk] |
| stortplaats (de) | сметище (с) | [smétiʃte] |

| telefooncel (de) | телефонна будка (ж) | [telefónna bútka] |
| straatlicht (het) | стълб (м) с фенер | [stəlp s fenér] |
| bank (de) | пейка (ж) | [péjka] |

| politieagent (de) | полицай (м) | [politsáj] |
| politie (de) | полиция (ж) | [polítsija] |
| zwerver (de) | сиромах (м) | [siromáh] |
| dakloze (de) | бездомник (м) | [bezdómnik] |

## 79. Stedelijke instellingen

| winkel (de) | магазин (м) | [magazín] |
| apotheek (de) | аптека (ж) | [aptéka] |
| optiek (de) | оптика (ж) | [óptika] |
| winkelcentrum (het) | търговски център (м) | [tərgófski tséntər] |
| supermarkt (de) | супермаркет (м) | [supermárket] |

| bakkerij (de) | хлебарница (ж) | [hlebárnitsa] |
| bakker (de) | фурнаджия (ж) | [furnadʒíja] |
| banketbakkerij (de) | сладкарница (ж) | [slatkárnitsa] |
| kruidenier (de) | бакалия (ж) | [bakalíja] |
| slagerij (de) | месарница (ж) | [mesárnitsa] |

| groentewinkel (de) | магазин (м) за плодове и зеленчуци | [magazín za plodové i zelentʃútsi] |
| markt (de) | пазар (м) | [pazár] |

| koffiehuis (het) | кафене (с) | [kafené] |
| restaurant (het) | ресторант (м) | [restoránt] |
| bar (de) | бирария (ж) | [birárija] |
| pizzeria (de) | пицария (ж) | [pitsaríja] |

| kapperssalon (de/het) | фризьорски салон (м) | [friz'órski salón] |
| postkantoor (het) | поща (ж) | [póʃta] |
| stomerij (de) | химическо чистене (с) | [himítʃesko tʃístene] |
| fotostudio (de) | фотостудио (с) | [fotostúdio] |
| schoenwinkel (de) | магазин (м) за обувки | [magazín za obúfki] |
| boekhandel (de) | книжарница (ж) | [kniʒárnitsa] |

| | | |
|---|---|---|
| sportwinkel (de) | магазин (м) за спортни стоки | [magazín za spórtni stóki] |
| kledingreparatie (de) | поправка (ж) на дрехи | [popráfka na dréhi] |
| kledingverhuur (de) | дрехи (ж мн) под наем | [dréhi pot náem] |
| videotheek (de) | филми (м мн) под наем | [fílmi pot náem] |
| | | |
| circus (de/het) | цирк (м) | [tsirk] |
| dierentuin (de) | зоологическа градина (ж) | [zoologítʃeska gradína] |
| bioscoop (de) | кино (с) | [kíno] |
| museum (het) | музей (м) | [muzéj] |
| bibliotheek (de) | библиотека (ж) | [bibliotéka] |
| | | |
| theater (het) | театър (м) | [teátər] |
| opera (de) | опера (ж) | [ópera] |
| nachtclub (de) | нощен клуб (м) | [nóʃten klup] |
| casino (het) | казино (с) | [kazíno] |
| | | |
| moskee (de) | джамия (ж) | [dʒamíja] |
| synagoge (de) | синагога (ж) | [sinagóga] |
| kathedraal (de) | катедрала (ж) | [katedrála] |
| tempel (de) | храм (м) | [hram] |
| kerk (de) | църква (ж) | [tsérkva] |
| | | |
| instituut (het) | институт (м) | [institút] |
| universiteit (de) | университет (м) | [universitét] |
| school (de) | училище (с) | [utʃíliʃte] |
| | | |
| gemeentehuis (het) | префектура (ж) | [prefektúra] |
| stadhuis (het) | кметство (с) | [kmétstvo] |
| hotel (het) | хотел (м) | [hotél] |
| bank (de) | банка (ж) | [bánka] |
| | | |
| ambassade (de) | посолство (с) | [posólstvo] |
| reisbureau (het) | туристическа агенция (ж) | [turistítʃeska agéntsija] |
| informatieloket (het) | справки (м мн) | [spráfki] |
| wisselkantoor (het) | обменно бюро (с) | [obménno bʲúro] |
| | | |
| metro (de) | метро (с) | [metró] |
| ziekenhuis (het) | болница (ж) | [bólnitsa] |
| | | |
| benzinestation (het) | бензиностанция (ж) | [benzino·stántsija] |
| parking (de) | паркинг (м) | [párking] |

## 80. Borden

| | | |
|---|---|---|
| gevelreclame (de) | табела (ж) | [tabéla] |
| opschrift (het) | надпис (м) | [nádpis] |
| poster (de) | постер (м) | [póster] |
| wegwijzer (de) | указател (м) | [ukazátel] |
| pijl (de) | стрелка (ж) | [strelká] |
| | | |
| waarschuwing (verwittiging) | предпазване (с) | [predpázvane] |
| waarschuwingsbord (het) | предупреждение (с) | [predupreʒdénie] |
| waarschuwen (ww) | предупредя | [predupredʲá] |

| vrije dag (de) | почивен ден (м) | [potʃíven dén] |
| dienstregeling (de) | разписание (c) | [raspisánie] |
| openingsuren (mv.) | работно време (c) | [rabótno vréme] |

| WELKOM! | ДОБРЕ ДОШЛИ! | [dobré doʃlí] |
| INGANG | ВХОД | [vhot] |
| UITGANG | ИЗХОД | [íshot] |

| DUWEN | БУТНИ | [butní] |
| TREKKEN | ДРЪПНИ | [drəpní] |
| OPEN | ОТВОРЕНО | [otvóreno] |
| GESLOTEN | ЗАТВОРЕНО | [zatvóreno] |

| DAMES | ЖЕНИ | [ʒení] |
| HEREN | МЪЖЕ | [məʒé] |

| KORTING | НАМАЛЕНИЕ | [namalénie] |
| UITVERKOOP | РАЗПРОДАЖБА | [rasprodáʒba] |
| NIEUW! | НОВА СТОКА | [nóva stóka] |
| GRATIS | БЕЗПЛАТНО | [besplátno] |

| PAS OP! | ВНИМАНИЕ! | [vnimánie] |
| VOLGEBOEKT | НЯМА СВОБОДНИ МЕСТА | [nʲáma svobódni mestá] |
| GERESERVEERD | РЕЗЕРВИРАНО | [rezervírano] |

| ADMINISTRATIE | АДМИНИСТРАЦИЯ | [administrátsija] |
| ALLEEN VOOR | ЗАБРАНЕНО | [zabráneno |
| PERSONEEL | ЗА ВЪНШНИ ЛИЦА | za venʃni lítsa] |

| GEVAARLIJKE HOND | ЗЛО КУЧЕ | [zlo kútʃe] |
| VERBODEN TE ROKEN! | ПУШЕНЕТО ЗАБРАНЕНО! | [puʃenéto zabráneno] |
| NIET AANRAKEN! | НЕ ПИПАЙ! | [ne pípaj] |

| GEVAARLIJK | ОПАСНО | [opásno] |
| GEVAAR | ОПАСНОСТ | [opásnost] |
| HOOGSPANNING | ВИСОКО НАПРЕЖЕНИЕ | [visóko napreʒénie] |
| VERBODEN TE ZWEMMEN | КЪПАНЕТО ЗАБРАНЕНО | [képaneto zabranéno] |
| BUITEN GEBRUIK | НЕ РАБОТИ | [ne rabóti] |

| ONTVLAMBAAR | ОГНЕОПАСНО | [ogneopásno] |
| VERBODEN | ЗАБРАНЕНО | [zabranéno] |
| DOORGANG VERBODEN | МИНАВАНЕТО ЗАБРАНЕНО | [minávaneto zabranéno] |
| OPGELET PAS GEVERFD | ПАЗИ СЕ ОТ БОЯТА | [pazi se ot bojáta] |

## 81. Stedelijk vervoer

| bus, autobus (de) | автобус (м) | [aftobús] |
| tram (de) | трамвай (м) | [tramváj] |
| trolleybus (de) | тролей (м) | [troléj] |
| route (de) | маршрут (м) | [marʃrút] |
| nummer (busnummer, enz.) | номер (м) | [nómer] |
| rijden met ... | пътувам с ... | [pətúvam s] |
| stappen (in de bus ~) | качвам се в ... | [kátʃvam se v] |

| | | |
|---|---|---|
| afstappen (ww) | сляза от ... | [sl'áza ot] |
| halte (de) | спирка (ж) | [spírka] |
| volgende halte (de) | следваща спирка (ж) | [slédvaʃta spírka] |
| eindpunt (het) | последна спирка (ж) | [poslédna spírka] |
| dienstregeling (de) | разписание (c) | [raspisánie] |
| wachten (ww) | чакам | [tʃákam] |
| | | |
| kaartje (het) | билет (м) | [bilét] |
| reiskosten (de) | цена (ж) на билета | [tsená na biléta] |
| | | |
| kassier (de) | касиер (м) | [kasiér] |
| kaartcontrole (de) | контрола (ж) | [kontróla] |
| controleur (de) | контрольор (м) | [kontrol'ór] |
| | | |
| te laat zijn (ww) | закъснявам | [zakəsn'ávam] |
| missen (de bus ~) | закъснея за ... | [zakəsnéja za] |
| zich haasten (ww) | бързам | [bérzam] |
| | | |
| taxi (de) | такси (c) | [taksí] |
| taxichauffeur (de) | таксиметров шофьор (м) | [taksimétrof ʃof'ór] |
| met de taxi (bw) | с такси | [s taksí] |
| taxistandplaats (de) | пиаца (ж) на такси | [piátsa na taksí] |
| een taxi bestellen | извикам такси | [izvíkam taksí] |
| een taxi nemen | взема такси | [vzéma taksí] |
| | | |
| verkeer (het) | улично движение (c) | [úlitʃno dviʒénie] |
| file (de) | задръстване (c) | [zadréstvane] |
| spitsuur (het) | час пик (м) | [tʃas pík] |
| parkeren (on.ww.) | паркирам се | [parkíram se] |
| parkeren (ov.ww.) | паркирам | [párkiram] |
| parking (de) | паркинг (м) | [párking] |
| | | |
| metro (de) | метро (c) | [metró] |
| halte (bijv. kleine treinhalte) | станция (ж) | [stántsija] |
| de metro nemen | пътувам с метро | [pətúvam s metró] |
| trein (de) | влак (м) | [vlak] |
| station (treinstation) | гара (ж) | [gára] |

## 82. Bezienswaardigheden

| | | |
|---|---|---|
| monument (het) | паметник (м) | [pámetnik] |
| vesting (de) | крепост (ж) | [krépost] |
| paleis (het) | дворец (м) | [dvoréts] |
| kasteel (het) | замък (м) | [zámək] |
| toren (de) | кула (ж) | [kúla] |
| mausoleum (het) | мавзолей (м) | [mavzoléj] |
| | | |
| architectuur (de) | архитектура (ж) | [arhitektúra] |
| middeleeuws (bn) | средновековен | [srednovekóven] |
| oud (bn) | старинен | [starínen] |
| nationaal (bn) | национален | [natsionálen] |
| bekend (bn) | известен | [izvésten] |
| toerist (de) | турист (м) | [turíst] |
| gids (de) | гид (м) | [git] |

| rondleiding (de) | екскурзия (ж) | [ekskúrzija] |
| tonen (ww) | показвам | [pokázvam] |
| vertellen (ww) | разказвам | [raskázvam] |

| vinden (ww) | намеря | [namér¡a] |
| verdwalen (de weg kwijt zijn) | загубя се | [zagúb¡a se] |
| plattegrond (~ van de metro) | схема (ж) | [shéma] |
| plattegrond (~ van de stad) | план (м) | [plan] |

| souvenir (het) | сувенир (м) | [suvenír] |
| souvenirwinkel (de) | сувенирен магазин (м) | [suveníren magazín] |
| foto's maken | снимам | [snímam] |
| zich laten fotograferen | снимам се | [snímam se] |

## 83. Winkelen

| kopen (ww) | купувам | [kupúvam] |
| aankoop (de) | покупка (ж) | [pokúpka] |
| winkelen (ww) | пазарувам | [pazarúvam] |
| winkelen (het) | пазаруване (с) | [pazarúvane] |

| open zijn (ov. een winkel, enz.) | работя | [rabót¡a] |
| gesloten zijn (ww) | затваря се | [zatvár¡a se] |

| schoeisel (het) | обувки (ж мн) | [obúfki] |
| kleren (mv.) | облекло (с) | [obleklό] |
| cosmetica (mv.) | козметика (ж) | [kozmétika] |
| voedingswaren (mv.) | продукти (м мн) | [prodúkti] |
| geschenk (het) | подарък (м) | [podárǝk] |

| verkoper (de) | продавач (м) | [prodavátʃ] |
| verkoopster (de) | продавачка (ж) | [prodavátʃka] |

| kassa (de) | каса (ж) | [kása] |
| spiegel (de) | огледало (с) | [ogledálo] |
| toonbank (de) | щанд (м) | [ʃtant] |
| paskamer (de) | пробна (ж) | [próbna] |

| aanpassen (ww) | пробвам | [próbvam] |
| passen (ov. kleren) | подхождам | [podhόʒdam] |
| bevallen (prettig vinden) | харесвам | [harésvam] |

| prijs (de) | цена (ж) | [tsená] |
| prijskaartje (het) | етикет (м) | [etikét] |
| kosten (ww) | струвам | [strúvam] |
| Hoeveel? | Колко? | [kόlko] |
| korting (de) | намаление (с) | [namalénie] |

| niet duur (bn) | нескъп | [neskǝp] |
| goedkoop (bn) | евтин | [éftin] |
| duur (bn) | скъп | [skǝp] |
| Dat is duur. | Това е скъпо | [tová e skǝpo] |
| verhuur (de) | под наем (м) | [pot náem] |

huren (smoking, enz.)    взимам под наем    [vzímam pot náem]
krediet (het)    кредит (м)    [krédit]
op krediet (bw)    на кредит    [na krédit]

## 84. Geld

| | | |
|---|---|---|
| geld (het) | пари (мн) | [parí] |
| ruil (de) | обмяна (ж) | [obmʲána] |
| koers (de) | курс (м) | [kurs] |
| geldautomaat (de) | банкомат (м) | [bankomát] |
| muntstuk (de) | монета (ж) | [monéta] |
| dollar (de) | долар (м) | [dólar] |
| euro (de) | евро (с) | [évro] |
| lire (de) | лира (ж) | [líra] |
| Duitse mark (de) | марка (ж) | [márka] |
| frank (de) | франк (м) | [frank] |
| pond sterling (het) | британска лира (ж) | [británska líra] |
| yen (de) | йена (ж) | [jéna] |
| schuld (geldbedrag) | дълг (м) | [dəlk] |
| schuldenaar (de) | длъжник (м) | [dləʒník] |
| uitlenen (ww) | давам на заем | [dávam na záem] |
| lenen (geld ~) | взема на заем | [vzéma na záem] |
| bank (de) | банка (ж) | [bánka] |
| bankrekening (de) | сметка (ж) | [smétka] |
| storten (ww) | депозирам | [depozíram] |
| op rekening storten | внеса в сметка | [vnesá v smétka] |
| opnemen (ww) | тегля от сметката | [téglʲa ot smétkata] |
| kredietkaart (de) | кредитна карта (ж) | [kréditna kárta] |
| baar geld (het) | налични пари (мн) | [nalítʃni parí] |
| cheque (de) | чек (м) | [tʃek] |
| een cheque uitschrijven | подпиша чек | [potpíʃa tʃek] |
| chequeboekje (het) | чекова книжка (ж) | [tʃékova kníʃka] |
| portefeuille (de) | портфейл (м) | [portféjl] |
| geldbeugel (de) | портмоне (с) | [portmoné] |
| safe (de) | сейф (м) | [sejf] |
| erfgenaam (de) | наследник (м) | [naslédnik] |
| erfenis (de) | наследство (с) | [naslétstvo] |
| fortuin (het) | състояние (с) | [səstojánie] |
| huur (de) | наем (м) | [náem] |
| huurprijs (de) | наем (м) | [náem] |
| huren (huis, kamer) | наемам | [naémam] |
| prijs (de) | цена (ж) | [tsená] |
| kostprijs (de) | стойност (ж) | [stójnost] |
| som (de) | сума (ж) | [súma] |
| uitgeven (geld besteden) | харча | [hártʃa] |

| | | |
|---|---|---|
| kosten (mv.) | разходи (м мн) | [ráshodi] |
| bezuinigen (ww) | пестя | [pestʲá] |
| zuinig (bn) | пестелив | [pestelíf] |
| | | |
| betalen (ww) | плащам | [pláʃtam] |
| betaling (de) | плащане (с) | [pláʃtane] |
| wisselgeld (het) | ресто (с) | [résto] |
| | | |
| belasting (de) | данък (м) | [dánək] |
| boete (de) | глоба (ж) | [glóba] |
| beboeten (bekeuren) | глобявам | [globʲávam] |

## 85. Post. Postkantoor

| | | |
|---|---|---|
| postkantoor (het) | поща (ж) | [póʃta] |
| post (de) | поща (ж) | [póʃta] |
| postbode (de) | пощальон (м) | [poʃtalʲón] |
| openingsuren (mv.) | работно време (с) | [rabótno vréme] |
| | | |
| brief (de) | писмо (с) | [pismó] |
| aangetekende brief (de) | препоръчано писмо (с) | [preporétʃano pismó] |
| briefkaart (de) | картичка (ж) | [kártitʃka] |
| telegram (het) | телеграма (ж) | [telegráma] |
| postpakket (het) | колет (м) | [kolét] |
| overschrijving (de) | паричен превод (м) | [parítʃen prévot] |
| | | |
| ontvangen (ww) | получа | [polútʃa] |
| sturen (zenden) | изпратя | [isprátʲa] |
| verzending (de) | изпращане (с) | [ispráʃtane] |
| | | |
| adres (het) | адрес (м) | [adrés] |
| postcode (de) | пощенски код (м) | [póʃtenski kot] |
| verzender (de) | подател (м) | [podátel] |
| ontvanger (de) | получател (м) | [polutʃátel] |
| | | |
| naam (de) | име (с) | [íme] |
| achternaam (de) | фамилия (ж) | [famílija] |
| | | |
| tarief (het) | тарифа (ж) | [tarífa] |
| standaard (bn) | обикновен | [obiknovén] |
| zuinig (bn) | икономичен | [ikonomítʃen] |
| | | |
| gewicht (het) | тегло (с) | [tegló] |
| afwegen (op de weegschaal) | претеглям | [pretéglʲam] |
| envelop (de) | плик (м) | [plik] |
| postzegel (de) | марка (ж) | [márka] |

# Woning. Huis. Thuis

## 86. Huis. Woning

| | | |
|---|---|---|
| huis (het) | къща (ж) | [kéʃta] |
| thuis (bw) | вкъщи | [fkéʃti] |
| cour (de) | двор (м) | [dvor] |
| omheining (de) | ограда (ж) | [ográda] |
| | | |
| baksteen (de) | тухла (ж) | [túhla] |
| van bakstenen | тухлен | [túhlen] |
| steen (de) | камък (м) | [kámək] |
| stenen (bn) | каменен | [kámenen] |
| beton (het) | бетон (м) | [betón] |
| van beton | бетонен | [betónen] |
| | | |
| nieuw (bn) | нов | [nov] |
| oud (bn) | стар | [star] |
| vervallen (bn) | вехт | [veht] |
| modern (bn) | съвременен | [səvrémenen] |
| met veel verdiepingen | многоетажен | [mnogoetáʒen] |
| hoog (bn) | висок | [visók] |
| | | |
| verdieping (de) | етаж (м) | [etáʃ] |
| met een verdieping | едноетажен | [ednoetáʒen] |
| | | |
| laagste verdieping (de) | долен етаж (м) | [dólen etáʃ] |
| bovenverdieping (de) | горен етаж (м) | [góren etáʃ] |
| | | |
| dak (het) | покрив (м) | [pókriv] |
| schoorsteen (de) | тръба (ж) | [trəbá] |
| | | |
| dakpan (de) | керемида (ж) | [keremída] |
| pannen- (abn) | керемиден | [keremíden] |
| zolder (de) | таван (м) | [taván] |
| | | |
| venster (het) | прозорец (м) | [prozórets] |
| glas (het) | стъкло (с) | [stəkló] |
| | | |
| vensterbank (de) | перваз (м) за прозорец | [pervás za prozórets] |
| luiken (mv.) | капаци (м мн) | [kapátsi] |
| | | |
| muur (de) | стена (ж) | [stená] |
| balkon (het) | балкон (м) | [balkón] |
| regenpijp (de) | улук (м) | [ulúk] |
| | | |
| boven (bw) | горе | [góre] |
| naar boven gaan (ww) | качвам се | [kátʃvam se] |
| afdalen (on.ww.) | слизам | [slízam] |
| verhuizen (ww) | премествам се | [preméstvam se] |

## 87. Huis. Ingang. Lift

| | | |
|---|---|---|
| ingang (de) | вход (м) | [vhot] |
| trap (de) | стълба (ж) | [stélba] |
| treden (mv.) | стъпала (с мн) | [stəpála] |
| trapleuning (de) | парапет (м) | [parapét] |
| hal (de) | хол (м) | [hol] |

| | | |
|---|---|---|
| postbus (de) | пощенска кутия (ж) | [póʃtenska kutíja] |
| vuilnisbak (de) | контейнер (м) за отпадъци | [kontéjner za otpádətsi] |
| vuilniskoker (de) | шахта (ж) за боклук | [ʃáhta za boklúk] |

| | | |
|---|---|---|
| lift (de) | асансьор (м) | [asansʲór] |
| goederenlift (de) | товарен асансьор (м) | [továren asansʲór] |
| liftcabine (de) | кабина (ж) | [kabína] |
| de lift nemen | возя се в асансьора | [vózʲa se v asansʲóra] |

| | | |
|---|---|---|
| appartement (het) | апартамент (м) | [apartamént] |
| bewoners (mv.) | живущи (м мн) | [ʒivúʃti] |
| buurman (de) | съсед (м) | [səsét] |
| buurvrouw (de) | съседка (ж) | [səsétka] |
| buren (mv.) | съседи (м мн) | [səsédi] |

## 88. Huis. Elektriciteit

| | | |
|---|---|---|
| elektriciteit (de) | електричество (с) | [elektríʧestvo] |
| lamp (de) | крушка (ж) | [krúʃka] |
| schakelaar (de) | изключвател (м) | [izklʲuʧvátel] |
| zekering (de) | бушон (м) | [buʃón] |

| | | |
|---|---|---|
| draad (de) | кабел (м) | [kábel] |
| bedrading (de) | инсталация (ж) | [instalátsija] |
| elektriciteitsmeter (de) | електромер (м) | [elektromér] |
| gegevens (mv.) | показание (с) | [pokazánie] |

## 89. Huis. Deuren. Sloten

| | | |
|---|---|---|
| deur (de) | врата (ж) | [vratá] |
| toegangspoort (de) | порта (ж) | [pórta] |
| deurkruk (de) | дръжка (ж) | [dréʃka] |
| ontsluiten (ontgrendelen) | отключа | [otklʲúʧa] |
| openen (ww) | отварям | [otvárʲam] |
| sluiten (ww) | затварям | [zatvárʲam] |

| | | |
|---|---|---|
| sleutel (de) | ключ (м) | [klʲuʧ] |
| sleutelbos (de) | връзка (ж) | [vréska] |
| knarsen (bijv. scharnier) | скърцам | [skértsam] |
| knarsgeluid (het) | скърцане (с) | [skértsane] |
| scharnier (het) | панта (ж) | [pánta] |
| deurmat (de) | килимче (с) | [kilímʧe] |
| slot (het) | брава (ж) | [bráva] |

| sleutelgat (het) | ключалка (ж) | [klʲutʃálka] |
| grendel (de) | резе (с) | [rezé] |
| schuif (de) | резе (с) | [rezé] |
| hangslot (het) | катинар (м) | [katinár] |

| aanbellen (ww) | звъня | [zvənʲá] |
| bel (geluid) | звънец (м) | [zvənéts] |
| deurbel (de) | звънец (м) | [zvənéts] |
| belknop (de) | бутон (м) | [butón] |
| geklop (het) | чукане (с) | [tʃúkane] |
| kloppen (ww) | чукам | [tʃúkam] |

| code (de) | код (м) | [kot] |
| cijferslot (het) | брава (ж) с код | [bráva s kot] |
| parlofoon (de) | домофон (м) | [domofón] |
| nummer (het) | номер (м) | [nómer] |
| naambordje (het) | табелка (ж) | [tabélka] |
| deurspion (de) | шпионка (ж) | [ʃpiónka] |

## 90. Huis op het platteland

| dorp (het) | село (с) | [sélo] |
| moestuin (de) | зеленчукова градина (ж) | [zelentʃúkova gradína] |
| hek (het) | ограда (ж) | [ográda] |
| houten hekwerk (het) | плет (м) | [plet] |
| tuinpoortje (het) | вратичка (ж) на ограда | [vratítʃka na ográda] |

| graanschuur (de) | хамбар (м) | [hambár] |
| wortelkelder (de) | мазе (с) | [mazé] |
| schuur (de) | плевня (ж) | [plévnʲa] |
| waterput (de) | кладенец (м) | [kládenets] |

| kachel (de) | печка (ж) | [pétʃka] |
| de kachel stoken | паля | [pálʲa] |
| brandhout (het) | дърва (мн) | [dərvá] |
| houtblok (het) | цепеница (ж) | [tsépenitsa] |

| veranda (de) | веранда (ж) | [veránda] |
| terras (het) | тераса (ж) | [terása] |
| bordes (het) | стъпала (с мн) | [stəpála] |
| schommel (de) | люлка (ж) | [lʲúlka] |

## 91. Villa. Herenhuis

| landhuisje (het) | извънградска къща (ж) | [ĭzvəngrátska kéʃta] |
| villa (de) | вила (ж) | [víla] |
| vleugel (de) | крило (с) | [kriló] |

| tuin (de) | градина (ж) | [gradína] |
| park (het) | парк (м) | [park] |
| oranjerie (de) | оранжерия (ж) | [oranʒérija] |
| onderhouden (tuin, enz.) | грижа се | [gríʒa se] |

| zwembad (het) | басейн (м) | [baséjn] |
| gym (het) | спортна зала (ж) | [spórtna zála] |
| tennisveld (het) | тенис корт (м) | [ténis kort] |
| bioscoopkamer (de) | кинотеатър (м) | [kinoteátər] |
| garage (de) | гараж (м) | [garáʒ] |

| privé-eigendom (het) | частна собственост (ж) | [ʧásna sópstvenost] |
| eigen terrein (het) | частни владения (с мн) | [ʧásni vladénija] |

| waarschuwing (de) | предупреждение (с) | [predupreʒdénie] |
| waarschuwingsbord (het) | предупредителен надпис (м) | [predupredítelen nátpis] |

| bewaking (de) | охрана (ж) | [ohrána] |
| bewaker (de) | охранител (м) | [ohranítel] |
| inbraakalarm (het) | сигнализация (ж) | [signalizátsija] |

## 92. Kasteel. Paleis

| kasteel (het) | замък (м) | [zámək] |
| paleis (het) | дворец (м) | [dvoréts] |
| vesting (de) | крепост (ж) | [krépost] |
| ringmuur (de) | стена (ж) | [stená] |
| toren (de) | кула (ж) | [kúla] |
| donjon (de) | главна кула (ж) | [glávna kúla] |

| valhek (het) | подемна врата (ж) | [podémna vratá] |
| onderaardse gang (de) | подземен проход (м) | [podzémen próhot] |
| slotgracht (de) | ров (м) | [rov] |
| ketting (de) | верига (ж) | [veríga] |
| schietgat (het) | бойница (ж) | [bojnítsa] |

| prachtig (bn) | великолепен | [velikolépen] |
| majestueus (bn) | величествен | [velíʧestven] |
| onneembaar (bn) | непристъпен | [nepristépen] |
| middeleeuws (bn) | средновековен | [srednovekóven] |

## 93. Appartement

| appartement (het) | апартамент (м) | [apartamént] |
| kamer (de) | стая (ж) | [stája] |
| slaapkamer (de) | спалня (ж) | [spálnʲa] |
| eetkamer (de) | столова (ж) | [stolová] |
| salon (de) | гостна (ж) | [góstna] |
| studeerkamer (de) | кабинет (м) | [kabinét] |

| gang (de) | антре (с) | [antré] |
| badkamer (de) | баня (ж) | [bánʲa] |
| toilet (het) | тоалетна (ж) | [toalétna] |
| plafond (het) | таван (м) | [taván] |
| vloer (de) | под (м) | [pot] |
| hoek (de) | ъгъл (м) | [égəl] |

## 94. Appartement. Schoonmaken

| | | |
|---|---|---|
| schoonmaken (ww) | подреждам | [podréʒdam] |
| stof (het) | прах (м) | [prah] |
| stoffig (bn) | прашен | [práʃen] |
| stoffen (ww) | изтривам прах | [istrívam prah] |
| stofzuiger (de) | прахосмукачка (ж) | [praho·smukátʃka] |
| stofzuigen (ww) | почиствам | [potʃístvam |
| | с прахосмукачка | s praho·smukátʃka] |

| | | |
|---|---|---|
| vegen (de vloer ~) | мета | [metá] |
| veegsel (het) | боклук (м) | [boklúk] |
| orde (de) | ред (м) | [ret] |
| wanorde (de) | безпорядък (м) | [besporʲádək] |

| | | |
|---|---|---|
| zwabber (de) | четка (ж) за под | [tʃétka za pot] |
| poetsdoek (de) | парцал (м) | [partsál] |
| veger (de) | метла (ж) | [metlá] |
| stofblik (het) | лопатка (ж) за боклук | [lopátka za boklúk] |

## 95. Meubels. Interieur

| | | |
|---|---|---|
| meubels (mv.) | мебели (мн) | [mébeli] |
| tafel (de) | маса (ж) | [mása] |
| stoel (de) | стол (м) | [stol] |
| bed (het) | легло (с) | [legló] |
| bankstel (het) | диван (м) | [diván] |
| fauteuil (de) | фотьойл (м) | [fotʲójl] |

| | | |
|---|---|---|
| boekenkast (de) | книжен шкаф (м) | [kníʒen ʃkaf] |
| boekenrek (het) | рафт (м) | [raft] |

| | | |
|---|---|---|
| kledingkast (de) | гардероб (м) | [garderóp] |
| kapstok (de) | закачалка (ж) | [zakatʃálka] |
| staande kapstok (de) | закачалка (ж) | [zakatʃálka] |

| | | |
|---|---|---|
| commode (de) | скрин (м) | [skrin] |
| salontafeltje (het) | малка масичка (ж) | [málka másitʃka] |

| | | |
|---|---|---|
| spiegel (de) | огледало (с) | [ogledálo] |
| tapijt (het) | килим (м) | [kilím] |
| tapijtje (het) | килимче (с) | [kilímtʃe] |

| | | |
|---|---|---|
| haard (de) | камина (ж) | [kamína] |
| kaars (de) | свещ (м) | [sveʃt] |
| kandelaar (de) | свещник (м) | [svéʃtnik] |

| | | |
|---|---|---|
| gordijnen (mv.) | пердета (с мн) | [perdéta] |
| behang (het) | тапети (м мн) | [tapéti] |
| jaloezie (de) | щора (ж) | [ʃtóra] |

| | | |
|---|---|---|
| bureaulamp (de) | лампа (ж) за маса | [lámpa za mása] |
| wandlamp (de) | светилник (м) | [svetílnik] |

| | | |
|---|---|---|
| staande lamp (de) | лампион (м) | [lampión] |
| luchter (de) | полилей (м) | [poliléj] |

| | | |
|---|---|---|
| poot (ov. een tafel, enz.) | крак (м) | [krak] |
| armleuning (de) | подлакътник (м) | [podlákətnik] |
| rugleuning (de) | облегалка (ж) | [oblegálka] |
| la (de) | чекмедже (с) | [ʧekmedʒé] |

## 96. Beddengoed

| | | |
|---|---|---|
| beddengoed (het) | спално бельо (с) | [spálno belʲó] |
| kussen (het) | възглавница (ж) | [vəzglávnitsa] |
| kussenovertrek (de) | калъфка (ж) | [kaléfka] |
| deken (de) | одеяло (с) | [odejálo] |
| laken (het) | чаршаф (м) | [ʧarʃáf] |
| sprei (de) | завивка (ж) | [zavífka] |

## 97. Keuken

| | | |
|---|---|---|
| keuken (de) | кухня (ж) | [kúhnʲa] |
| gas (het) | газ (м) | [gas] |
| gasfornuis (het) | газова печка (ж) | [gázova péʧka] |
| elektrisch fornuis (het) | електрическа печка (ж) | [elektríʧeska péʧka] |
| oven (de) | фурна (ж) | [fúrna] |
| magnetronoven (de) | микровълнова печка (ж) | [mikrovélnova péʧka] |

| | | |
|---|---|---|
| koelkast (de) | хладилник (м) | [hladílnik] |
| diepvriezer (de) | фризер (м) | [frízer] |
| vaatwasmachine (de) | съдомиялна машина (ж) | [sədomijálna maʃína] |

| | | |
|---|---|---|
| vleesmolen (de) | месомелачка (ж) | [meso·melátʃka] |
| vruchtenpers (de) | сокоизстисквачка (ж) | [soko·isstiskvátʃka] |
| toaster (de) | тостер (м) | [tóster] |
| mixer (de) | миксер (м) | [míkser] |

| | | |
|---|---|---|
| koffiemachine (de) | кафеварка (ж) | [kafevárka] |
| koffiepot (de) | кафеник (м) | [kafeník] |
| koffiemolen (de) | кафемелачка (ж) | [kafe·melátʃka] |

| | | |
|---|---|---|
| fluitketel (de) | чайник (м) | [ʧájnik] |
| theepot (de) | чайник (м) | [ʧájnik] |
| deksel (de/het) | капачка (ж) | [kapátʃka] |
| theezeefje (het) | цедка (ж) | [tsétka] |

| | | |
|---|---|---|
| lepel (de) | лъжица (ж) | [ləʒítsa] |
| theelepeltje (het) | чаена лъжица (ж) | [ʧáena ləʒítsa] |
| eetlepel (de) | супена лъжица (ж) | [súpena ləʒítsa] |
| vork (de) | вилица (ж) | [vílitsa] |
| mes (het) | нож (м) | [noʒ] |

| | | |
|---|---|---|
| vaatwerk (het) | съдове (м мн) | [sédove] |
| bord (het) | чиния (ж) | [ʧiníja] |

| schoteltje (het) | малка чинийка (ж) | [málka ʧiníjka] |
| likeurglas (het) | чашка (ж) | [ʧáʃka] |
| glas (het) | чаша (ж) | [ʧáʃa] |
| kopje (het) | чаша (ж) | [ʧáʃa] |

| suikerpot (de) | захарница (ж) | [zaharnítsa] |
| zoutvat (het) | солница (ж) | [solnítsa] |
| pepervat (het) | пиперница (ж) | [pipérnitsa] |
| boterschaaltje (het) | съд (м) за краве масло | [sət za kráve masló] |

| pan (de) | тенджера (ж) | [téndʒera] |
| bakpan (de) | тиган (м) | [tigán] |
| pollepel (de) | черпак (м) | [ʧerpák] |
| vergiet (de/het) | гевгир (м) | [gevgír] |
| dienblad (het) | табла (ж) | [tábla] |

| fles (de) | бутилка (ж) | [butílka] |
| glazen pot (de) | буркан (м) | [burkán] |
| blik (conserven~) | тенекия (ж) | [tenekíja] |

| flesopener (de) | отварачка (ж) | [otvaráʧka] |
| blikopener (de) | отварачка (ж) | [otvaráʧka] |
| kurkentrekker (de) | тирбушон (м) | [tirbuʃón] |
| filter (de/het) | филтър (м) | [fíltər] |
| filteren (ww) | филтрирам | [filtríram] |

| huisvuil (het) | боклук (м) | [boklúk] |
| vuilnisemmer (de) | кофа (ж) за боклук | [kófa za boklúk] |

## 98. Badkamer

| badkamer (de) | баня (ж) | [bánʲa] |
| water (het) | вода (ж) | [vodá] |
| kraan (de) | смесител (м) | [smesítel] |
| warm water (het) | топла вода (ж) | [tópla vodá] |
| koud water (het) | студена вода (ж) | [studéna vodá] |

| tandpasta (de) | паста (ж) за зъби | [pásta za zébi] |
| tanden poetsen (ww) | мия си зъбите | [míja si zébite] |
| tandenborstel (de) | четка (ж) за зъби | [ʧétka za zébi] |

| zich scheren (ww) | бръсна се | [brésna se] |
| scheercrème (de) | пяна (ж) за бръснене | [pʲána za brésnene] |
| scheermes (het) | бръснач (м) | [brəsnáʧ] |

| wassen (ww) | мия | [míja] |
| een bad nemen | мия се | [míja se] |
| douche (de) | душ (м) | [duʃ] |
| een douche nemen | вземам душ | [vzémam duʃ] |

| bad (het) | вана (ж) | [vána] |
| toiletpot (de) | тоалетна чиния (ж) | [toalétna ʧiníja] |
| wastafel (de) | мивка (ж) | [mífka] |
| zeep (de) | сапун (м) | [sapún] |

| zeepbakje (het) | сапуниерка (ж) | [sapuniérka] |
| spons (de) | гъба (ж) | [géba] |
| shampoo (de) | шампоан (м) | [ʃampoán] |
| handdoek (de) | кърпа (ж) | [kérpa] |
| badjas (de) | хавлиен халат (м) | [havlíen halát] |

| was (bijv. handwas) | пране (с) | [prané] |
| wasmachine (de) | перална машина (ж) | [perálna maʃína] |
| de was doen | пера | [perá] |
| waspoeder (de) | прах (м) за пране | [prah za prané] |

## 99. Huishoudelijke apparaten

| televisie (de) | телевизор (м) | [televízor] |
| cassettespeler (de) | касетофон (м) | [kasetofón] |
| videorecorder (de) | видео (с) | [vídeo] |
| radio (de) | радиоприемник (м) | [radio·priémnik] |
| speler (de) | плейър (м) | [pléər] |

| videoprojector (de) | прожекционен апарат (м) | [proʒektsiónen aparát] |
| home theater systeem (het) | домашно кино (с) | [domáʃno kíno] |
| DVD-speler (de) | DVD плейър (м) | [dividí pléər] |
| versterker (de) | усилвател (м) | [usilvátel] |
| spelconsole (de) | игрова приставка (ж) | [igrová pristáfka] |

| videocamera (de) | видеокамера (ж) | [video·kámera] |
| fotocamera (de) | фотоапарат (м) | [fotoaparát] |
| digitale camera (de) | цифров фотоапарат (м) | [tsífrov fotoaparát] |

| stofzuiger (de) | прахосмукачка (ж) | [praho·smukátʃka] |
| strijkijzer (het) | ютия (ж) | [jutíja] |
| strijkplank (de) | дъска (ж) за гладене | [dəská za gládene] |

| telefoon (de) | телефон (м) | [telefón] |
| mobieltje (het) | мобилен телефон (м) | [mobílen telefón] |
| schrijfmachine (de) | пишеща машинка (ж) | [píʃeʃta maʃínka] |
| naaimachine (de) | шевна машина (ж) | [ʃévna maʃína] |

| microfoon (de) | микрофон (м) | [mikrofón] |
| koptelefoon (de) | слушалки (ж мн) | [sluʃálki] |
| afstandsbediening (de) | пулт (м) | [pult] |

| CD (de) | CD диск (м) | [sidí disk] |
| cassette (de) | касета (ж) | [kaséta] |
| vinylplaat (de) | плоча (ж) | [plótʃa] |

## 100. Reparaties. Renovatie

| renovatie (de) | ремонт (м) | [remónt] |
| renoveren (ww) | правя ремонт | [práv'a remónt] |
| repareren (ww) | ремонтирам | [remontíram] |
| op orde brengen | подреждам | [podréʒdam] |

| overdoen (ww) | преправям | [prepráv'am] |
| verf (de) | боя (ж) | [bojá] |
| verven (muur ~) | боядисвам | [bojadísvam] |
| schilder (de) | бояджия (м) | [bojadʒíja] |
| kwast (de) | четка (ж) | [ʧétka] |

| kalk (de) | вар (ж) | [var] |
| kalken (ww) | варосвам | [varósvam] |

| behang (het) | тапети (м мн) | [tapéti] |
| behangen (ww) | слагам тапети | [slágam tapéti] |
| lak (de/het) | лак (м) | [lak] |
| lakken (ww) | лакирам | [lakíram] |

## 101. Loodgieterswerk

| water (het) | вода (ж) | [vodá] |
| warm water (het) | топла вода (ж) | [tópla vodá] |
| koud water (het) | студена вода (ж) | [studéna vodá] |
| kraan (de) | смесител (м) | [smesítel] |

| druppel (de) | капка (ж) | [kápka] |
| druppelen (ww) | капя | [káp'a] |
| lekken (een lek hebben) | тека | [teká] |
| lekkage (de) | теч (ж) | [teʧ] |
| plasje (het) | локва (ж) | [lókva] |

| buis, leiding (de) | тръба (ж) | [trəbá] |
| stopkraan (de) | вентил (м) | [véntil] |
| verstopt raken (ww) | запуша се | [zapúʃa se] |

| gereedschap (het) | инструменти (м мн) | [instruménti] |
| Engelse sleutel (de) | раздвижен ключ (м) | [razdvíʒen kl'uʧ] |
| losschroeven (ww) | отвъртам | [otvértam] |
| aanschroeven (ww) | завъртам | [zavértam] |

| ontstoppen (riool, enz.) | отпушвам | [otpúʃvam] |
| loodgieter (de) | водопроводчик (м) | [vodoprovóttʃik] |
| kelder (de) | мазе (с) | [mazé] |
| riolering (de) | канализация (ж) | [kanalizátsija] |

## 102. Brand. Vuurzee

| brand (de) | огън (м) | [ógən] |
| vlam (de) | пламък (м) | [plámək] |
| vonk (de) | искра (ж) | [iskrá] |
| rook (de) | пушек (м) | [púʃek] |
| fakkel (de) | факел (м) | [fákel] |
| kampvuur (het) | клада (ж) | [kláda] |

| benzine (de) | бензин (м) | [benzín] |
| kerosine (de) | газ (м) | [gas] |

| brandbaar (bn) | горивен | [goríven] |
| ontplofbaar (bn) | взривоопасен | [vzrivoopásen] |
| VERBODEN TE ROKEN! | ПУШЕНЕТО ЗАБРАНЕНО! | [puʃenéto zabráneno] |

| veiligheid (de) | безопасност (ж) | [bezopásnost] |
| gevaar (het) | опасност (ж) | [opásnost] |
| gevaarlijk (bn) | опасен | [opásen] |

| in brand vliegen (ww) | запаля се | [zapálʲa se] |
| explosie (de) | експлозия (ж) | [eksplózija] |
| in brand steken (ww) | подпаля | [podpálʲa] |
| brandstichter (de) | подпалвач (м) | [podpalvátʃ] |
| brandstichting (de) | подпалване (с) | [podpálvane] |

| vlammen (ww) | пламтя | [plamtʲá] |
| branden (ww) | горя | [gorʲá] |
| afbranden (ww) | изгоря | [izgorʲá] |

| brandweerman (de) | пожарникар (м) | [poʒarnikár] |
| brandweerwagen (de) | пожарна кола (ж) | [poʒárna kolá] |
| brandweer (de) | пожарен екип (м) | [poʒáren ekíp] |
| uitschuifbare ladder (de) | пожарна стълба (ж) | [poʒárna stélba] |

| brandslang (de) | маркуч (м) | [markútʃ] |
| brandblusser (de) | пожарогасител (м) | [poʒarogasítel] |
| helm (de) | каска (ж) | [káska] |
| sirene (de) | сирена (ж) | [siréna] |

| roepen (ww) | викам | [víkam] |
| hulp roepen | викам за помощ | [víkam za pómoʃt] |
| redder (de) | спасител (м) | [spasítel] |
| redden (ww) | спасявам | [spasʲávam] |

| aankomen (per auto, enz.) | пристигна | [pristígna] |
| blussen (ww) | загасявам | [zagasʲávam] |
| water (het) | вода (ж) | [vodá] |
| zand (het) | пясък (м) | [pʲásək] |

| ruïnes (mv.) | руини (мн) | [ruiní] |
| instorten (gebouw, enz.) | рухна | [rúhna] |
| ineenstorten (ww) | срутя се | [srútʲa se] |
| inzakken (ww) | съборя се | [səbórʲa se] |

| brokstuk (het) | отломка (ж) | [otlómka] |
| as (de) | пепел (ж) | [pépel] |

| verstikken (ww) | задуша се | [zaduʃá se] |
| omkomen (ww) | загина | [zagína] |

# MENSELIJKE ACTIVITEITEN

## Baan. Business. Deel 1

### 103. Kantoor. Op kantoor werken

| | | |
|---|---|---|
| kantoor (het) | офис (м) | [ófis] |
| kamer (de) | кабинет (м) | [kabinét] |
| receptie (de) | рецепция (ж) | [retséptsija] |
| secretaris (de) | секретар (м) | [sekretár] |
| directeur (de) | директор (м) | [diréktor] |
| manager (de) | мениджър (м) | [ménidʒər] |
| boekhouder (de) | счетоводител (м) | [stʃetovodítel] |
| werknemer (de) | сътрудник (м) | [sətrúdnik] |
| meubilair (het) | мебели (мн) | [mébeli] |
| tafel (de) | маса (ж) | [mása] |
| bureaustoel (de) | фотьойл (м) | [fotʲójl] |
| ladeblok (het) | шкафче (с) | [ʃkáftʃe] |
| kapstok (de) | закачалка (ж) | [zakatʃálka] |
| computer (de) | компютър (м) | [kompʲútər] |
| printer (de) | принтер (м) | [prínter] |
| fax (de) | факс (м) | [faks] |
| kopieerapparaat (het) | ксерокс (м) | [kséroks] |
| papier (het) | хартия (ж) | [hartíja] |
| kantoorartikelen (mv.) | канцеларски материали (ж мн) | [kantselárski materiáli] |
| muismat (de) | подложка (ж) за мишка | [podlóʃka za míʃka] |
| blad (het) | лист (м) | [list] |
| catalogus (de) | каталог (м) | [katalók] |
| telefoongids (de) | справочник (м) | [spravótʃnik] |
| documentatie (de) | документация (ж) | [dokumentátsija] |
| brochure (de) | брошура (ж) | [broʃúra] |
| flyer (de) | листовка (ж) | [listófka] |
| monster (het), staal (de) | образец (м) | [obrazéts] |
| training (de) | тренинг (м) | [tréning] |
| vergadering (de) | съвещание (с) | [səveʃtánie] |
| lunchpauze (de) | обедна почивка (ж) | [óbedna potʃífka] |
| een kopie maken | ксерокопирам | [kserokopíram] |
| de kopieën maken | размножа | [razmnoʒá] |
| een fax ontvangen | получавам факс | [polutʃávam faks] |
| een fax versturen | изпращам факс | [ispráʃtam faks] |
| opbellen (ww) | обаждам се | [obáʒdam se] |

| antwoorden (ww) | отговоря | [otgovór¹a] |
| doorverbinden (ww) | свържа | [svérȝa] |

| afspreken (ww) | назначавам | [naznatʃávam] |
| demonstreren (ww) | демонстрирам | [demonstríram] |
| absent zijn (ww) | отсъствам | [otséstvam] |
| afwezigheid (de) | отсъствие (с) | [otséstvie] |

## 104. Bedrijfsprocessen. Deel 1

| bedrijf (business) | дело (с), бизнес (м) | [délo], [bíznes] |
| firma (de) | фирма (ж) | [fírma] |
| bedrijf (maatschap) | компания (ж) | [kompánija] |
| corporatie (de) | корпорация (ж) | [korporátsija] |
| onderneming (de) | предприятие (с) | [predprijátie] |
| agentschap (het) | агенция (ж) | [agéntsija] |

| overeenkomst (de) | договор (м) | [dógovor] |
| contract (het) | контракт (м) | [kontrákt] |
| transactie (de) | сделка (ж) | [sdélka] |
| bestelling (de) | поръчка (ж) | [porétʃka] |
| voorwaarde (de) | условие (с) | [uslóvie] |

| in het groot (bw) | на едро | [na édro] |
| groothandels- (abn) | на едро | [na édro] |
| groothandel (de) | продажба (ж) на едро | [prodáȝba na édro] |
| kleinhandels- (abn) | на дребно | [na drébno] |
| kleinhandel (de) | продажба (ж) на дребно | [prodáȝba na drébno] |

| concurrent (de) | конкурент (м) | [konkurént] |
| concurrentie (de) | конкуренция (ж) | [konkuréntsija] |
| concurreren (ww) | конкурирам | [konkuríram] |

| partner (de) | партньор (м) | [partnʲór] |
| partnerschap (het) | партньорство (с) | [partnʲórstvo] |

| crisis (de) | криза (ж) | [kríza] |
| bankroet (het) | фалит (м) | [falít] |
| bankroet gaan (ww) | фалирам | [falíram] |
| moeilijkheid (de) | трудност (ж) | [trúdnost] |
| probleem (het) | проблем (м) | [problém] |
| catastrofe (de) | катастрофа (ж) | [katastrófa] |

| economie (de) | икономика (ж) | [ikonómika] |
| economisch (bn) | икономически | [ikonomítʃeski] |
| economische recessie (de) | икономически спад (м) | [ikonomítʃeski spat] |

| doel (het) | цел (ж) | [tsel] |
| taak (de) | задача (ж) | [zadátʃa] |

| handelen (handel drijven) | търгувам | [tərgúvam] |
| netwerk (het) | мрежа (ж) | [mréȝa] |
| voorraad (de) | склад (м) | [sklat] |
| assortiment (het) | асортимент (м) | [asortimént] |

| leider (de) | лидер (м) | [líder] |
| groot (bn) | голям | [goli̯ám] |
| monopolie (het) | монопол (м) | [monopól] |

| theorie (de) | теория (ж) | [teórija] |
| praktijk (de) | практика (ж) | [práktika] |
| ervaring (de) | опит (м) | [ópit] |
| tendentie (de) | тенденция (ж) | [tendéntsija] |
| ontwikkeling (de) | развитие (с) | [razvítie] |

## 105. Bedrijfsprocessen. Deel 2

| voordeel (het) | изгода (ж) | [izgóda] |
| voordelig (bn) | изгоден | [izgóden] |

| delegatie (de) | делегация (ж) | [delegátsija] |
| salaris (het) | работна заплата (ж) | [rabótna zapláta] |
| corrigeren (fouten ~) | поправям | [poprávi̯am] |
| zakenreis (de) | командировка (ж) | [komandirófka] |
| commissie (de) | комисия (ж) | [komísija] |

| controleren (ww) | контролирам | [kontrolíram] |
| conferentie (de) | конференция (ж) | [konferéntsija] |
| licentie (de) | лиценз (м) | [litsénz] |
| betrouwbaar (partner, enz.) | надежден | [nadéʒden] |

| aanzet (de) | начинание (с) | [natʃinánie] |
| norm (bijv. ~ stellen) | норма (ж) | [nórma] |
| omstandigheid (de) | обстоятелство (с) | [obstojátelstvo] |
| taak, plicht (de) | задължение (с) | [zadəlʒénie] |

| organisatie (bedrijf, zaak) | организация (ж) | [organizátsija] |
| organisatie (proces) | организиране (с) | [organizíranz] |
| georganiseerd (bn) | организиран | [organizíran] |
| afzegging (de) | отмяна (ж) | [otmi̯ána] |
| afzeggen (ww) | отменя | [otmeni̯á] |
| verslag (het) | отчет (м) | [ottʃét] |

| patent (het) | патент (м) | [patént] |
| patenteren (ww) | патентовам | [patentóvam] |
| plannen (ww) | планирам | [planíram] |

| premie (de) | премия (ж) | [prémija] |
| professioneel (bn) | професионален | [profesionálen] |
| procedure (de) | процедура (ж) | [protsedúra] |

| onderzoeken (contract, enz.) | разгледам | [razglédam] |
| berekening (de) | изчисляване (с) | [istʃisli̯ávane] |
| reputatie (de) | репутация (ж) | [reputátsija] |
| risico (het) | риск (м) | [risk] |

| beheren (managen) | ръководя | [rəkovódi̯a] |
| informatie (de) | сведения (с мн) | [svédenija] |
| eigendom (bezit) | собственост (ж) | [sóbstvenost] |

| unie (de) | съюз (м) | [sejúz] |
| levensverzekering (de) | застраховка (ж) живот | [zastrahófka ʒivót] |
| verzekeren (ww) | застраховам | [zastrahóvam] |
| verzekering (de) | застраховка (ж) | [zastrahófka] |

| veiling (de) | търгове (с) | [tárgove] |
| verwittigen (ww) | уведомявам | [uvedomʲávam] |
| beheer (het) | управление (с) | [upravlénie] |
| dienst (de) | услуга (ж) | [uslúga] |

| forum (het) | форум (м) | [fórum] |
| functioneren (ww) | функционирам | [funktsioníram] |
| stap, etappe (de) | етап (м) | [etáp] |
| juridisch (bn) | юридически | [juridítʃeski] |
| jurist (de) | юрист (м) | [juríst] |

## 106. Productie. Werken

| industriële installatie (fabriek) | завод (м) | [zavót] |
| fabriek (de) | фабрика (ж) | [fábrika] |
| werkplaatsruimte (de) | цех (м) | [tseh] |
| productielocatie (de) | производство (с) | [proizvótstvo] |

| industrie (de) | промишленост (ж) | [promíʃlenost] |
| industrieel (bn) | промишлен | [promíʃlen] |
| zware industrie (de) | тежка промишленост (ж) | [téʃka promíʃlenost] |
| lichte industrie (de) | лека промишленост (ж) | [léka promíʃlenost] |

| productie (de) | продукция (ж) | [prodúktsija] |
| produceren (ww) | произвеждам | [proizvéʒdam] |
| grondstof (de) | суровини (ж мн) | [suroviní] |

| voorman, ploegbaas (de) | бригадир (м) | [brigadír] |
| ploeg (de) | бригада (ж) | [brigáda] |
| arbeider (de) | работник (м) | [rabótnik] |

| werkdag (de) | работен ден (м) | [rabóten den] |
| pauze (de) | почивка (ж) | [potʃífka] |
| samenkomst (de) | събрание (с) | [səbránie] |
| bespreken (spreken over) | обсъждам | [obséʒdam] |

| plan (het) | план (м) | [plan] |
| het plan uitvoeren | изпълнявам план | [ispəlnʲávam plan] |
| productienorm (de) | норма (ж) | [nórma] |
| kwaliteit (de) | качество (с) | [kátʃestvo] |
| controle (de) | контрола (ж) | [kontróla] |
| kwaliteitscontrole (de) | контрол (м) за качество | [kontról za kátʃestvo] |

| arbeidsveiligheid (de) | безопасност (ж) на труда | [bezopásnost na trudá] |
| discipline (de) | дисциплина (ж) | [distsiplína] |
| overtreding (de) | нарушение (с) | [naruʃénie] |
| overtreden (ww) | нарушавам | [naruʃávam] |
| staking (de) | стачка (ж) | [státʃka] |
| staker (de) | стачник (м) | [státʃnik] |

| staken (ww) | стачкувам | [statʃkúvam] |
| vakbond (de) | профсъюз (м) | [profsəjúz] |

| uitvinden (machine, enz.) | изобретявам | [izobretʲávam] |
| uitvinding (de) | изобретение (с) | [izobreténie] |
| onderzoek (het) | изследване (с) | [isslédvane] |
| verbeteren (beter maken) | подобрявам | [podobrʲávam] |
| technologie (de) | технология (ж) | [tehnológija] |
| technische tekening (de) | чертеж (м) | [tʃertéʒ] |

| vracht (de) | товар (м) | [továr] |
| lader (de) | хамалин (м) | [hamálin] |
| laden (vrachtwagen) | натоварвам | [natovárvam] |
| laden (het) | товарене (с) | [továrene] |
| lossen (ww) | разтоварвам | [raztovárvam] |
| lossen (het) | разтоварване (с) | [raztovárvane] |

| transport (het) | транспорт (м) | [transpórt] |
| transportbedrijf (de) | транспортна компания (ж) | [transpórtna kompánija] |
| transporteren (ww) | транспортирам | [transportíram] |

| goederenwagon (de) | вагон (м) | [vagón] |
| tank (bijv. ketelwagen) | цистерна (ж) | [tsistérna] |
| vrachtwagen (de) | камион (м) | [kamión] |

| machine (de) | машина (ж) | [maʃína] |
| mechanisme (het) | механизъм (м) | [mehanízəm] |

| industrieel afval (het) | отпадъци (мн) | [otpádətsi] |
| verpakking (de) | опаковане (ж) | [opakóvane] |
| verpakken (ww) | опаковам | [opakóvam] |

## 107. Contract. Overeenstemming

| contract (het) | контракт (м) | [kontrákt] |
| overeenkomst (de) | съглашение (с) | [səglaʃénie] |
| bijlage (de) | приложение (с) | [priloʒénie] |

| een contract sluiten | сключа договор | [skḷútʃa dógovor] |
| handtekening (de) | подпис (м) | [pótpis] |
| ondertekenen (ww) | подпиша | [potpíʃa] |
| stempel (de) | печат (м) | [petʃát] |

| voorwerp (het) van de overeenkomst | предмет (м) на договор | [predmét na dógovor] |
| clausule (de) | точка (ж) | [tótʃka] |
| partijen (mv.) | страни (ж мн) | [straní] |
| vestigingsadres (het) | юридически адрес (м) | [juridítʃeski adrés] |

| het contract verbreken (overtreden) | наруша договор | [naruʃá dógovor] |
| verplichting (de) | задължение (с) | [zadəlʒénie] |
| verantwoordelijkheid (de) | отговорност (с) | [otgovórnost] |
| overmacht (de) | форсмажор (м) | [fors·maʒór] |

| geschil (het) | спор (м) | [spor] |
| sancties (mv.) | глоба (ж) | [glóba] |

## 108. Import & Export

| import (de) | внос (м) | [vnos] |
| importeur (de) | вносител (м) | [vnosítel] |
| importeren (ww) | внасям | [vnásʲam] |
| import- (abn) | вносен | [vnósen] |

| uitvoer (export) | експорт (м) | [ekspórt] |
| exporteur (de) | износител (м) | [iznosítel] |
| exporteren (ww) | изнасям | [iznásʲam] |
| uitvoer- (bijv., ~goederen) | експортен | [ekspórten] |

| goederen (mv.) | стока (ж) | [stóka] |
| partij (de) | партида (ж) | [partída] |

| gewicht (het) | тегло (с) | [tegló] |
| volume (het) | обем (м) | [obém] |
| kubieke meter (de) | кубически метър (м) | [kubítʃeski métər] |

| producent (de) | производител (м) | [proizvodítel] |
| transportbedrijf (de) | транспортна компания (ж) | [transpórtna kompánija] |
| container (de) | контейнер (м) | [kontéjner] |

| grens (de) | граница (ж) | [gránitsa] |
| douane (de) | митница (ж) | [mítnitsa] |
| douanerecht (het) | мито (с) | [mitó] |
| douanier (de) | митничар (м) | [mitnitʃár] |
| smokkelen (het) | контрабанда (ж) | [kontrabánda] |
| smokkelwaar (de) | контрабанда (ж) | [kontrabánda] |

## 109. Financiën

| aandeel (het) | акция (ж) | [áktsija] |
| obligatie (de) | облигация (ж) | [obligátsija] |
| wissel (de) | полица (ж) | [pólitsa] |

| beurs (de) | борса (ж) | [bórsa] |
| aandelenkoers (de) | курс (м) на акции | [kurs na áktsii] |

| dalen (ww) | поевтинея | [poeftinéja] |
| stijgen (ww) | поскъпнея | [poskəpnéja] |

| deel (het) | дял (м) | [dʲal] |
| meerderheidsbelang (het) | контролен пакет (м) | [kontrólen pakét] |

| investeringen (mv.) | инвестиции (ж мн) | [investítsii] |
| investeren (ww) | инвестирам | [investíram] |
| procent (het) | лихвен процент (м) | [líhven protsént] |
| rente (de) | проценти (м мн) | [protsénti] |

| winst (de) | печалба (ж) | [petʃálba] |
| winstgevend (bn) | печеливш | [petʃelívʃ] |
| belasting (de) | данък (м) | [dánək] |

| valuta (vreemde ~) | валута (ж) | [valúta] |
| nationaal (bn) | национален | [natsionálen] |
| ruil (de) | обмяна (ж) | [obmʲána] |

| boekhouder (de) | счетоводител (м) | [stʃetovodítel] |
| boekhouding (de) | счетоводство (с) | [stʃetovótstvo] |

| bankroet (het) | фалит (м) | [falít] |
| ondergang (de) | фалит (м) | [falít] |
| faillissement (het) | фалиране (с) | [falírane] |
| geruïneerd zijn (ww) | фалирам | [falíram] |
| inflatie (de) | инфлация (ж) | [inflátsija] |
| devaluatie (de) | девалвация (ж) | [devalvátsija] |

| kapitaal (het) | капитал (м) | [kapitál] |
| inkomen (het) | доход (м) | [dóhot] |
| omzet (de) | оборот (м) | [oborót] |
| middelen (mv.) | ресурси (мн) | [resúrsi] |
| financiële middelen (mv.) | парични средства (с мн) | [parítʃni srétstva] |

## 110. Marketing

| marketing (de) | маркетинг (м) | [markéting] |
| markt (de) | пазар (м) | [pazár] |
| marktsegment (het) | пазарен сегмент (м) | [pazáren segmént] |
| product (het) | продукт (м) | [prodúkt] |
| goederen (mv.) | стока (ж) | [stóka] |

| handelsmerk (het) | търговска марка (ж) | [tərgófska márka] |
| beeldmerk (het) | фирмена марка (ж) | [fírmena márka] |
| logo (het) | лого (с) | [lógo] |
| vraag (de) | търсене (с) | [térsene] |
| aanbod (het) | предложение (с) | [predloʒénie] |
| behoefte (de) | нужда (ж) | [núʒda] |
| consument (de) | потребител (м) | [potrebítel] |

| analyse (de) | анализ (м) | [análiz] |
| analyseren (ww) | анализирам | [analizíram] |
| positionering (de) | позициониране (с) | [pozitsionírane] |
| positioneren (ww) | позиционирам | [pozitsioníram] |
| prijs (de) | цена (ж) | [tsená] |
| prijspolitiek (de) | ценова политика (ж) | [tsenová politíka] |
| prijsvorming (de) | ценообразуване (с) | [tseno·obrazúvane] |

## 111. Reclame

| reclame (de) | реклама (ж) | [rekláma] |
| adverteren (ww) | рекламирам | [reklamíram] |

| budget (het) | бюджет (м) | [bʲudʒét] |
| advertentie, reclame (de) | реклама (ж) | [rekláma] |
| TV-reclame (de) | телевизионна реклама (ж) | [televiziónna rekláma] |
| radioreclame (de) | радио реклама (ж) | [rádio rekláma] |
| buitenreclame (de) | външна реклама (ж) | [vénʃna rekláma] |

| massamedia (de) | масмедия (ж) | [masmédija] |
| periodiek (de) | периодично издание (с) | [periodíʧno izdánie] |
| imago (het) | имидж (м) | [ímidʒ] |

| slagzin (de) | лозунг (м) | [lózung] |
| motto (het) | девиз (м) | [devíz] |

| campagne (de) | кампания (ж) | [kampánija] |
| reclamecampagne (de) | рекламна кампания (ж) | [reklámna kampánija] |
| doelpubliek (het) | целева аудитория (ж) | [tselevá auditórija] |

| visitekaartje (het) | визитка (ж) | [vizítka] |
| flyer (de) | листовка (ж) | [listófka] |
| brochure (de) | брошура (ж) | [broʃúra] |
| folder (de) | диплянка (ж) | [diplʲánka] |
| nieuwsbrief (de) | бюлетин (с) | [bʲuletín] |

| gevelreclame (de) | табела (ж) | [tabéla] |
| poster (de) | постер (м) | [póster] |
| aanplakbord (het) | билборд (м) | [bilbórt] |

## 112. Bankieren

| bank (de) | банка (ж) | [bánka] |
| bankfiliaal (het) | клон (м) | [klon] |

| bankbediende (de) | консултант (м) | [konsultánt] |
| manager (de) | управител (м) | [uprávitel] |

| bankrekening (de) | сметка (ж) | [smétka] |
| rekeningnummer (het) | номер (м) на сметка | [nómer na smétka] |
| lopende rekening (de) | текуща сметка (ж) | [tekúʃta smétka] |
| spaarrekening (de) | спестовна сметка (ж) | [spestóvna smétka] |

| een rekening openen | откривам сметка | [otkrívam smétka] |
| de rekening sluiten | закривам сметка | [zakrívam smétka] |
| op rekening storten | депозирам в сметка | [depozíram f smétka] |
| opnemen (ww) | тегля от сметката | [téglʲa ot smétkata] |

| storting (de) | влог (м) | [vlok] |
| een storting maken | направя влог | [naprávʲa vlok] |
| overschrijving (de) | превод (м) | [prévot] |
| een overschrijving maken | направя превод | [naprávʲa prévot] |

| som (de) | сума (ж) | [súma] |
| Hoeveel? | Колко? | [kólko] |
| handtekening (de) | подпис (м) | [pótpis] |
| ondertekenen (ww) | подпиша | [potpíʃa] |

| kredietkaart (de) | кредитна карта (ж) | [kréditna kárta] |
| code (de) | код (м) | [kot] |
| kredietkaartnummer (het) | номер (м) на кредитна карта | [nómer na kréditna kárta] |
| geldautomaat (de) | банкомат (м) | [bankomát] |

| cheque (de) | чек (м) | [ʧek] |
| een cheque uitschrijven | подпиша чек | [potpíʃa ʧek] |
| chequeboekje (het) | чекова книжка (ж) | [ʧékova kníʃka] |

| lening, krediet (de) | кредит (м) | [krédit] |
| een lening aanvragen | кандидатствам за кредит | [kandidátstvam za krédit] |
| een lening nemen | взимам кредит | [vzímam krédit] |
| een lening verlenen | предоставям кредит | [predostávʲam krédit] |
| garantie (de) | гаранция (ж) | [garántsija] |

## 113. Telefoon. Telefoongesprek

| telefoon (de) | телефон (м) | [telefón] |
| mobieltje (het) | мобилен телефон (м) | [mobílen telefón] |
| antwoordapparaat (het) | телефонен секретар (м) | [telefónen sekretár] |

| bellen (ww) | обаждам се | [obáʒdam se] |
| belletje (telefoontje) | обаждане (с) | [obáʒdane] |

| een nummer draaien | набирам номер | [nabíram nómer] |
| Hallo! | Ало! | [álo] |

| vragen (ww) | питам | [pítam] |
| antwoorden (ww) | отговарям | [otgovárʲam] |

| horen (ww) | чувам | [ʧúvam] |
| goed (bw) | добре | [dobré] |

| slecht (bw) | лошо | [lóʃo] |
| storingen (mv.) | шумове (м мн) | [ʃúmove] |

| hoorn (de) | слушалка (ж) | [sluʃálka] |
| opnemen (ww) | вдигам слушалката | [vdígam sluʃálkata] |
| ophangen (ww) | затварям телефона | [zatvárʲam telefóna] |

| bezet (bn) | заета | [zaéta] |
| overgaan (ww) | звъня | [zvənʲá] |
| telefoonboek (het) | телефонен справочник (м) | [telefónen spravóʧnik] |

| lokaal (bn) | селищен | [séliʃten] |
| lokaal gesprek (het) | селищен разговор (м) | [séliʃten rázgovor] |

| interlokaal (bn) | междуградски | [meʒdugrátski] |
| interlokaal gesprek (het) | междуградски разговор (м) | [meʒdugrátski rázgovor] |

| buitenlands (bn) | международен | [meʒdunaróden] |
| buitenlands gesprek (het) | международен разговор (м) | [meʒdunaróden rázgovor] |

## 114. Mobiele telefoon

| | | |
|---|---|---|
| mobieltje (het) | мобилен телефон (м) | [mobílen telefón] |
| scherm (het) | дисплей (м) | [displéj] |
| toets, knop (de) | бутон (м) | [butón] |
| simkaart (de) | SIM-карта (ж) | [sim-kárta] |

| | | |
|---|---|---|
| batterij (de) | батерия (ж) | [batérija] |
| leeg zijn (ww) | изтощавам | [iztoʃtávam] |
| acculader (de) | зареждащо устройство (c) | [zaréʒdaʃto ustrójstvo] |

| | | |
|---|---|---|
| menu (het) | меню (c) | [menʲú] |
| instellingen (mv.) | настройки (ж мн) | [nastrójki] |
| melodie (beltoon) | мелодия (ж) | [melódija] |
| selecteren (ww) | избера | [izberá] |

| | | |
|---|---|---|
| rekenmachine (de) | калкулатор (м) | [kalkulátor] |
| voicemail (de) | телефонен секретар (м) | [telefónen sekretár] |
| wekker (de) | будилник (м) | [budílnik] |
| contacten (mv.) | телефонен справочник (м) | [telefónen spravótʃnik] |

| | | |
|---|---|---|
| SMS-bericht (het) | SMS съобщение (c) | [esemés səobʃténie] |
| abonnee (de) | абонат (м) | [abonát] |

## 115. Schrijfbehoeften

| | | |
|---|---|---|
| balpen (de) | химикалка (ж) | [himikálka] |
| vulpen (de) | перодръжка (ж) | [perodréʒka] |

| | | |
|---|---|---|
| potlood (het) | молив (м) | [móliv] |
| marker (de) | маркер (м) | [márker] |
| viltstift (de) | флумастер (м) | [flumáster] |

| | | |
|---|---|---|
| notitieboekje (het) | тефтер (м) | [teftér] |
| agenda (boekje) | ежедневник (м) | [eʒednévnik] |

| | | |
|---|---|---|
| liniaal (de/het) | линийка (ж) | [línijka] |
| rekenmachine (de) | калкулатор (м) | [kalkulátor] |
| gom (de) | гума (ж) | [gúma] |
| punaise (de) | кабърче (c) | [kábərtʃe] |
| paperclip (de) | кламер (м) | [klámer] |

| | | |
|---|---|---|
| lijm (de) | лепило (c) | [lepílo] |
| nietmachine (de) | телбод (м) | [telbót] |
| perforator (de) | перфоратор (м) | [perforátor] |
| potloodslijper (de) | острилка (ж) | [ostrílka] |

## 116. Verschillende soorten documenten

| | | |
|---|---|---|
| verslag (het) | отчет (м) | [ottʃét] |
| overeenkomst (de) | съглашение (c) | [səglaʃénie] |

| aanvraagformulier (het) | заявка (ж) | [zajáfka] |
| origineel, authentiek (bn) | оригинален | [originálen] |
| badge, kaart (de) | бадж (м) | [badʒ] |
| visitekaartje (het) | визитка (ж) | [vizítka] |

| certificaat (het) | сертификат (м) | [sertifikát] |
| cheque (de) | чек (м) | [ʧek] |
| rekening (in restaurant) | сметка (ж) | [smétka] |
| grondwet (de) | конституция (ж) | [konstitútsija] |

| contract (het) | договор (м) | [dógovor] |
| kopie (de) | копие (с) | [kópie] |
| exemplaar (het) | екземпляр (м) | [ekzemplʲár] |

| douaneaangifte (de) | декларация (ж) | [deklarátsija] |
| document (het) | документ (м) | [dokumént] |
| rijbewijs (het) | шофьорска книжка (ж) | [ʃofʲórska kníʃka] |
| bijlage (de) | приложение (с) | [priloʒénie] |
| formulier (het) | анкета (ж) | [ankéta] |

| identiteitskaart (de) | удостоверение (с) | [udostoverénie] |
| aanvraag (de) | запитване (с) | [zapítvane] |
| uitnodigingskaart (de) | покана (ж) | [pokána] |
| factuur (de) | сметка (ж) | [smétka] |

| wet (de) | закон (м) | [zakón] |
| brief (de) | писмо (с) | [pismó] |
| briefhoofd (het) | бланка (ж) | [blánka] |
| lijst (de) | списък (м) | [spísək] |
| manuscript (het) | ръкопис (м) | [rəkopís] |
| nieuwsbrief (de) | бюлетина (ж) | [bʲuletína] |
| briefje (het) | записка (ж) | [zápiska] |

| pasje (voor personeel, enz.) | пропуск (м) | [própusk] |
| paspoort (het) | паспорт (м) | [paspórt] |
| vergunning (de) | разрешение (с) | [razreʃénie] |
| CV, curriculum vitae (het) | резюме (с) | [rezʲumé] |
| schuldbekentenis (de) | разписка (ж) | [ráspiska] |
| kwitantie (de) | квитанция (ж) | [kvitántsija] |

| bon (kassabon) | бележка (ж) | [beléʃka] |
| rapport (het) | рапорт (м) | [ráport] |

| tonen (paspoort, enz.) | предявявам | [predʲavʲávam] |
| ondertekenen (ww) | подпиша | [potpíʃa] |
| handtekening (de) | подпис (м) | [pótpis] |
| stempel (de) | печат (м) | [peʧát] |

| tekst (de) | текст (м) | [tekst] |
| biljet (het) | билет (м) | [bilét] |

| doorhalen (doorstrepen) | задраскам | [zadráskam] |
| invullen (een formulier ~) | попълня | [popélnʲa] |

| vrachtbrief (de) | фактура (ж) | [faktúra] |
| testament (het) | завещание (с) | [zaveʃtánie] |

## 117. Soorten bedrijven

| | | |
|---|---|---|
| uitzendbureau (het) | агенция (ж) за подбор на персонал | [agéntsija za podbór na personál] |
| bewakingsfirma (de) | охранителна агенция (ж) | [ohranítelna agéntsija] |
| persbureau (het) | информационна агенция (ж) | [informatsiónna agéntsija] |
| reclamebureau (het) | рекламна агенция (ж) | [reklámna agéntsija] |

| | | |
|---|---|---|
| antiek (het) | антиквариат (м) | [antikvariát] |
| verzekering (de) | застраховане (с) | [zastrahóvane] |
| naaiatelier (het) | ателие (с) | [atelié] |

| | | |
|---|---|---|
| banken (mv.) | банков бизнес (м) | [bánkov bíznes] |
| bar (de) | бар (м) | [bar] |
| bouwbedrijven (mv.) | строителство (с) | [stroítelstvo] |
| juwelen (mv.) | златарски изделия (с мн) | [zlatárski izdélija] |
| juwelier (de) | златар (м) | [zlatár] |

| | | |
|---|---|---|
| wasserette (de) | пералня (ж) | [perálnịa] |
| alcoholische dranken (mv.) | алкохолни напитки (ж мн) | [alkohólni napítki] |
| nachtclub (de) | нощен клуб (м) | [nóʃten klup] |
| handelsbeurs (de) | борса (ж) | [bórsa] |
| bierbrouwerij (de) | пивоварна (ж) | [pivovárna] |
| uitvaartcentrum (het) | погребални услуги (мн) | [pogrebálni uslúgi] |

| | | |
|---|---|---|
| casino (het) | казино (с) | [kazíno] |
| zakencentrum (het) | бизнес-център (м) | [bíznes-tséntər] |
| bioscoop (de) | кинотеатър (м) | [kinoteátər] |
| airconditioning (de) | климатици (м мн) | [klimatítsi] |

| | | |
|---|---|---|
| handel (de) | търговия (ж) | [tərgovíja] |
| luchtvaartmaatschappij (de) | авиокомпания (ж) | [aviokompánija] |
| adviesbureau (het) | консултиране (с) | [konsultírane] |
| koerierdienst (de) | куриерска служба (ж) | [kuriérska slúʒba] |

| | | |
|---|---|---|
| tandheelkunde (de) | стоматология (ж) | [stomatológija] |
| design (het) | дизайн (м) | [dizájn] |
| business school (de) | бизнес-училище (с) | [bíznes-utʃíliʃte] |
| magazijn (het) | склад (м) | [sklat] |
| kunstgalerie (de) | галерия (ж) | [galérija] |
| ijsje (het) | сладолед (м) | [sladolét] |
| hotel (het) | хотел (м) | [hotél] |

| | | |
|---|---|---|
| vastgoed (het) | недвижими имоти (мн) | [nedvíʒimi imóti] |
| drukkerij (de) | полиграфия (ж) | [poligrafíja] |
| industrie (de) | промишленост (ж) | [promíʃlenost] |
| Internet (het) | интернет (м) | [internét] |
| investeringen (mv.) | инвестиции (ж мн) | [investítsii] |

| | | |
|---|---|---|
| krant (de) | вестник (м) | [vésnik] |
| boekhandel (de) | книжарница (ж) | [kniʒárnitsa] |
| lichte industrie (de) | лека промишленост (ж) | [léka promíʃlenost] |
| winkel (de) | магазин (м) | [magazín] |
| uitgeverij (de) | издателство (с) | [izdátelstvo] |

| medicijnen (mv.) | медицина (ж) | [meditsína] |
| meubilair (het) | мебели (мн) | [mébeli] |
| museum (het) | музей (м) | [muzéj] |

| olie (aardolie) | нефт (м) | [neft] |
| apotheek (de) | аптека (ж) | [aptéka] |
| farmacie (de) | фармацевтика (ж) | [farmatséftika] |
| zwembad (het) | басейн (м) | [baséjn] |
| stomerij (de) | химическо чистене (с) | [himítʃesko tʃístene] |
| voedingswaren (mv.) | хранителни стоки (ж мн) | [hranítelni stóki] |
| reclame (de) | реклама (ж) | [rekláma] |

| radio (de) | радио (с) | [rádio] |
| afvalinzameling (de) | извозване (с) на боклук | [izvózvane na boklúk] |
| restaurant (het) | ресторант (м) | [restoránt] |
| tijdschrift (het) | списание (с) | [spisánie] |

| schoonheidssalon (de/het) | козметичен салон (м) | [kozmetítʃen salón] |
| financiële diensten (mv.) | финансови услуги (ж мн) | [finánsovi uslúgi] |
| juridische diensten (mv.) | юридически услуги (ж мн) | [juridítʃeski uslúgi] |
| boekhouddiensten (mv.) | счетоводни услуги (ж мн) | [stʃetovódni uslúgi] |
| audit diensten (mv.) | одиторски услуги (ж мн) | [odítorski uslúgi] |
| sport (de) | спорт (м) | [sport] |
| supermarkt (de) | супермаркет (м) | [supermárket] |

| televisie (de) | телевизия (ж) | [televízija] |
| theater (het) | театър (м) | [teátər] |
| toerisme (het) | туризъм (м) | [turízəm] |
| transport (het) | превоз (м) | [prévos] |

| postorderbedrijven (mv.) | каталожна търговия (ж) | [katalóʒna tərgovíja] |
| kleding (de) | облекло (с) | [oblekló] |
| dierenarts (de) | ветеринар (м) | [veterinár] |

# Baan. Business. Deel 2

## 118. Show. Tentoonstelling

| | | |
|---|---|---|
| beurs (de) | изложба (ж) | [izlóʒba] |
| vakbeurs, handelsbeurs (de) | търговска изложба (ж) | [tərgófska izlóʒba] |
| | | |
| deelneming (de) | участие (с) | [utʃástie] |
| deelnemen (ww) | участвам | [utʃástvam] |
| deelnemer (de) | участник (м) | [utʃásnik] |
| | | |
| directeur (de) | директор (м) | [diréktor] |
| organisatiecomité (het) | дирекция (ж) | [diréktsija] |
| organisator (de) | организатор (м) | [organizátor] |
| organiseren (ww) | организирам | [organizíram] |
| | | |
| deelnemingsaanvraag (de) | заявка (ж) за участие | [zajáfka za utʃástie] |
| invullen (een formulier ~) | попълня | [popólnʲa] |
| details (mv.) | детайли (м мн) | [detájli] |
| informatie (de) | информация (ж) | [informátsija] |
| | | |
| prijs (de) | цена (ж) | [tsená] |
| inclusief (bijv. ~ BTW) | включително | [fklʲutʃítelno] |
| inbegrepen (alles ~) | включвам | [fklʲútʃvam] |
| betalen (ww) | плащам | [pláʃtam] |
| registratietarief (het) | регистрационна такса (ж) | [registratsiónna táksa] |
| | | |
| ingang (de) | вход (м) | [vhot] |
| paviljoen (het), hal (de) | павилион (м) | [pavilión] |
| registreren (ww) | регистрирам | [registríram] |
| badge, kaart (de) | бадж (м) | [badʒ] |
| | | |
| beursstand (de) | щанд (м) | [ʃtant] |
| reserveren (een stand ~) | резервирам | [rezervíram] |
| | | |
| vitrine (de) | витрина (ж) | [vitrína] |
| licht (het) | светилник (м) | [svetílnik] |
| design (het) | дизайн (м) | [dizájn] |
| plaatsen (ww) | нареждам | [naréʒdam] |
| | | |
| distributeur (de) | дистрибутор (м) | [distribútor] |
| leverancier (de) | доставчик (м) | [dostávtʃik] |
| | | |
| land (het) | страна (ж) | [straná] |
| buitenlands (bn) | чуждестранен | [tʃuʒdestránen] |
| product (het) | продукт (м) | [prodúkt] |
| | | |
| associatie (de) | асоциация (ж) | [asotsiátsija] |
| conferentiezaal (de) | конферентна зала (ж) | [konferéntna zála] |
| congres (het) | конгрес (м) | [kongrés] |

| wedstrijd (de) | конкурс (м) | [konkúrs] |
| bezoeker (de) | посетител (м) | [posetítel] |
| bezoeken (ww) | посещавам | [poseʃtávam] |
| afnemer (de) | клиент (м) | [kliént] |

## 119. Massamedia

| krant (de) | вестник (м) | [vésnik] |
| tijdschrift (het) | списание (с) | [spisánie] |
| pers (gedrukte media) | преса (ж) | [présa] |
| radio (de) | радио (с) | [rádio] |
| radiostation (het) | радиостанция (ж) | [radiostántsija] |
| televisie (de) | телевизия (ж) | [televízija] |

| presentator (de) | водещ (м) | [vódeʃt] |
| nieuwslezer (de) | диктор (м) | [díktor] |
| commentator (de) | коментатор (м) | [komentátor] |

| journalist (de) | журналист (м) | [ʒurnalíst] |
| correspondent (de) | кореспондент (м) | [korespondént] |
| fotocorrespondent (de) | фотокореспондент (м) | [foto·korespondént] |
| reporter (de) | репортер (м) | [reportér] |

| redacteur (de) | редактор (м) | [redáktor] |
| chef-redacteur (de) | главен редактор (м) | [gláven redáktor] |
| zich abonneren op | абонирам се | [aboníram se] |
| abonnement (het) | абониране (с) | [abonírane] |
| abonnee (de) | абонат (м) | [abonát] |
| lezen (ww) | чета | [tʃeta] |
| lezer (de) | читател (м) | [tʃitátel] |

| oplage (de) | тираж (м) | [tiráʒ] |
| maand-, maandelijks (bn) | месечен | [mésetʃen] |
| wekelijks (bn) | седмичен | [sédmitʃen] |
| nummer (het) | брой (м) | [broj] |
| vers (~ van de pers) | последен | [posléden] |

| kop (de) | заглавие (с) | [zaglávie] |
| korte artikel (het) | кратка статия (ж) | [krátka státija] |
| rubriek (de) | рубрика (ж) | [rúbrika] |
| artikel (het) | статия (ж) | [státija] |
| pagina (de) | страница (ж) | [stránitsa] |

| reportage (de) | репортаж (м) | [reportáʒ] |
| gebeurtenis (de) | събитие (с) | [sebítie] |
| sensatie (de) | сензация (ж) | [senzátsija] |
| schandaal (het) | скандал (м) | [skandál] |
| schandalig (bn) | скандален | [skandálen] |
| groot (~ schandaal, enz.) | голям (скандал) | [goʎám skandál] |

| programma (het) | предаване (с) | [predávane] |
| interview (het) | интервю (с) | [interv'ú] |
| live uitzending (de) | пряко предаване (с) | [pr'áko predávane] |
| kanaal (het) | канал (м) | [kanál] |

## 120. Landbouw

| landbouw (de) | селско стопанство (c) | [sélsko stopánstvo] |
| boer (de) | селянин (м) | [sél'anin] |
| boerin (de) | селянка (ж) | [sél'anka] |
| landbouwer (de) | фермер (м) | [férmer] |

| tractor (de) | трактор (м) | [tráktor] |
| maaidorser (de) | комбайн (м) | [kombájn] |

| ploeg (de) | плуг (м) | [pluk] |
| ploegen (ww) | ора | [orá] |
| akkerland (het) | разорана нива (ж) | [razorána níva] |
| voor (de) | бразда (ж) | [brazdá] |

| zaaien (ww) | сея | [séja] |
| zaaimachine (de) | сеялка (ж) | [sejálka] |
| zaaien (het) | сеитба (ж) | [seídba] |

| zeis (de) | коса (ж) | [kosá] |
| maaien (ww) | кося | [kos'á] |

| schop (de) | лопата (ж) | [lopáta] |
| spitten (ww) | копая | [kopája] |

| schoffel (de) | мотика (ж) | [motíka] |
| wieden (ww) | плевя | [plev'á] |
| onkruid (het) | плевел (м) | [plével] |

| gieter (de) | лейка (ж) | [léjka] |
| begieten (water geven) | поливам | [polívam] |
| bewatering (de) | поливане (c) | [polívane] |

| riek, hooivork (de) | вила (ж) | [víla] |
| hark (de) | гребло (c) | [grebló] |

| kunstmest (de) | тор (м) | [tor] |
| bemesten (ww) | наторявам | [nator'ávam] |
| mest (de) | оборски тор (м) | [obórski tor] |

| veld (het) | поле (c) | [polé] |
| wei (de) | ливада (ж) | [liváda] |
| moestuin (de) | зеленчукова градина (ж) | [zelentʃúkova gradína] |
| boomgaard (de) | градина (ж) | [gradína] |

| weiden (ww) | паса | [pasá] |
| herder (de) | пастир (м) | [pastír] |
| weiland (de) | пасище (c) | [pásiʃte] |

| veehouderij (de) | животновъдство (c) | [ʒivotnovétstvo] |
| schapenteelt (de) | овцевъдство (c) | [ovtsevétstvo] |

| plantage (de) | плантация (ж) | [plantátsija] |
| rijtje (het) | леха (ж) | [lehá] |
| broeikas (de) | парник (м) | [párnik] |

| droogte (de) | суша (ж) | [súʃa] |
| droog (bn) | сушав | [súʃav] |

| graangewassen (mv.) | зърнени култури (мн) | [zérneni kultúri] |
| oogsten (ww) | събирам | [səbíram] |

| molenaar (de) | воденичар (с) | [vodenitʃár] |
| molen (de) | воденица (ж) | [vodenítsa] |
| malen (graan ~) | меля зърно | [mélʲa zérno] |
| bloem (bijv. tarwebloem) | брашно (с) | [braʃnó] |
| stro (het) | слама (ж) | [sláma] |

## 121. Gebouw. Bouwproces

| bouwplaats (de) | строеж (м) | [stroéʃ] |
| bouwen (ww) | строя | [strojá] |
| bouwvakker (de) | строител (м) | [stroítel] |

| project (het) | проект (м) | [proékt] |
| architect (de) | архитект (м) | [arhitékt] |
| arbeider (de) | работник (м) | [rabótnik] |

| fundering (de) | фундамент (м) | [fundamént] |
| dak (het) | покрив (м) | [pókriv] |
| heipaal (de) | пилот (м) | [pilót] |
| muur (de) | стена (ж) | [stená] |

| betonstaal (het) | арматура (ж) | [armatúra] |
| steigers (mv.) | скеле (с) | [skéle] |

| beton (het) | бетон (м) | [betón] |
| graniet (het) | гранит (м) | [granít] |
| steen (de) | камък (м) | [kámək] |
| baksteen (de) | тухла (ж) | [túhla] |

| zand (het) | пясък (м) | [pʲásək] |
| cement (de/het) | цимент (м) | [tsimént] |

| pleister (het) | мазилка (ж) | [mazílka] |
| pleisteren (ww) | слагам мазилка | [slágam mazílka] |

| verf (de) | боя (ж) | [bojá] |
| verven (muur ~) | боядисвам | [bojadísvam] |
| ton (de) | бъчва (ж) | [bétʃva] |

| kraan (de) | кран (м) | [kran] |
| heffen, hijsen (ww) | вдигам | [vdígam] |
| neerlaten (ww) | спускам | [spúskam] |

| bulldozer (de) | булдозер (м) | [buldózer] |
| graafmachine (de) | екскаватор (м) | [ekskavátor] |
| graafbak (de) | кофа (ж) | [kófa] |
| graven (tunnel, enz.) | копая | [kopája] |
| helm (de) | каска (ж) | [káska] |

## 122. Wetenschap. Onderzoek. Wetenschappers

| | | |
|---|---|---|
| wetenschap (de) | наука (ж) | [naúka] |
| wetenschappelijk (bn) | научен | [naútʃen] |
| wetenschapper (de) | учен (м) | [útʃen] |
| theorie (de) | теория (ж) | [teórija] |
| | | |
| axioma (het) | аксиома (ж) | [aksióma] |
| analyse (de) | анализ (м) | [análiz] |
| analyseren (ww) | анализирам | [analizíram] |
| argument (het) | аргумент (м) | [argumént] |
| substantie (de) | вещество (с) | [veʃtestvó] |
| | | |
| hypothese (de) | хипотеза (ж) | [hipotéza] |
| dilemma (het) | дилема (ж) | [diléma] |
| dissertatie (de) | дисертация (ж) | [disertátsija] |
| dogma (het) | догма (ж) | [dógma] |
| | | |
| doctrine (de) | доктрина (ж) | [doktrína] |
| onderzoek (het) | изследване (с) | [isslédvane] |
| onderzoeken (ww) | изследвам | [isslédvam] |
| toetsing (de) | контрола (ж) | [kontróla] |
| laboratorium (het) | лаборатория (ж) | [laboratórija] |
| | | |
| methode (de) | метод (м) | [métot] |
| molecule (de/het) | молекула (ж) | [molekúla] |
| monitoring (de) | мониторинг (м) | [monitóring] |
| ontdekking (de) | откритие (с) | [otkrítie] |
| | | |
| postulaat (het) | постулат (м) | [postulát] |
| principe (het) | принцип (м) | [príntsip] |
| voorspelling (de) | прогноза (ж) | [prognóza] |
| een prognose maken | прогнозирам | [prognozíram] |
| | | |
| synthese (de) | синтеза (ж) | [sintéza] |
| tendentie (de) | тенденция (ж) | [tendéntsija] |
| theorema (het) | теорема (ж) | [teoréma] |
| | | |
| leerstellingen (mv.) | учение (с) | [utʃénie] |
| feit (het) | факт (м) | [fakt] |
| expeditie (de) | експедиция (ж) | [ekspedítsija] |
| experiment (het) | експеримент (м) | [eksperimént] |
| | | |
| academicus (de) | академик (м) | [akademík] |
| bachelor (bijv. BA, LLB) | бакалавър (м) | [bakalávər] |
| doctor (de) | доктор (м) | [dóktor] |
| universitair docent (de) | доцент (м) | [dotsént] |
| master, magister (de) | магистър (м) | [magístər] |
| professor (de) | професор (м) | [profésor] |

# Beroepen en ambachten

## 123. Zoeken naar werk. Ontslag

| | | |
|---|---|---|
| baan (de) | работа (ж) | [rábota] |
| personeel (het) | щат (м) | [ʃtat] |
| | | |
| carrière (de) | кариера (ж) | [kariéra] |
| vooruitzichten (mv.) | перспектива (ж) | [perspektíva] |
| meesterschap (het) | майсторство (с) | [májstorstvo] |
| | | |
| keuze (de) | подбиране (с) | [podbírane] |
| uitzendbureau (het) | агенция (ж) за подбор на персонал | [agéntsija za podbór na personál] |
| CV, curriculum vitae (het) | резюме (с) | [rezʲumé] |
| sollicitatiegesprek (het) | интервю (с) | [intervʲú] |
| vacature (de) | вакантно място (с) | [vakántno mʲásto] |
| | | |
| salaris (het) | работна заплата (ж) | [rabótna zapláta] |
| loon (het) | плащане (с) | [pláʃtane] |
| | | |
| betrekking (de) | длъжност (ж) | [dléʒnost] |
| taak, plicht (de) | задължение (с) | [zadəɫʒénie] |
| takenpakket (het) | кръг (м) | [krək] |
| bezig (~ zijn) | зает | [zaét] |
| | | |
| ontslagen (ww) | уволня | [uvolnʲá] |
| ontslag (het) | уволнение (с) | [uvolnénie] |
| | | |
| werkloosheid (de) | безработица (ж) | [bezrabótitsa] |
| werkloze (de) | безработен човек (м) | [bezrabóten ʧovék] |
| pensioen (het) | пенсия (ж) | [pénsija] |
| met pensioen gaan | пенсионирам се | [pensioníram se] |

## 124. Zakenmensen

| | | |
|---|---|---|
| directeur (de) | директор (м) | [diréktor] |
| beheerder (de) | управител (м) | [uprávitel] |
| hoofd (het) | ръководител (м) | [rəkovodítel] |
| | | |
| baas (de) | началник (м) | [naʧálnik] |
| superieuren (mv.) | началство (с) | [naʧálstvo] |
| president (de) | президент (м) | [prezidént] |
| voorzitter (de) | председател (м) | [pretsedátel] |
| | | |
| adjunct (de) | заместник (м) | [zamésnik] |
| assistent (de) | помощник (м) | [pomóʃtnik] |
| secretaris (de) | секретар (м) | [sekretár] |

| | | |
|---|---|---|
| persoonlijke assistent (de) | личен секретар (м) | [lítʃen sekretár] |
| zakenman (de) | бизнесмен (м) | [biznesmén] |
| ondernemer (de) | предприемач (м) | [predpriemátʃ] |
| oprichter (de) | основател (м) | [osnovátel] |
| oprichten (een nieuw bedrijf ~) | основа | [osnová] |
| | | |
| stichter (de) | учредител (м) | [utʃredítel] |
| partner (de) | партньор (м) | [partnʲór] |
| aandeelhouder (de) | акционер (м) | [aktsionér] |
| | | |
| miljonair (de) | милионер (м) | [milionér] |
| miljardair (de) | милиардер (м) | [miliardér] |
| eigenaar (de) | собственик (м) | [sóbstvenik] |
| landeigenaar (de) | земевладелец (м) | [zemevladélets] |
| | | |
| klant (de) | клиент (м) | [kliént] |
| vaste klant (de) | постоянен клиент (м) | [postojánen kliént] |
| koper (de) | купувач (м) | [kupuvátʃ] |
| bezoeker (de) | посетител (м) | [posetítel] |
| | | |
| professioneel (de) | професионалист (м) | [profesialíst] |
| expert (de) | експерт (м) | [ekspért] |
| specialist (de) | специалист (м) | [spetsialíst] |
| | | |
| bankier (de) | банкер (м) | [bankér] |
| makelaar (de) | брокер (м) | [bróker] |
| | | |
| kassier (de) | касиер (м) | [kasiér] |
| boekhouder (de) | счетоводител (м) | [stʃetovodítel] |
| bewaker (de) | охранител (м) | [ohranítel] |
| | | |
| investeerder (de) | инвеститор (м) | [investítor] |
| schuldenaar (de) | длъжник (м) | [dləʒník] |
| crediteur (de) | кредитор (м) | [kredítor] |
| lener (de) | заемател (м) | [zaemátel] |
| | | |
| importeur (de) | вносител (м) | [vnosítel] |
| exporteur (de) | износител (м) | [iznosítel] |
| | | |
| producent (de) | производител (м) | [proizvodítel] |
| distributeur (de) | дистрибутор (м) | [distribútor] |
| bemiddelaar (de) | посредник (м) | [posrédnik] |
| | | |
| adviseur, consulent (de) | консултант (м) | [konsultánt] |
| vertegenwoordiger (de) | представител (м) | [pretstávitel] |
| agent (de) | агент (м) | [agént] |
| verzekeringsagent (de) | застрахователен агент (м) | [zastrahovátelen agent] |

## 125. Dienstverlenende beroepen

| | | |
|---|---|---|
| kok (de) | готвач (м) | [gotvátʃ] |
| chef-kok (de) | главен готвач (м) | [gláven gotvátʃ] |
| bakker (de) | фурнаджия (ж) | [furnadʒíja] |

| | | |
|---|---|---|
| barman (de) | барман (м) | [bárman] |
| kelner, ober (de) | сервитьор (м) | [servitʲór] |
| serveerster (de) | сервитьорка (ж) | [servitʲórka] |

| | | |
|---|---|---|
| advocaat (de) | адвокат (м) | [advokát] |
| jurist (de) | юрист (м) | [juríst] |
| notaris (de) | нотариус (м) | [notárius] |

| | | |
|---|---|---|
| elektricien (de) | монтьор (м) | [montʲór] |
| loodgieter (de) | водопроводчик (м) | [vodoprovóttʃik] |
| timmerman (de) | дърводелец (м) | [dǝrvodélets] |

| | | |
|---|---|---|
| masseur (de) | масажист (м) | [masaʒíst] |
| masseuse (de) | масажистка (ж) | [masaʒístka] |
| dokter, arts (de) | лекар (м) | [lékar] |

| | | |
|---|---|---|
| taxichauffeur (de) | таксиметров шофьор (м) | [taksimétrof ʃofʲór] |
| chauffeur (de) | шофьор (м) | [ʃofʲór] |
| koerier (de) | куриер (м) | [kuriér] |

| | | |
|---|---|---|
| kamermeisje (het) | камериерка (ж) | [kameriérka] |
| bewaker (de) | охранител (м) | [ohranítel] |
| stewardess (de) | стюардеса (ж) | [stʲuardésa] |

| | | |
|---|---|---|
| meester (de) | учител (м) | [utʃítel] |
| bibliothecaris (de) | библиотекар (м) | [bibliotekár] |
| vertaler (de) | преводач (м) | [prevodátʃ] |
| tolk (de) | преводач (м) | [prevodátʃ] |
| gids (de) | гид (м) | [git] |

| | | |
|---|---|---|
| kapper (de) | фризьор (м) | [frizʲór] |
| postbode (de) | пощальон (м) | [poʃtalʲón] |
| verkoper (de) | продавач (м) | [prodavátʃ] |

| | | |
|---|---|---|
| tuinman (de) | градинар (м) | [gradinár] |
| huisbediende (de) | слуга (м) | [slugá] |
| dienstmeisje (het) | слугиня (ж) | [slugínʲa] |
| schoonmaakster (de) | чистачка (ж) | [tʃistátʃka] |

## 126. Militaire beroepen en rangen

| | | |
|---|---|---|
| soldaat (rang) | редник (м) | [rédnik] |
| sergeant (de) | сержант (м) | [serʒánt] |
| luitenant (de) | лейтенант (м) | [lejtenánt] |
| kapitein (de) | капитан (м) | [kapitán] |

| | | |
|---|---|---|
| majoor (de) | майор (м) | [majór] |
| kolonel (de) | полковник (м) | [polkóvnik] |
| generaal (de) | генерал (м) | [generál] |
| maarschalk (de) | маршал (м) | [márʃal] |
| admiraal (de) | адмирал (м) | [admirál] |

| | | |
|---|---|---|
| militair (de) | военен (м) | [voénen] |
| soldaat (de) | войник (м) | [vojník] |

113

| officier (de) | офицер (м) | [ofitsér] |
| commandant (de) | командир (м) | [komandír] |

| grenswachter (de) | митничар (м) | [mitniʧár] |
| marconist (de) | радист (м) | [radíst] |
| verkenner (de) | разузнавач (м) | [razuznaváʧ] |
| sappeur (de) | сапьор (м) | [sapʲór] |
| schutter (de) | стрелец (м) | [streléts] |
| stuurman (de) | щурман (м) | [ʃtúrman] |

## 127. Ambtenaren. Priesters

| koning (de) | крал (м) | [kral] |
| koningin (de) | кралица (ж) | [kralítsa] |

| prins (de) | принц (м) | [prints] |
| prinses (de) | принцеса (ж) | [printsésa] |

| tsaar (de) | цар (м) | [tsar] |
| tsarina (de) | царица (ж) | [tsarítsa] |

| president (de) | президент (м) | [prezidént] |
| minister (de) | министър (м) | [minístər] |
| eerste minister (de) | министър-председател (м) | [minístər-pretsedátel] |
| senator (de) | сенатор (м) | [senátor] |

| diplomaat (de) | дипломат (м) | [diplomát] |
| consul (de) | консул (м) | [kónsul] |
| ambassadeur (de) | посланик (м) | [poslánik] |
| adviseur (de) | съветник (м) | [səvétnik] |

| ambtenaar (de) | чиновник (м) | [ʧinóvnik] |
| prefect (de) | префект (м) | [prefékt] |
| burgemeester (de) | кмет (м) | [kmet] |

| rechter (de) | съдия (м) | [sədijá] |
| aanklager (de) | прокурор (м) | [prokurór] |

| missionaris (de) | мисионер (м) | [misionér] |
| monnik (de) | монах (м) | [monáh] |
| abt (de) | абат (м) | [abát] |
| rabbi, rabbijn (de) | равин (м) | [ravín] |

| vizier (de) | везир (м) | [vezír] |
| sjah (de) | шах (м) | [ʃah] |
| sjeik (de) | шейх (м) | [ʃejh] |

## 128. Agrarische beroepen

| imker (de) | пчеловъд (м) | [pʧelovét] |
| herder (de) | пастир (м) | [pastír] |
| landbouwkundige (de) | агроном (м) | [agronóm] |

| veehouder (de) | животновъд (м) | [ʒivotnovét] |
| dierenarts (de) | ветеринар (м) | [veterinár] |

| landbouwer (de) | фермер (м) | [férmer] |
| wijnmaker (de) | винар (м) | [vinár] |
| zoöloog (de) | зоолог (м) | [zoolók] |
| cowboy (de) | каубой (м) | [káuboj] |

## 129. Kunst beroepen

| acteur (de) | актьор (м) | [aktjór] |
| actrice (de) | актриса (ж) | [aktrísa] |

| zanger (de) | певец (м) | [pevéts] |
| zangeres (de) | певица (ж) | [pevítsa] |

| danser (de) | танцьор (м) | [tantsʲór] |
| danseres (de) | танцьорка (ж) | [tantsʲórka] |

| artiest (mann.) | артист (м) | [artíst] |
| artiest (vrouw.) | артистка (ж) | [artístka] |

| muzikant (de) | музикант (м) | [muzikánt] |
| pianist (de) | пианист (м) | [pianíst] |
| gitarist (de) | китарист (м) | [kitaríst] |

| orkestdirigent (de) | диригент (м) | [dirigént] |
| componist (de) | композитор (м) | [kompozítor] |
| impresario (de) | импресарио (м) | [impresário] |

| filmregisseur (de) | режисьор (м) | [reʒisʲór] |
| filmproducent (de) | продуцент (м) | [produtsént] |
| scenarioschrijver (de) | сценарист (м) | [stsenaríst] |
| criticus (de) | критик (м) | [kritík] |

| schrijver (de) | писател (м) | [pisátel] |
| dichter (de) | поет (м) | [poét] |
| beeldhouwer (de) | скулптор (м) | [skúlptor] |
| kunstenaar (de) | художник (м) | [hudóʒnik] |

| jongleur (de) | жонгльор (м) | [ʒonglʲór] |
| clown (de) | клоун (м) | [klóun] |
| acrobaat (de) | акробат (м) | [akrobát] |
| goochelaar (de) | фокусник (м) | [fókusnik] |

## 130. Verschillende beroepen

| dokter, arts (de) | лекар (м) | [lékar] |
| ziekenzuster (de) | медицинска сестра (ж) | [meditsínska sestrá] |
| psychiater (de) | психиатър (м) | [psihiátər] |
| tandarts (de) | стоматолог (м) | [stomatolók] |
| chirurg (de) | хирург (м) | [hirúrk] |

| | | |
|---|---|---|
| astronaut (de) | астронавт (м) | [astronáft] |
| astronoom (de) | астроном (м) | [astronóm] |
| | | |
| chauffeur (de) | шофьор (м) | [ʃofʲór] |
| machinist (de) | машинист (м) | [maʃiníst] |
| mecanicien (de) | механик (м) | [mehánik] |
| | | |
| mijnwerker (de) | миньор (м) | [minʲór] |
| arbeider (de) | работник (м) | [rabótnik] |
| bankwerker (de) | шлосер (м) | [ʃlóser] |
| houtbewerker (de) | дърводелец (м) | [dərvodélets] |
| draaier (de) | стругар (м) | [strugár] |
| bouwvakker (de) | строител (м) | [stroítel] |
| lasser (de) | заварчик (м) | [zavártʃik] |
| | | |
| professor (de) | професор (м) | [profésor] |
| architect (de) | архитект (м) | [arhitékt] |
| historicus (de) | историк (м) | [istorík] |
| wetenschapper (de) | учен (м) | [útʃen] |
| fysicus (de) | физик (м) | [fizík] |
| scheikundige (de) | химик (м) | [himík] |
| | | |
| archeoloog (de) | археолог (м) | [arheolók] |
| geoloog (de) | геолог (м) | [geolók] |
| onderzoeker (de) | изследовател (м) | [issledovátel] |
| | | |
| babysitter (de) | детегледачка (ж) | [detegledátʃka] |
| leraar, pedagoog (de) | учител, педагог (м) | [utʃítel], [pedagók] |
| | | |
| redacteur (de) | редактор (м) | [redáktor] |
| chef-redacteur (de) | главен редактор (м) | [gláven redáktor] |
| correspondent (de) | кореспондент (м) | [korespondént] |
| typiste (de) | машинописка (ж) | [maʃinopíska] |
| | | |
| designer (de) | дизайнер (м) | [dizájner] |
| computerexpert (de) | компютърен специалист (м) | [kompʲútəren spetsialíst] |
| programmeur (de) | програмист (м) | [programíst] |
| ingenieur (de) | инженер (м) | [inʒenér] |
| | | |
| matroos (de) | моряк (м) | [morʲák] |
| zeeman (de) | матрос (м) | [matrós] |
| redder (de) | спасител (м) | [spasítel] |
| | | |
| brandweerman (de) | пожарникар (м) | [poʒarnikár] |
| politieagent (de) | полицай (м) | [politsáj] |
| nachtwaker (de) | пазач (м) | [pazátʃ] |
| detective (de) | детектив (м) | [detektíf] |
| | | |
| douanier (de) | митничар (м) | [mitnitʃár] |
| lijfwacht (de) | телохранител (с) | [telohranítel] |
| gevangenisbewaker (de) | надзирател (м) | [nadzirátel] |
| inspecteur (de) | инспектор (м) | [inspéktor] |
| | | |
| sportman (de) | спортист (м) | [sportíst] |
| trainer (de) | треньор (м) | [trenʲór] |

| slager, beenhouwer (de) | месар (м) | [mesár] |
| schoenlapper (de) | обущар (м) | [obuʃtár] |
| handelaar (de) | търговец (м) | [tərgóvets] |
| lader (de) | хамалин (м) | [hamálin] |

| kledingstilist (de) | моделиер (м) | [modeliér] |
| model (het) | модел (м) | [modél] |

## 131. Beroepen. Sociale status

| scholier (de) | ученик (м) | [utʃeník] |
| student (de) | студент (м) | [studént] |

| filosoof (de) | философ (м) | [filosóf] |
| econoom (de) | икономист (м) | [ikonomíst] |
| uitvinder (de) | изобретател (м) | [izobretátel] |

| werkloze (de) | безработен човек (м) | [bezrabóten tʃovék] |
| gepensioneerde (de) | пенсионер (м) | [pensionér] |
| spion (de) | шпионин (м) | [ʃpiónin] |

| gedetineerde (de) | затворник (м) | [zatvórnik] |
| staker (de) | стачник (м) | [státʃnik] |
| bureaucraat (de) | бюрократ (м) | [bʲurokrát] |
| reiziger (de) | пътешественик (м) | [pəteʃéstvenik] |

| homoseksueel (de) | хомосексуалист (м) | [homoseksualíst] |
| hacker (computerkraker) | хакер (м) | [háker] |
| hippie (de) | хипи (м) | [hípi] |

| bandiet (de) | бандит (м) | [bandít] |
| huurmoordenaar (de) | наемен убиец (м) | [naémen ubíets] |
| drugsverslaafde (de) | наркоман (м) | [narkomán] |
| drugshandelaar (de) | наркотрафикант (м) | [narkotrafikánt] |
| prostituee (de) | проститутка (ж) | [prostitútka] |
| pooier (de) | сутеньор (м) | [sutenʲór] |

| tovenaar (de) | магьосник (м) | [magʲósnik] |
| tovenares (de) | магьосница (ж) | [magʲósnitsa] |
| piraat (de) | пират (м) | [pirát] |
| slaaf (de) | роб (м) | [rop] |
| samoerai (de) | самурай (м) | [samuráj] |
| wilde (de) | дивак (м) | [divák] |

# Sport

## 132. Soorten sporten. Sporters

| | | |
|---|---|---|
| sportman (de) | спортист (м) | [sportíst] |
| soort sport (de/het) | вид (м) спорт | [vit sport] |
| | | |
| basketbal (het) | баскетбол (м) | [básketbol] |
| basketbalspeler (de) | баскетболист (м) | [basketbolíst] |
| | | |
| baseball (het) | бейзбол (м) | [bejzból] |
| baseballspeler (de) | бейзболист (м) | [bejzbolíst] |
| | | |
| voetbal (het) | футбол (м) | [fúdbol] |
| voetballer (de) | футболист (м) | [fudbolíst] |
| doelman (de) | вратар (м) | [vratár] |
| | | |
| hockey (het) | хокей (м) | [hókej] |
| hockeyspeler (de) | хокеист (м) | [hokeíst] |
| | | |
| volleybal (het) | волейбол (м) | [vólejbol] |
| volleybalspeler (de) | волейболист (м) | [volejbolíst] |
| | | |
| boksen (het) | бокс (м) | [boks] |
| bokser (de) | боксьор (м) | [boksʲór] |
| | | |
| worstelen (het) | борба (ж) | [borbá] |
| worstelaar (de) | борец (м) | [boréts] |
| | | |
| karate (de) | карате (с) | [karáte] |
| karateka (de) | каратист (м) | [karatíst] |
| | | |
| judo (de) | джудо (с) | [dʒúdo] |
| judoka (de) | джудист (м) | [dʒudíst] |
| | | |
| tennis (het) | тенис (м) | [ténis] |
| tennisspeler (de) | тенисист (м) | [tenisíst] |
| | | |
| zwemmen (het) | плуване (с) | [plúvane] |
| zwemmer (de) | плувец (м) | [pluvéts] |
| | | |
| schermen (het) | фехтовка (ж) | [fehtófka] |
| schermer (de) | фехтувач (м) | [fehtuvátʃ] |
| | | |
| schaak (het) | шахмат (м) | [ʃáhmát] |
| schaker (de) | шахматист (м) | [ʃahmatíst] |
| | | |
| alpinisme (het) | алпинизъм (м) | [alpinízəm] |
| alpinist (de) | алпинист (м) | [alpiníst] |
| hardlopen (het) | бягане (с) | [bʲágane] |

| renner (de) | бегач (м) | [begátʃ] |
| atletiek (de) | лека атлетика (ж) | [léka atlétika] |
| atleet (de) | атлет (м) | [atlét] |

| paardensport (de) | конен спорт (м) | [kónen sport] |
| ruiter (de) | ездач (м) | [ezdátʃ] |

| kunstschaatsen (het) | фигурно пързаляне (с) | [fígurno pərzálʲane] |
| kunstschaatser (de) | фигурист (м) | [figuríst] |
| kunstschaatsster (de) | фигуристка (ж) | [figurístka] |

| gewichtheffen (het) | тежка атлетика (ж) | [téʃka atlétika] |
| gewichtheffer (de) | щангист (м) | [ʃtangíst] |
| autoraces (mv.) | автомобилни състезания (с мн) | [aftomobílni səstezánija] |
| coureur (de) | автомобилен състезател (м) | [aftomobílen səstezátel] |

| wielersport (de) | колоездене (с) | [koloézdene] |
| wielrenner (de) | колоездач (м) | [koloezdátʃ] |

| verspringen (het) | скок (м) на дължина | [skok na dəʒiná] |
| polsstokspringen (het) | овчарски скок (м) | [oftʃárski skok] |
| verspringer (de) | скачач (м) | [skatʃátʃ] |

## 133. Soorten sporten. Diversen

| Amerikaans voetbal (het) | американски футбол (м) | [amerikánski fúdbol] |
| badminton (het) | бадминтон (м) | [bádminton] |
| biatlon (de) | биатлон (м) | [biatlón] |
| biljart (het) | билярд (м) | [bilʲárt] |

| bobsleeën (het) | бобслей (м) | [bobsléj] |
| bodybuilding (de) | културизъм (м) | [kulturízəm] |
| waterpolo (het) | водна топка (ж) | [vódna tópka] |
| handbal (de) | хандбал (м) | [hándbal] |
| golf (het) | голф (м) | [golf] |

| roeisport (de) | гребане (с) | [grébane] |
| duiken (het) | дайвинг (м) | [dájving] |
| langlaufen (het) | ски бягане (с мн) | [ski bʲágane] |
| tafeltennis (het) | тенис (м) на маса | [ténis na mása] |

| zeilen (het) | спорт (м) с платноходки | [sport s platnohótki] |
| rally (de) | рали (с) | [ráli] |
| rugby (het) | ръгби (с) | [régbi] |
| snowboarden (het) | сноуборд (м) | [snóubort] |

## 134. Fitnessruimte

| lange halter (de) | щанга (ж) | [ʃtánga] |
| halters (mv.) | гири (ж мн) | [gíri] |

| training machine (de) | тренажор (м) | [trenaʒór] |
| hometrainer (de) | велоергометър (м) | [veloergométər] |
| loopband (de) | писта (ж) за бягане | [písta za bʲágane] |

| rekstok (de) | лост (м) | [lost] |
| brug (de) gelijke leggers | успоредка (ж) | [úsporetka] |
| paardsprong (de) | кон (м) | [kon] |
| mat (de) | дюшек (м) | [dʲuʃék] |

| aerobics (de) | аеробика (ж) | [aeróbika] |
| yoga (de) | йога (ж) | [jóga] |

## 135. Hockey

| hockey (het) | хокей (м) | [hókej] |
| hockeyspeler (de) | хокеист (м) | [hokeíst] |
| hockey spelen | играя хокей | [igrája hókej] |
| ijs (het) | лед (м) | [let] |

| puck (de) | шайба (ж) | [ʃájba] |
| hockeystick (de) | стик (м) | [stik] |
| schaatsen (mv.) | кънки (мн) | [kə́nki] |

| boarding (de) | мантинела (ж) | [mantinéla] |
| schot (het) | удар (м) | [údar] |

| doelman (de) | вратар (м) | [vratár] |
| goal (de) | гол (м) | [gol] |
| een goal scoren | вкарам гол | [fkáram gol] |

| periode (de) | третина (ж) | [tretína] |
| reservebank (de) | резервна скамейка (ж) | [rezérvna skaméjka] |

## 136. Voetbal

| voetbal (het) | футбол (м) | [fúdbol] |
| voetballer (de) | футболист (м) | [fudbolíst] |
| voetbal spelen | играя футбол | [igrája fúdbol] |

| eredivisie (de) | висша лига (ж) | [vísʃa líga] |
| voetbalclub (de) | футболен клуб (м) | [fúdbolen klup] |
| trainer (de) | треньор (м) | [trenʲór] |
| eigenaar (de) | собственик (м) | [sóbstvenik] |

| team (het) | отбор (м) | [otbór] |
| aanvoerder (de) | капитан (м) на отбора | [kapitán na odbóra] |
| speler (de) | играч (м) | [igrátʃ] |
| reservespeler (de) | резервен играч (м) | [rezérven igrátʃ] |

| aanvaller (de) | нападател (м) | [napadátel] |
| centrale aanvaller (de) | централен нападател (м) | [tsentrálen napadátel] |
| doelpuntmaker (de) | голмайстор (м) | [golmájstor] |

| verdediger (de) | защитник (м) | [zaʃtítnik] |
| middenvelder (de) | полузащитник (м) | [poluzaʃtítnik] |

| match, wedstrijd (de) | мач (м) | [matʃ] |
| elkaar ontmoeten (ww) | срещам се | [sréʃtam se] |
| finale (de) | финал (м) | [finál] |
| halve finale (de) | полуфинал (м) | [polufinál] |
| kampioenschap (het) | шампионат (м) | [ʃampionát] |

| helft (de) | полувреме (с) | [poluvréme] |
| eerste helft (de) | първо полувреме (с) | [pə́rvo poluvréme] |
| pauze (de) | почивка (ж) | [potʃífka] |

| doel (het) | врата (ж) | [vratá] |
| doelman (de) | вратар (м) | [vratár] |
| doelpaal (de) | странична греда (ж) | [stranítʃna gredá] |
| lat (de) | напречна греда (ж) | [naprétʃna gredá] |
| doelnet (het) | мрежа (ж) | [mréʒa] |
| een goal incasseren | пропусна топка | [propúsna tópka] |

| bal (de) | топка (ж) | [tópka] |
| pass (de) | пас (м) | [pas] |
| schot (het), schop (de) | удар (м) | [údar] |
| schieten (de bal ~) | бия | [bíja] |
| vrije schop (directe ~) | наказателен удар (м) | [nakazátelen údar] |
| hoekschop, corner (de) | ъглов удар (м) | [ə́glov údar] |

| aanval (de) | атака (ж) | [atáka] |
| tegenaanval (de) | контраатака (ж) | [kóntra·atáka] |
| combinatie (de) | комбинация (ж) | [kombinátsija] |

| scheidsrechter (de) | арбитър (м) | [arbítər] |
| fluiten (ww) | свиря | [svírʲa] |
| fluitsignaal (het) | свирка (ж) | [svírka] |
| overtreding (de) | нарушение (с) | [naruʃénie] |
| een overtreding maken | наруша | [naruʃá] |
| uit het veld te sturen | отстраня | [otstranʲá] |

| gele kaart (de) | жълт картон (м) | [ʒəlt kartón] |
| rode kaart (de) | червен картон (м) | [tʃervén kartón] |
| diskwalificatie (de) | дисквалификация (ж) | [diskvalifikátsija] |
| diskwalificeren (ww) | дисквалифицирам | [diskvalifitsíram] |

| strafschop, penalty (de) | дузпа (ж) | [dúspa] |
| muur (de) | стена (ж) | [stená] |
| scoren (ww) | вкарам | [fkáram] |
| goal (de), doelpunt (het) | гол (м) | [gol] |
| een goal scoren | вкарам гол | [fkáram gol] |

| vervanging (de) | смяна (ж) | [smʲána] |
| vervangen (ov.ww.) | сменя | [smenʲá] |
| regels (mv.) | правила (с мн) | [pravilá] |
| tactiek (de) | тактика (ж) | [táktika] |

| stadion (het) | стадион (м) | [stadión] |
| tribune (de) | трибуна (ж) | [tribúna] |

| fan, supporter (de) | запалянко (м) | [zapalʲánko] |
| schreeuwen (ww) | викам | [víkam] |

| scorebord (het) | табло (с) | [tabló] |
| stand (~ is 3-1) | резултат (м) | [rezultát] |

| nederlaag (de) | поражение (с) | [poraʒénie] |
| verliezen (ww) | загубя | [zagúbʲa] |

| gelijkspel (het) | наравно | [narávno] |
| in gelijk spel eindigen | завърша наравно | [zavérʃa narávno] |

| overwinning (de) | победа (ж) | [pobéda] |
| overwinnen (ww) | победя | [pobedʲá] |
| kampioen (de) | шампион (м) | [ʃampíon] |
| best (bn) | най-добър | [naj-dobér] |
| feliciteren (ww) | поздравявам | [pozdravʲávam] |

| commentator (de) | коментатор (м) | [komentátor] |
| becommentariëren (ww) | коментирам | [komentíram] |
| uitzending (de) | предаване (с) | [predávane] |

## 137. Alpine skiën

| ski's (mv.) | ски (мн) | [ski] |
| skiën (ww) | карам ски | [káram ski] |
| skigebied (het) | планински курорт (м) | [planínski kurórt] |
| skilift (de) | лифт (м) | [lift] |

| skistokken (mv.) | щеки (ж мн) | [ʃtéki] |
| helling (de) | склон (м) | [sklon] |
| slalom (de) | слалом (м) | [slálom] |

## 138. Tennis. Golf

| golf (het) | голф (м) | [golf] |
| golfclub (de) | голф клуб (м) | [golf klúp] |
| golfer (de) | играч (м) на голф | [igrátʃ na golf] |

| hole (de) | дупка (ж) | [dúpka] |
| golfclub (de) | стик (м) | [stik] |
| trolley (de) | количка (ж) за голф | [kolítʃka za golf] |

| tennis (het) | тенис (м) | [ténis] |
| tennisveld (het) | корт (м) | [kort] |

| opslag (de) | сервис (м) | [sérvis] |
| serveren, opslaan (ww) | сервирам | [servíram] |

| racket (het) | ракета (ж) | [rakéta] |
| net (het) | мрежа (ж) | [mréʒa] |
| bal (de) | топка (ж) | [tópka] |

## 139. Schaken

| schaak (het) | шахмат (м) | [ʃáhmát] |
| schaakstukken (mv.) | шахматни фигури (ж мн) | [ʃáhmátni fíguri] |
| schaker (de) | шахматист (м) | [ʃahmatíst] |
| schaakbord (het) | шахматна дъска (ж) | [ʃáhmatna dəská] |
| schaakstuk (het) | фигура (ж) | [fígura] |

| witte stukken (mv.) | бели (мн) | [béli] |
| zwarte stukken (mv.) | черни (мн) | [tʃérni] |

| pion (de) | пионка (ж) | [piónka] |
| loper (de) | офицер (м) | [ofitsér] |
| paard (het) | кон (м) | [kon] |
| toren (de) | топ (м) | [top] |
| dame, koningin (de) | царица (ж) | [tsarítsa] |
| koning (de) | цар (м) | [tsar] |

| zet (de) | ход (м) | [hot] |
| zetten (ww) | предвижвам | [predvíʒvam] |
| opofferen (ww) | жертвам | [ʒértvam] |
| rokade (de) | рокада (ж) | [rokáda] |
| schaak (het) | шах (м) | [ʃah] |
| schaakmat (het) | мат (м) | [mat] |

| schaakwedstrijd (de) | шахматен турнир (м) | [ʃáhmaten turnír] |
| grootmeester (de) | гросмайстор (м) | [grosmájstor] |
| combinatie (de) | комбинация (ж) | [kombinátsija] |
| partij (de) | партия (ж) | [pártija] |
| dammen (de) | шашки (мн) | [ʃáʃki] |

## 140. Boksen

| boksen (het) | бокс (м) | [boks] |
| boksgevecht (het) | бой (м) | [boj] |
| bokswedstrijd (de) | двубой (м) | [dvubój] |
| ronde (de) | рунд (м) | [runt] |

| ring (de) | ринг (м) | [rink] |
| gong (de) | гонг (м) | [gonk] |

| stoot (de) | удар (м) | [údar] |
| knock-down (de) | нокдаун (м) | [nokdáun] |

| knock-out (de) | нокаут (м) | [nokáut] |
| knock-out slaan (ww) | нокаутирам | [nokautíram] |

| bokshandschoen (de) | боксьорска ръкавица (ж) | [boksʲórska rəkavítsa] |
| referee (de) | рефер (м) | [réfer] |

| lichtgewicht (het) | лека категория (ж) | [léka kategórija] |
| middengewicht (het) | средна категория (ж) | [srédna kategórija] |
| zwaargewicht (het) | тежка категория (ж) | [téʃka kategórija] |

## 141. Sporten. Diversen

| | | |
|---|---|---|
| Olympische Spelen (mv.) | олимпийски игри (ж мн) | [olimpíjski igrí] |
| winnaar (de) | победител (м) | [pobedítel] |
| overwinnen (ww) | побеждавам | [pobeʒdávam] |
| winnen (ww) | спечеля | [spetʃélʲa] |
| leider (de) | водач (м) | [vodátʃ] |
| leiden (ww) | водя | [vódʲa] |
| eerste plaats (de) | първо място (с) | [pérvo mʲásto] |
| tweede plaats (de) | второ място (с) | [ftóro mʲásto] |
| derde plaats (de) | трето място (с) | [tréto mʲásto] |
| medaille (de) | медал (м) | [medál] |
| trofee (de) | трофей (м) | [troféj] |
| beker (de) | купа (ж) | [kupá] |
| prijs (de) | награда (ж) | [nagráda] |
| hoofdprijs (de) | първа награда (ж) | [pérva nagráda] |
| record (het) | рекорд (м) | [rekórt] |
| een record breken | поставям рекорд | [postávʲam rekórt] |
| finale (de) | финал (м) | [finál] |
| finale (bn) | финален | [finálen] |
| kampioen (de) | шампион (м) | [ʃampíon] |
| kampioenschap (het) | шампионат (м) | [ʃampionát] |
| stadion (het) | стадион (м) | [stadión] |
| tribune (de) | трибуна (ж) | [tribúna] |
| fan, supporter (de) | запалянко (м) | [zapalʲánko] |
| tegenstander (de) | съперник (м) | [səpérnik] |
| start (de) | старт (м) | [start] |
| finish (de) | финиш (м) | [fíniʃ] |
| nederlaag (de) | загуба (ж) | [záguba] |
| verliezen (ww) | загубя | [zagúbʲa] |
| rechter (de) | съдия (м) | [sədijá] |
| jury (de) | жури (с) | [ʒúri] |
| stand (~ is 3-1) | резултат (м) | [rezultát] |
| gelijkspel (het) | наравно (с) | [narávno] |
| in gelijk spel eindigen | завърша наравно | [zavérʃa narávno] |
| punt (het) | точка (ж) | [tótʃka] |
| uitslag (de) | резултат (м) | [rezultát] |
| pauze (de) | почивка (ж) | [potʃífka] |
| doping (de) | допинг (м) | [dóping] |
| straffen (ww) | наказвам | [nakázvam] |
| diskwalificeren (ww) | дисквалифицирам | [diskvalifitsíram] |
| toestel (het) | уред (м) | [úret] |
| speer (de) | копие (с) | [kópie] |

| kogel (de) | гюлле (c) | [gʲulé] |
| bal (de) | топка (ж) | [tópka] |

| doel (het) | цел (ж) | [tsel] |
| schietkaart (de) | мишена (ж) | [miʃéna] |
| schieten (ww) | стрелям | [strélʲam] |
| precies (bijv. precieze schot) | точен | [tótʃen] |

| trainer, coach (de) | треньор (м) | [trenʲór] |
| trainen (ww) | тренирам | [treníram] |
| zich trainen (ww) | тренирам се | [treníram se] |
| training (de) | тренировка (ж) | [trenirófka] |

| gymnastiekzaal (de) | спортна зала (ж) | [spórtna zála] |
| oefening (de) | упражнение (c) | [upraʒnénie] |
| opwarming (de) | загряване (c) | [zagrʲávane] |

# Onderwijs

## 142. School

| school (de) | училище (с) | [utʃíliʃte] |
|---|---|---|
| schooldirecteur (de) | директор (м) на училище | [diréktor na utʃíliʃte] |

| leerling (de) | ученик (м) | [utʃeník] |
|---|---|---|
| leerlinge (de) | ученичка (ж) | [utʃenítʃka] |
| scholier (de) | ученик (м) | [utʃeník] |
| scholiere (de) | ученичка (ж) | [utʃenítʃka] |

| leren (lesgeven) | уча | [útʃa] |
|---|---|---|
| studeren (bijv. een taal ~) | уча | [útʃa] |
| van buiten leren | уча наизуст | [útʃa naizúst] |

| leren (bijv. ~ tellen) | уча се | [útʃa se] |
|---|---|---|
| in school zijn (schooljongen zijn) | ходя на училище | [hódʲa na utʃíliʃte] |
| naar school gaan | отивам на училище | [otívam na utʃíliʃte] |

| alfabet (het) | алфавит (м) | [alfavít] |
|---|---|---|
| vak (schoolvak) | предмет (м) | [predmét] |

| klaslokaal (het) | клас (м) | [klas] |
|---|---|---|
| les (de) | час (м) | [tʃas] |
| pauze (de) | междучасие (с) | [meʒdutʃásie] |
| bel (de) | звънец (м) | [zvənéts] |
| schooltafel (de) | чин (м) | [tʃin] |
| schoolbord (het) | дъска (ж) | [dəská] |

| cijfer (het) | бележка (ж) | [beléʃka] |
|---|---|---|
| goed cijfer (het) | добра оценка (ж) | [dobrá otsénka] |
| slecht cijfer (het) | лоша оценка (ж) | [lóʃa otsénka] |
| een cijfer geven | пиша оценка (ж) | [píʃa otsénka] |

| fout (de) | грешка (ж) | [gréʃka] |
|---|---|---|
| fouten maken | правя грешки | [právʲa gréʃki] |
| corrigeren (fouten ~) | поправям | [poprávʲam] |
| spiekbriefje (het) | пищов (м) | [piʃtóv] |

| huiswerk (het) | домашно (с) | [domáʃno] |
|---|---|---|
| oefening (de) | упражнение (с) | [upraʒnénie] |

| aanwezig zijn (ww) | присъствам | [priséstvam] |
|---|---|---|
| absent zijn (ww) | отсъствам | [otséstvam] |

| bestraffen (een stout kind ~) | наказвам | [nakázvam] |
|---|---|---|
| bestraffing (de) | наказание (с) | [nakazánie] |
| gedrag (het) | поведение (с) | [povedénie] |

| | | |
|---|---|---|
| cijferlijst (de) | дневник (м) | [dnévnik] |
| potlood (het) | молив (м) | [móliv] |
| gom (de) | гума (ж) | [gúma] |
| krijt (het) | тебешир (м) | [tebeʃír] |
| pennendoos (de) | несесер (м) | [nesesér] |

| | | |
|---|---|---|
| boekentas (de) | раница (ж) | [ránitsa] |
| pen (de) | химикалка (ж) | [himikálka] |
| schrift (de) | тетрадка (ж) | [tetrátka] |
| leerboek (het) | учебник (м) | [utʃébnik] |
| passer (de) | пергел (м) | [pergél] |

| | | |
|---|---|---|
| technisch tekenen (ww) | чертая | [tʃertája] |
| technische tekening (de) | чертеж (м) | [tʃertéʒ] |

| | | |
|---|---|---|
| gedicht (het) | стихотворение (с) | [stihotvorénie] |
| van buiten (bw) | наизуст | [naizúst] |
| van buiten leren | уча наизуст | [útʃa naizúst] |

| | | |
|---|---|---|
| vakantie (de) | ваканция (ж) | [vakántsija] |
| met vakantie zijn | във ваканция съм | [vəf vakántsija səm] |
| vakantie doorbrengen | прекарвам ваканция | [prekárvam vakántsija] |

| | | |
|---|---|---|
| toets (schriftelijke ~) | контролна работа (ж) | [kontrólna rábota] |
| opstel (het) | съчинение (с) | [sətʃinénie] |
| dictee (het) | диктовка (ж) | [diktófka] |
| examen (het) | изпит (м) | [íspit] |
| examen afleggen | полагам изпити | [polágam íspiti] |
| experiment (het) | опит (м) | [ópit] |

## 143. Hogeschool. Universiteit

| | | |
|---|---|---|
| academie (de) | академия (ж) | [akadémija] |
| universiteit (de) | университет (м) | [universitét] |
| faculteit (de) | факултет (м) | [fakultét] |

| | | |
|---|---|---|
| student (de) | студент (м) | [studént] |
| studente (de) | студентка (ж) | [studéntka] |
| leraar (de) | преподавател (м) | [prepodavátel] |

| | | |
|---|---|---|
| collegezaal (de) | аудитория (ж) | [auditórija] |
| afgestudeerde (de) | абсолвент (м) | [absolvént] |

| | | |
|---|---|---|
| diploma (het) | диплома (ж) | [díploma] |
| dissertatie (de) | дисертация (ж) | [disertátsija] |

| | | |
|---|---|---|
| onderzoek (het) | изследване (с) | [isslédvane] |
| laboratorium (het) | лаборатория (ж) | [laboratórija] |

| | | |
|---|---|---|
| college (het) | лекция (ж) | [léktsija] |
| medestudent (de) | състудент (м) | [səstudént] |

| | | |
|---|---|---|
| studiebeurs (de) | стипендия (ж) | [stipéndija] |
| academische graad (de) | научна степен (ж) | [naútʃna stépen] |

## 144. Wetenschappen. Disciplines

| | | |
|---|---|---|
| wiskunde (de) | математика (ж) | [matemátika] |
| algebra (de) | алгебра (ж) | [álgebra] |
| meetkunde (de) | геометрия (ж) | [geométrija] |
| astronomie (de) | астрономия (ж) | [astronómija] |
| biologie (de) | биология (ж) | [biológija] |
| geografie (de) | география (ж) | [geográfija] |
| geologie (de) | геология (ж) | [geológija] |
| geschiedenis (de) | история (ж) | [istórija] |
| geneeskunde (de) | медицина (ж) | [meditsína] |
| pedagogiek (de) | педагогика (ж) | [pedagógika] |
| rechten (mv.) | право (с) | [právo] |
| fysica, natuurkunde (de) | физика (ж) | [fízika] |
| scheikunde (de) | химия (ж) | [hímija] |
| filosofie (de) | философия (ж) | [filosófija] |
| psychologie (de) | психология (ж) | [psihológija] |

## 145. Schrift. Spelling

| | | |
|---|---|---|
| grammatica (de) | граматика (ж) | [gramátika] |
| vocabulaire (het) | лексика (ж) | [léksika] |
| fonetiek (de) | фонетика (ж) | [fonétika] |
| zelfstandig naamwoord (het) | съществително име (с) | [səʃtestvítelno íme] |
| bijvoeglijk naamwoord (het) | прилагателно име (с) | [prilagátelno íme] |
| werkwoord (het) | глагол (м) | [glagól] |
| bijwoord (het) | наречие (с) | [narétʃie] |
| voornaamwoord (het) | местоимение (с) | [mestoiménie] |
| tussenwerpsel (het) | междуметие (с) | [meʒdumétie] |
| voorzetsel (het) | предлог (м) | [predlók] |
| stam (de) | корен (м) на думата | [kóren na dúmata] |
| achtervoegsel (het) | окончание (с) | [okontʃánie] |
| voorvoegsel (het) | представка (ж) | [pretstáfka] |
| lettergreep (de) | сричка (ж) | [srítʃka] |
| achtervoegsel (het) | наставка (ж) | [nastáfka] |
| nadruk (de) | ударение (с) | [udarénie] |
| afkappingsteken (het) | апостроф (м) | [apostróf] |
| punt (de) | точка (ж) | [tótʃka] |
| komma (de/het) | запетая (ж) | [zapetája] |
| puntkomma (de) | точка (ж) и запетая | [tótʃka i zapetája] |
| dubbelpunt (de) | двоеточие (с) | [dvoetótʃie] |
| beletselteken (het) | многоточие (с) | [mnogotótʃie] |
| vraagteken (het) | въпросителен знак (м) | [vəprosítelen znák] |
| uitroepteken (het) | удивителна (ж) | [udivítelna] |

128

| aanhalingstekens (mv.) | кавички (мн) | [kavítʃki] |
| tussen aanhalingstekens (bw) | в кавички | [v kavítʃki] |
| haakjes (mv.) | скоби (ж мн) | [skóbi] |
| tussen haakjes (bw) | в скоби | [v skóbi] |

| streepje (het) | дефис (м) | [defís] |
| gedachtestreepje (het) | тире (с) | [tiré] |
| spatie | бяло поле (с) | [bʲálo polé] |
| (~ tussen twee woorden) | | |

| letter (de) | буква (ж) | [búkva] |
| hoofdletter (de) | главна буква (ж) | [glávna búkva] |

| klinker (de) | гласен звук (м) | [glásen zvuk] |
| medeklinker (de) | съгласен звук (м) | [səglásen zvuk] |

| zin (de) | изречение (с) | [izretʃénie] |
| onderwerp (het) | подлог (м) | [pódlok] |
| gezegde (het) | сказуемо (с) | [skazúemo] |

| regel (in een tekst) | ред (м) | [ret] |
| op een nieuwe regel (bw) | от нов ред | [ot nóv ret] |
| alinea (de) | абзац (м) | [abzáts] |

| woord (het) | дума (ж) | [dúma] |
| woordgroep (de) | словосъчетание (с) | [slovo·sətʃetánie] |
| uitdrukking (de) | израз (м) | [ízraz] |
| synoniem (het) | синоним (м) | [sinoním] |
| antoniem (het) | антоним (м) | [antoním] |

| regel (de) | правило (с) | [právilo] |
| uitzondering (de) | изключение (с) | [izklʲutʃénie] |
| correct (bijv. ~e spelling) | верен | [véren] |

| vervoeging, conjugatie (de) | спрежение (с) | [spreʒénie] |
| verbuiging, declinatie (de) | склонение (с) | [sklonénie] |
| naamval (de) | падеж (м) | [padéʒ] |
| vraag (de) | въпрос (м) | [vəprós] |
| onderstrepen (ww) | подчертая | [podtʃertája] |
| stippellijn (de) | пунктир (м) | [punktír] |

## 146. Vreemde talen

| taal (de) | език (м) | [ezík] |
| vreemd (bn) | чужд | [tʃuʒd] |
| vreemde taal (de) | чужд език (м) | [tʃuʒd ezík] |
| leren (bijv. van buiten ~) | изучавам | [izutʃávam] |
| studeren (Nederlands ~) | уча | [útʃa] |

| lezen (ww) | чета | [tʃeta] |
| spreken (ww) | говоря | [govórʲa] |
| begrijpen (ww) | разбирам | [razbíram] |
| schrijven (ww) | пиша | [píʃa] |
| snel (bw) | бързо | [bérzo] |

| langzaam (bw) | бавно | [bávno] |
| vloeiend (bw) | свободно | [svobódno] |

| regels (mv.) | правила (с мн) | [pravilá] |
| grammatica (de) | граматика (ж) | [gramátika] |
| vocabulaire (het) | лексика (ж) | [léksika] |
| fonetiek (de) | фонетика (ж) | [fonétika] |

| leerboek (het) | учебник (м) | [utʃébnik] |
| woordenboek (het) | речник (м) | [rétʃnik] |
| leerboek (het) voor zelfstudie | самоучител (м) | [samoutʃítel] |
| taalgids (de) | разговорник (м) | [razgovórnik] |

| cassette (de) | касета (ж) | [kaséta] |
| videocassette (de) | видеокасета (ж) | [video·kaséta] |
| CD (de) | CD диск (м) | [sidí disk] |
| DVD (de) | DVD (м) | [dividí] |

| alfabet (het) | алфавит (м) | [alfavít] |
| spellen (ww) | спелувам | [spelúvam] |
| uitspraak (de) | произношение (с) | [proiznoʃénie] |

| accent (het) | акцент (м) | [aktsént] |
| met een accent (bw) | с акцент | [s aktsént] |
| zonder accent (bw) | без акцент | [bez aktsént] |

| woord (het) | дума (ж) | [dúma] |
| betekenis (de) | смисъл (м) | [smísəl] |

| cursus (de) | курсове (м мн) | [kúrsove] |
| zich inschrijven (ww) | запиша се | [zapíʃa se] |
| leraar (de) | преподавател (м) | [prepodavátel] |

| vertaling (een ~ maken) | превод (м) | [prévot] |
| vertaling (tekst) | превод (м) | [prévot] |
| vertaler (de) | преводач (м) | [prevodátʃ] |
| tolk (de) | преводач (м) | [prevodátʃ] |

| polyglot (de) | полиглот (м) | [poliglót] |
| geheugen (het) | памет (ж) | [pámet] |

## 147. Sprookjesfiguren

| Sinterklaas (de) | Дядо Коледа | [dʲádo kóleda] |
| zeemeermin (de) | русалка (ж) | [rusálka] |

| magiër, tovenaar (de) | вълшебник (м) | [vəlʃébnik] |
| goede heks (de) | вълшебница (ж) | [vəlʃébnitsa] |
| magisch (bn) | вълшебен | [vəlʃében] |
| toverstokje (het) | вълшебна пръчица (ж) | [vəlʃébna prətʃitsa] |

| sprookje (het) | приказка (ж) | [príkaska] |
| wonder (het) | чудо (с) | [tʃúdo] |
| dwerg (de) | джудже (с) | [dʒudʒé] |

| | | |
|---|---|---|
| veranderen in ... (anders worden) | превърна се в ... | [prevérna se v] |
| geest (de) | привидение (c) | [prividénie] |
| spook (het) | призрак (м) | [prízrak] |
| monster (het) | чудовище (c) | [ʧudóviʃte] |
| draak (de) | ламя (ж) | [lamʲá] |
| reus (de) | великан (м) | [velikán] |

## 148. Dierenriem

| | | |
|---|---|---|
| Ram (de) | Овен (м) | [ovén] |
| Stier (de) | Телец (м) | [teléts] |
| Tweelingen (mv.) | Близнаци (м мн) | [bliznátsi] |
| Kreeft (de) | Рак (м) | [rak] |
| Leeuw (de) | Лъв (м) | [ləv] |
| Maagd (de) | Дева (ж) | [déva] |

| | | |
|---|---|---|
| Weegschaal (de) | Везни (ж мн) | [vezní] |
| Schorpioen (de) | Скорпион (м) | [skorpión] |
| Boogschutter (de) | Стрелец (м) | [streléts] |
| Steenbok (de) | Козирог (м) | [kózirok] |
| Waterman (de) | Водолей (м) | [vodoléj] |
| Vissen (mv.) | Риби (ж мн) | [ríbi] |

| | | |
|---|---|---|
| karakter (het) | характер (м) | [harákter] |
| karaktertrekken (mv.) | черти (ж мн) на характера | [ʧertí na haráktera] |
| gedrag (het) | поведение (c) | [povedénie] |
| waarzeggen (ww) | гледам | [glédam] |
| waarzegster (de) | гледачка (ж) | [gledáʧka] |
| horoscoop (de) | хороскоп (м) | [horoskóp] |

# Kunst

## 149. Theater

| theater (het) | театър (м) | [teátər] |
| opera (de) | опера (ж) | [ópera] |
| operette (de) | оперета (ж) | [operéta] |
| ballet (het) | балет (м) | [balét] |

| affiche (de/het) | афиш (м) | [afíʃ] |
| theatergezelschap (het) | трупа (ж) | [trúpa] |
| tournee (de) | гастроли (м мн) | [gastróli] |
| op tournee zijn | гастролирам | [gastrolíram] |
| repeteren (ww) | репетирам | [repetíram] |
| repetitie (de) | репетиция (ж) | [repetítsija] |
| repertoire (het) | репертоар (м) | [repertuár] |

| voorstelling (de) | представление (с) | [pretstavlénie] |
| spektakel (het) | спектакъл (м) | [spektákəl] |
| toneelstuk (het) | пиеса (ж) | [piésa] |

| biljet (het) | билет (м) | [bilét] |
| kassa (de) | билетна каса (ж) | [bilétna kása] |
| foyer (de) | хол (м) | [hol] |
| garderobe (de) | гардероб (м) | [garderóp] |
| garderobe nummer (het) | номерче (с) | [nómertʃe] |
| verrekijker (de) | бинокъл (м) | [binókəl] |
| plaatsaanwijzer (de) | контрольор (м) | [kontrolʲór] |

| parterre (de) | партер (м) | [párter] |
| balkon (het) | балкон (м) | [balkón] |
| gouden rang (de) | първи балкон (м) | [pǝrvi balkón] |
| loge (de) | ложа (ж) | [lóʒa] |
| rij (de) | ред (м) | [ret] |
| plaats (de) | място (с) | [mʲásto] |

| publiek (het) | публика (ж) | [públika] |
| kijker (de) | зрител (м) | [zrítel] |
| klappen (ww) | аплодирам | [aplodíram] |
| applaus (het) | аплодисменти (м мн) | [aplodisménti] |
| ovatie (de) | овации (ж мн) | [ovátsii] |

| toneel (op het ~ staan) | сцена (ж) | [stséna] |
| gordijn, doek (het) | завеса (ж) | [zavésa] |
| toneeldecor (het) | декорация (ж) | [dekorátsija] |
| backstage (de) | кулиси (ж мн) | [kulísi] |

| scène (de) | сцена (ж) | [stséna] |
| bedrijf (het) | действие (с) | [déjstvie] |
| pauze (de) | антракт (м) | [antrákt] |

## 150. Bioscoop

| | | |
|---|---|---|
| acteur (de) | актьор (м) | [aktjór] |
| actrice (de) | актриса (ж) | [aktrísa] |
| | | |
| bioscoop (de) | кино (с) | [kíno] |
| speelfilm (de) | филм (м) | [film] |
| aflevering (de) | серия (ж) | [sérija] |
| | | |
| detectivefilm (de) | детективски филм (м) | [detektífski film] |
| actiefilm (de) | екшън филм (м) | [ékʃən film] |
| avonturenfilm (de) | приключенски филм (м) | [prikl'utʃénski film] |
| sciencefictionfilm (de) | фантастичен филм (м) | [fantastítʃen film] |
| griezelfilm (de) | филм (м) на ужаси | [film na úʒasi] |
| | | |
| komedie (de) | кинокомедия (ж) | [kinokomédija] |
| melodrama (het) | мелодрама (ж) | [melodráma] |
| drama (het) | драма (ж) | [dráma] |
| | | |
| speelfilm (de) | игрален филм (м) | [igrálen film] |
| documentaire (de) | документален филм (м) | [dokumentálen film] |
| tekenfilm (de) | анимационен филм (м) | [animatsiónen film] |
| stomme film (de) | нямо кино (с) | [n'ámo kíno] |
| | | |
| rol (de) | роля (ж) | [ról'a] |
| hoofdrol (de) | главна роля (ж) | [glávna ról'a] |
| spelen (ww) | играя | [igrája] |
| | | |
| filmster (de) | кинозвезда (ж) | [kinozvezdá] |
| bekend (bn) | известен | [izvésten] |
| beroemd (bn) | прочут | [protʃút] |
| populair (bn) | популярен | [popul'áren] |
| | | |
| scenario (het) | сценарий (м) | [stsenárij] |
| scenarioschrijver (de) | сценарист (м) | [stsenaríst] |
| regisseur (de) | режисьор (м) | [reʒis'ór] |
| filmproducent (de) | продуцент (м) | [produtsént] |
| assistent (de) | асистент (м) | [asistént] |
| cameraman (de) | оператор (м) | [operátor] |
| stuntman (de) | каскадьор (м) | [kaskad'ór] |
| | | |
| een film maken | снимам филм | [snímam film] |
| auditie (de) | проби (ж мн) | [próbi] |
| opname (mv.) | снимане (с) | [snímane] |
| filmploeg (de) | снимачен екип (м) | [snimátʃen ekíp] |
| filmset (de) | снимачна площадка (ж) | [snimátʃna ploʃtátka] |
| filmcamera (de) | кинокамера (ж) | [kinokámera] |
| | | |
| bioscoop (de) | кинотеатър (м) | [kinoteátər] |
| scherm (het) | екран (м) | [ekrán] |
| een film vertonen | прожектирам филм | [proʒektíram film] |
| | | |
| geluidsspoor (de) | звукова пътека (ж) | [zvúkova pətéka] |
| speciale effecten (mv.) | специални ефекти (м мн) | [spetsiálni efékti] |
| ondertiteling (de) | субтитри (мн) | [suptítri] |

| voortiteling, aftiteling (de) | титри (мн) | [títri] |
| vertaling (de) | превод (м) | [prévot] |

## 151. Schilderij

| kunst (de) | изкуство (с) | [izkústvo] |
| schone kunsten (mv.) | изящни изкуства (с мн) | [iz'áʃtni iskústva] |
| kunstgalerie (de) | галерия (ж) | [galérija] |
| kunsttentoonstelling (de) | изложба (ж) на картини | [izlóʒba na kartíni] |

| schilderkunst (de) | живопис (м) | [ʒivopís] |
| grafiek (de) | графика (ж) | [gráfika] |
| abstracte kunst (de) | абстракционизъм (м) | [abstraktsionízəm] |
| impressionisme (het) | импресионизъм (м) | [impresionízəm] |

| schilderij (het) | картина (ж) | [kartína] |
| tekening (de) | рисунка (ж) | [risúnka] |
| poster (de) | постер (м) | [póster] |

| illustratie (de) | илюстрация (ж) | [il'ustrátsija] |
| miniatuur (de) | миниатюра (ж) | [miniat'úra] |
| kopie (de) | копие (с) | [kópie] |
| reproductie (de) | репродукция (ж) | [reprodúktsija] |

| mozaïek (het) | мозайка (ж) | [mozájka] |
| gebrandschilderd glas (het) | стъклопис (м) | [stəklopís] |
| fresco (het) | фреска (ж) | [fréska] |
| gravure (de) | гравюра (ж) | [grav'úra] |

| buste (de) | бюст (м) | [b'ust] |
| beeldhouwwerk (het) | скулптура (ж) | [skulptúra] |
| beeld (bronzen ~) | статуя (ж) | [státuja] |
| gips (het) | гипс (м) | [gips] |
| gipsen (bn) | от гипс | [ot gips] |

| portret (het) | портрет (м) | [portrét] |
| zelfportret (het) | автопортрет (м) | [aftoportrét] |
| landschap (het) | пейзаж (м) | [pejzáʒ] |
| stilleven (het) | натюрморт (м) | [nat'urmórt] |
| karikatuur (de) | карикатура (ж) | [karikatúra] |
| schets (de) | скица (ж) | [skítsa] |

| verf (de) | боя (ж) | [bojá] |
| aquarel (de) | акварел (м) | [akvarél] |
| olieverf (de) | маслени бои (ж мн) | [másleni boí] |
| potlood (het) | молив (м) | [móliv] |
| Oost-Indische inkt (de) | туш (м) | [tuʃ] |
| houtskool (de) | въглен (м) | [véglen] |

| tekenen (met krijt) | рисувам | [risúvam] |
| schilderen (ww) | рисувам | [risúvam] |

| poseren (ww) | позирам | [pozíram] |
| naaktmodel (man) | модел (м) | [modél] |

| naaktmodel (vrouw) | модел (м) | [modél] |
| kunstenaar (de) | художник (м) | [hudóʒnik] |
| kunstwerk (het) | произведение (с) | [proizvedénie] |
| meesterwerk (het) | шедьовър (м) | [ʃedʲóvər] |
| studio, werkruimte (de) | ателие (с) | [atelié] |

| schildersdoek (het) | платно (с) | [platnó] |
| schildersezel (de) | статив (м) | [statíf] |
| palet (het) | палитра (ж) | [palítra] |

| lijst (een vergulde ~) | рамка (ж) | [rámka] |
| restauratie (de) | реставрация (ж) | [restavrátsija] |
| restaureren (ww) | реставрирам | [restavríram] |

## 152. Literatuur & Poëzie

| literatuur (de) | литература (ж) | [literatúra] |
| auteur (de) | автор (м) | [áftor] |
| pseudoniem (het) | псевдоним (м) | [psevdoním] |

| boek (het) | книга (ж) | [kníga] |
| boekdeel (het) | том (м) | [tom] |
| inhoudsopgave (de) | съдържание (с) | [sədərʒánie] |
| pagina (de) | страница (ж) | [stránitsa] |
| hoofdpersoon (de) | главен герой (м) | [gláven gerój] |
| handtekening (de) | автограф (м) | [aftográf] |

| verhaal (het) | разказ (м) | [rázkaz] |
| novelle (de) | повест (ж) | [póvest] |
| roman (de) | роман (м) | [román] |
| werk (literatuur) | съчинение (с) | [sətʃinénie] |
| fabel (de) | басня (ж) | [básnʲa] |
| detectiveroman (de) | детективски роман (м) | [detektífski román] |

| gedicht (het) | стихотворение (с) | [stihotvorénie] |
| poëzie (de) | поезия (ж) | [poézija] |
| epos (het) | поема (ж) | [poéma] |
| dichter (de) | поет (м) | [poét] |

| fictie (de) | белетристика (ж) | [beletrístika] |
| sciencefiction (de) | научна фантастика (ж) | [naútʃna fantástika] |
| avonturenroman (de) | приключения (с мн) | [priklʲutʃénija] |
| opvoedkundige literatuur (de) | учебна литература (ж) | [utʃébna literatúra] |
| kinderliteratuur (de) | детска литература (ж) | [détska literatúra] |

## 153. Circus

| circus (de/het) | цирк (м) | [tsirk] |
| programma (het) | програма (ж) | [prográma] |
| voorstelling (de) | представление (с) | [pretstavlénie] |
| nummer (circus ~) | номер (м) | [nómer] |
| arena (de) | арена (ж) | [aréna] |

| | | |
|---|---|---|
| pantomime (de) | пантомима (ж) | [pantomíma] |
| clown (de) | клоун (м) | [klóun] |

| | | |
|---|---|---|
| acrobaat (de) | акробат (м) | [akrobát] |
| acrobatiek (de) | акробатика (ж) | [akrobátika] |
| gymnast (de) | гимнастик (м) | [gimnastík] |
| gymnastiek (de) | гимнастика (ж) | [gimnástika] |
| salto (de) | салто (с) | [sálto] |

| | | |
|---|---|---|
| sterke man (de) | атлет (м) | [atlét] |
| temmer (de) | укротител (м) | [ukrotítel] |
| ruiter (de) | ездач (м) | [ezdátʃ] |
| assistent (de) | асистент (м) | [asistént] |

| | | |
|---|---|---|
| stunt (de) | трик (м) | [trik] |
| goocheltruc (de) | фокус (м) | [fókus] |
| goochelaar (de) | фокусник (м) | [fókusnik] |

| | | |
|---|---|---|
| jongleur (de) | жонгльор (м) | [ʒongljór] |
| jongleren (ww) | жонглирам | [ʒonglíram] |
| dierentrainer (de) | дресьор (м) | [dresjór] |
| dressuur (de) | дресиране (с) | [dresírane] |
| dresseren (ww) | дресирам | [dresíram] |

## 154. Muziek. Popmuziek

| | | |
|---|---|---|
| muziek (de) | музика (ж) | [múzika] |
| muzikant (de) | музикант (м) | [muzikánt] |
| muziekinstrument (het) | музикален инструмент (м) | [muzikálen instrumént] |
| spelen (bijv. gitaar ~) | свиря на ... | [svírja na] |

| | | |
|---|---|---|
| gitaar (de) | китара (ж) | [kitára] |
| viool (de) | цигулка (ж) | [tsigúlka] |
| cello (de) | чело (с) | [tʃélo] |
| contrabas (de) | контрабас (м) | [kontrabás] |
| harp (de) | арфа (ж) | [árfa] |

| | | |
|---|---|---|
| piano (de) | пиано (с) | [piáno] |
| vleugel (de) | роял (м) | [rojál] |
| orgel (het) | орган (м) | [orgán] |

| | | |
|---|---|---|
| blaasinstrumenten (mv.) | духови инструменти (м мн) | [dúhovi instrum;énti] |
| hobo (de) | обой (м) | [obój] |
| saxofoon (de) | саксофон (м) | [saksofón] |
| klarinet (de) | кларнет (м) | [klarnét] |
| fluit (de) | флейта (ж) | [fléjta] |
| trompet (de) | тръба (ж) | [trəbá] |

| | | |
|---|---|---|
| accordeon (de/het) | акордеон (м) | [akordeón] |
| trommel (de) | барабан (м) | [barabán] |

| | | |
|---|---|---|
| duet (het) | дует (м) | [duét] |
| trio (het) | трио (с) | [trío] |
| kwartet (het) | квартет (м) | [kvartét] |

| koor (het) | хор (м) | [hor] |
| orkest (het) | оркестър (м) | [orkéstər] |

| popmuziek (de) | поп музика (ж) | [pop múzika] |
| rockmuziek (de) | рок музика (ж) | [rok múzika] |
| rockgroep (de) | рок-група (ж) | [rok-grúpa] |
| jazz (de) | джаз (м) | [dʒaz] |

| idool (het) | кумир (м) | [kumír] |
| bewonderaar (de) | почитател (м) | [potʃitátel] |

| concert (het) | концерт (м) | [kontsért] |
| symfonie (de) | симфония (ж) | [simfónija] |
| compositie (de) | съчинение (с) | [sətʃinénie] |
| componeren (muziek ~) | съчинявам | [sətʃinʲávam] |

| zang (de) | пеене (с) | [péene] |
| lied (het) | песен (ж) | [pésen] |
| melodie (de) | мелодия (ж) | [melódija] |
| ritme (het) | ритъм (м) | [rítəm] |
| blues (de) | блус (м) | [blus] |

| bladmuziek (de) | ноти (ж мн) | [nóti] |
| dirigeerstok (baton) | диригентска палка (ж) | [dirigénska pálka] |
| strijkstok (de) | лък (м) | [lək] |
| snaar (de) | струна (ж) | [strúna] |
| koffer (de) | калъф (м) | [kaléf] |

# Rusten. Entertainment. Reizen

## 155. Trip. Reizen

| | | |
|---|---|---|
| toerisme (het) | туризъм (м) | [turízəm] |
| toerist (de) | турист (м) | [turíst] |
| reis (de) | пътешествие (c) | [pəteʃéstvie] |
| avontuur (het) | приключение (c) | [priklʲutʃénie] |
| tocht (de) | пътуване (c) | [pətúvane] |
| | | |
| vakantie (de) | отпуска (ж) | [ótpuska] |
| met vakantie zijn | бъда в отпуска | [bǽda v ótpuska] |
| rust (de) | почивка (ж) | [potʃífka] |
| | | |
| trein (de) | влак (м) | [vlak] |
| met de trein | с влак | [s vlak] |
| vliegtuig (het) | самолет (м) | [samolét] |
| met het vliegtuig | със самолет | [səs samolét] |
| met de auto | с кола | [s kolá] |
| per schip (bw) | с кораб | [s kórap] |
| | | |
| bagage (de) | багаж (м) | [bagáʃ] |
| valies (de) | куфар (м) | [kúfar] |
| bagagekarretje (het) | количка (ж) за багаж | [kolítʃka za bagáʃ] |
| | | |
| paspoort (het) | паспорт (м) | [paspórt] |
| visum (het) | виза (ж) | [víza] |
| kaartje (het) | билет (м) | [bilét] |
| vliegticket (het) | самолетен билет (м) | [samoléten bilét] |
| | | |
| reisgids (de) | пътеводител (м) | [pətevodítel] |
| kaart (de) | карта (ж) | [kárta] |
| gebied (landelijk ~) | местност (ж) | [méstnost] |
| plaats (de) | място (c) | [mʲásto] |
| | | |
| exotische bestemming (de) | екзотика (ж) | [ekzótika] |
| exotisch (bn) | екзотичен | [ekzotítʃen] |
| verwonderlijk (bn) | удивителен | [udivítelen] |
| | | |
| groep (de) | група (ж) | [grúpa] |
| rondleiding (de) | екскурзия (ж) | [ekskúrzija] |
| gids (de) | гид (м) | [git] |

## 156. Hotel

| | | |
|---|---|---|
| hotel (het) | хотел (м) | [hotél] |
| motel (het) | мотел (м) | [motél] |
| 3-sterren | три звезди | [tri zvezdí] |

| 5-sterren | пет звезди | [pet zvezdí] |
|---|---|---|
| overnachten (ww) | отсядам | [otsʲádam] |

| kamer (de) | стая (ж) в хотел | [stája f hotél] |
|---|---|---|
| eenpersoonskamer (de) | еднинична стая (ж) | [edinítʃna stája] |
| tweepersoonskamer (de) | двойна стая (ж) | [dvójna stája] |
| een kamer reserveren | резервирам стая | [rezervíram stája] |

| halfpension (het) | полупансион (м) | [polupansión] |
|---|---|---|
| volpension (het) | пълен пансион (м) | [pélen pansión] |

| met badkamer | с баня | [s bánʲa] |
|---|---|---|
| met douche | с душ | [s duʃ] |
| satelliet-tv (de) | сателитна телевизия (ж) | [satelítna televízija] |
| airconditioner (de) | климатик (м) | [klimatík] |
| handdoek (de) | кърпа (ж) | [kérpa] |
| sleutel (de) | ключ (м) | [klʲutʃ] |

| administrateur (de) | администратор (м) | [administrátor] |
|---|---|---|
| kamermeisje (het) | камериерка (ж) | [kameriérka] |
| piccolo (de) | носач (м) | [nosátʃ] |
| portier (de) | портиер (м) | [portiér] |

| restaurant (het) | ресторант (м) | [restoránt] |
|---|---|---|
| bar (de) | бар (м) | [bar] |
| ontbijt (het) | закуска (ж) | [zakúska] |
| avondeten (het) | вечеря (ж) | [vetʃérʲa] |
| buffet (het) | шведска маса (ж) | [ʃvétska mása] |

| hal (de) | вестибюл (м) | [vestibʲúl] |
|---|---|---|
| lift (de) | асансьор (м) | [asansʲór] |

| NIET STOREN | НЕ МЕ БЕЗПОКОЙТЕ! | [ne me bespokójte] |
|---|---|---|
| VERBODEN TE ROKEN! | ПУШЕНЕТО ЗАБРАНЕНО! | [puʃenéto zabráneno] |

## 157. Boeken. Lezen

| boek (het) | книга (ж) | [kníga] |
|---|---|---|
| auteur (de) | автор (м) | [áftor] |
| schrijver (de) | писател (м) | [pisátel] |
| schrijven (een boek) | напиша | [napíʃa] |

| lezer (de) | читател (м) | [tʃitátel] |
|---|---|---|
| lezen (ww) | чета | [tʃeta] |
| lezen (het) | четене (с) | [tʃétene] |

| stil (~ lezen) | на ум | [na úm] |
|---|---|---|
| hardop (~ lezen) | на глас | [na glás] |

| uitgeven (boek ~) | издавам | [izdávam] |
|---|---|---|
| uitgeven (het) | издание (с) | [izdánie] |
| uitgever (de) | издател (м) | [izdátel] |
| uitgeverij (de) | издателство (с) | [izdátelstvo] |
| verschijnen (bijv. boek) | излизам | [izlízam] |

| | | |
|---|---|---|
| verschijnen (het) | излизане (с) | [izlízane] |
| oplage (de) | тираж (м) | [tiráʒ] |
| boekhandel (de) | книжарница (ж) | [kniʒárnitsa] |
| bibliotheek (de) | библиотека (ж) | [bibliotéka] |
| novelle (de) | повест (ж) | [póvest] |
| verhaal (het) | разказ (м) | [rázkaz] |
| roman (de) | роман (м) | [román] |
| detectiveroman (de) | детективски роман (м) | [detektífski román] |
| memoires (mv.) | мемоари (мн) | [memoári] |
| legende (de) | легенда (ж) | [legénda] |
| mythe (de) | мит (м) | [mit] |
| gedichten (mv.) | стихове (м мн) | [stihové] |
| autobiografie (de) | автобиография (ж) | [aftobiográfija] |
| bloemlezing (de) | избрани съчинения | [izbráni sətʃinénija] |
| sciencefiction (de) | фантастика (ж) | [fantástika] |
| naam (de) | название (с) | [nazvánie] |
| inleiding (de) | въведение (с) | [vəvedénie] |
| voorblad (het) | заглавна страница (ж) | [zaglávna stránitsa] |
| hoofdstuk (het) | глава (ж) | [glavá] |
| fragment (het) | откъс (м) | [ótkəs] |
| episode (de) | епизод (м) | [epizót] |
| intrige (de) | сюжет (м) | [sʲuʒét] |
| inhoud (de) | съдържание (с) | [sədərʒánie] |
| hoofdpersonage (het) | главен герой (м) | [gláven gerój] |
| boekdeel (het) | том (м) | [tom] |
| omslag (de/het) | корица (ж) | [korítsa] |
| boekband (de) | подвързия (ж) | [podvərzíja] |
| bladwijzer (de) | маркер (м) | [márker] |
| pagina (de) | страница (ж) | [stránitsa] |
| bladeren (ww) | прелиствам | [prelístvam] |
| marges (mv.) | полета (с мн) | [poléta] |
| annotatie (de) | бележка (ж) | [beléʃka] |
| opmerking (de) | забележка (ж) | [zabeléʃka] |
| tekst (de) | текст (м) | [tekst] |
| lettertype (het) | шрифт (м) | [ʃrift] |
| drukfout (de) | печатна грешка (ж) | [petʃátna gréʃka] |
| vertaling (de) | превод (м) | [prévot] |
| vertalen (ww) | превеждам | [prevéʒdam] |
| origineel (het) | оригинал (м) | [originál] |
| beroemd (bn) | прочут | [protʃút] |
| onbekend (bn) | неизвестен | [neizvésten] |
| interessant (bn) | интересен | [interésen] |
| bestseller (de) | бестселър (м) | [bestsélər] |
| woordenboek (het) | речник (м) | [rétʃnik] |

leerboek (het)     учебник (м)     [utʃébnik]
encyclopedie (de)     енциклопедия (ж)     [entsiklopédija]

## 158. Jacht. Vissen

jacht (de)     лов (м)     [lov]
jagen (ww)     ловувам     [lovúvam]
jager (de)     ловец (м)     [lovéts]

schieten (ww)     стрелям     [strélʲam]
geweer (het)     пушка (ж)     [púʃka]
patroon (de)     патрон (м)     [patrón]
hagel (de)     сачма (ж)     [satʃmá]

val (de)     капан (м)     [kapán]
valstrik (de)     примка (ж)     [prímka]
een val zetten     залагам капан     [zalágam kapán]

stroper (de)     бракониер (м)     [brakoniér]
wild (het)     дивеч (ж)     [dívetʃ]
jachthond (de)     ловно куче (с)     [lóvno kútʃe]
safari (de)     сафари (с)     [safári]
opgezet dier (het)     препарирано животно (с)     [preparírano ʒivótno]

visser (de)     рибар (м)     [ribár]
visvangst (de)     риболов (м)     [ribolóv]
vissen (ww)     ловя риба     [lovʲá ríba]
hengel (de)     въдица (ж)     [véditsa]
vislijn (de)     месина (ж)     [mesína]
haak (de)     кука (ж)     [kúka]
dobber (de)     плувка (ж)     [plúfka]
aas (het)     стръв (ж)     [strəv]

de hengel uitwerpen     хвърлям въдица     [hvə́rlʲam véditsa]
bijten (ov. de vissen)     кълва     [kəlvá]
vangst (de)     улов (м)     [úlof]
wak (het)     дупка (ж) в леда     [dúpka v ledá]

net (het)     мрежа (ж)     [mréʒa]
boot (de)     лодка (ж)     [lótka]
vissen met netten     ловя с мрежа     [lovʲá s mréʒa]
het net uitwerpen     хвърлям мрежа     [hvə́rlʲam mréʒa]
het net binnenhalen     изваждам мрежа     [izváʒdam mréʒa]

walvisvangst (de)     китоловец (м)     [kitolóvets]
walvisvaarder (de)     китоловен кораб (м)     [kitolóven kórap]
harpoen (de)     харпун (м)     [harpún]

## 159. Spellen. Biljart

biljart (het)     билярд (м)     [bilʲárt]
biljartzaal (de)     билярдна зала (ж)     [bilʲárdna zála]

| | | |
|---|---|---|
| biljartbal (de) | билярдна топка (ж) | [bilʲárdna tópka] |
| een bal in het gat jagen | вкарам топка | [fkáram tópka] |
| keu (de) | щека (ж) | [ʃtéka] |
| gat (het) | дупка (ж) | [dúpka] |

## 160. Spellen. Speelkaarten

| | | |
|---|---|---|
| ruiten (mv.) | каро (с) | [karó] |
| schoppen (mv.) | пики (ж мн) | [píki] |
| klaveren (mv.) | купи (ж мн) | [kúpi] |
| harten (mv.) | спатии (ж мн) | [spatíi] |
| aas (de) | асо (с) | [asó] |
| koning (de) | поп (м) | [pop] |
| dame (de) | дама (ж) | [dáma] |
| boer (de) | вале (м) | [valé] |
| speelkaart (de) | карта (ж) | [kárta] |
| kaarten (mv.) | карти (ж мн) | [kárti] |
| troef (de) | коз (м) | [kos] |
| pak (het) kaarten | тесте (с) | [testé] |
| uitdelen (kaarten ~) | раздавам | [razdávam] |
| schudden (de kaarten ~) | размесвам | [razmésvam] |
| beurt (de) | ход (м) | [hot] |
| valsspeler (de) | шмекер (м) | [ʃméker] |

## 161. Casino. Roulette

| | | |
|---|---|---|
| casino (het) | казино (с) | [kazíno] |
| roulette (de) | рулетка (ж) | [rulétka] |
| inzet (de) | залагане (с) | [zalágane] |
| een bod doen | залагам | [zalágam] |
| rood (de) | червено (с) | [tʃervéno] |
| zwart (de) | черно (с) | [tʃérno] |
| inzetten op rood | залагам на червено | [zalágam na tʃervéno] |
| inzetten op zwart | залагам на черно | [zalágam na tʃérno] |
| croupier (de) | крупие (с) | [krupié] |
| de cilinder draaien | въртя барабан | [vərtʲá barabán] |
| spelregels (mv.) | правила (с мн) на игра | [pravilá na igrá] |
| fiche (pokerfiche, etc.) | пул (м) | [pul] |
| winnen (ww) | спечеля | [spetʃélʲa] |
| winst (de) | печалба (ж) | [petʃálba] |
| verliezen (ww) | загубя | [zagúbʲa] |
| verlies (het) | загуба (ж) | [záguba] |
| speler (de) | играч (м) | [igrátʃ] |
| blackjack (kaartspel) | блекджек (м) | [blekdʒék] |

| dobbelspel (het) | игра (ж) на зарове | [igrá na zárove] |
| speelautomaat (de) | игрален автомат (м) | [igrálen aftomát] |

## 162. Rusten. Spellen. Diversen

| wandelen (on.ww.) | разхождам се | [rashóʒdam se] |
| wandeling (de) | разходка (ж) | [rashótka] |
| trip (per auto) | пътуване (с) | [pətúvane] |
| avontuur (het) | приключение (с) | [priklʲutʃénie] |
| picknick (de) | пикник (м) | [píknik] |

| spel (het) | игра (ж) | [igrá] |
| speler (de) | играч (м) | [igrátʃ] |
| partij (de) | партия (ж) | [pártija] |

| collectioneur (de) | колекционер (м) | [kolektsionér] |
| collectioneren (ww) | колекционирам | [kolektsioníram] |
| collectie (de) | колекция (ж) | [koléktsija] |

| kruiswoordraadsel (het) | кръстословица (ж) | [krəstoslóvitsa] |
| hippodroom (de) | хиподрум (м) | [hipodrúm] |
| discotheek (de) | дискотека (ж) | [diskotéka] |

| sauna (de) | сауна (ж) | [sáuna] |
| loterij (de) | лотария (ж) | [lotárija] |

| trektocht (kampeertocht) | поход (м) | [póhot] |
| kamp (het) | лагер (м) | [láger] |
| tent (de) | палатка (ж) | [palátka] |
| kompas (het) | компас (м) | [kompás] |
| rugzaktoerist (de) | турист (м) | [turíst] |

| bekijken (een film ~) | гледам | [glédam] |
| kijker (televisie~) | телезрител (м) | [telezrítel] |
| televisie-uitzending (de) | телевизионно предаване (с) | [televiziónno predávane] |

## 163. Fotografie

| fotocamera (de) | фотоапарат (м) | [fotoaparát] |
| foto (de) | снимка (ж) | [snímka] |

| fotograaf (de) | фотограф (м) | [fotográf] |
| fotostudio (de) | фотостудио (с) | [fotostúdio] |
| fotoalbum (het) | фотоалбум (м) | [fotoalbúm] |

| lens (de), objectief (het) | обектив (м) | [obektív] |
| telelens (de) | телеобектив (м) | [teleobektíf] |
| filter (de/het) | филтър (м) | [fíltər] |
| lens (de) | леща (ж) | [léʃta] |
| optiek (de) | оптика (ж) | [óptika] |
| diafragma (het) | диафрагма (ж) | [diafrágma] |

| belichtingstijd (de) | експозиция (ж) | [ekspozítsija] |
| zoeker (de) | визьор (м) | [vizʲór] |

| digitale camera (de) | цифрова камера (ж) | [tsífrova kámera] |
| statief (het) | статив (м) | [statíf] |
| flits (de) | светкавица (ж) | [svetkávitsa] |

| fotograferen (ww) | снимам | [snímam] |
| foto's maken | снимам | [snímam] |
| zich laten fotograferen | снимам се | [snímam se] |

| focus (de) | фокус (м) | [fókus] |
| scherpstellen (ww) | нагласявам рязкост | [naglasʲávam rʲáskost] |
| scherp (bn) | рязък | [rʲázək] |
| scherpte (de) | рязкост (ж) | [rʲáskost] |

| contrast (het) | контраст (м) | [kontrást] |
| contrastrijk (bn) | контрастен | [kontrásten] |

| kiekje (het) | снимка (ж) | [snímka] |
| negatief (het) | негатив (м) | [negatíf] |
| filmpje (het) | фотолента (ж) | [fotolénta] |
| beeld (frame) | кадър (м) | [kádər] |
| afdrukken (foto's ~) | печатам | [petʃátam] |

## 164. Strand. Zwemmen

| strand (het) | плаж (м) | [plaʒ] |
| zand (het) | пясък (м) | [pʲásək] |
| leeg (~ strand) | пустинен | [pustínen] |

| bruine kleur (de) | тен (м) | [ten] |
| zonnebaden (ww) | пека се | [peká se] |
| gebruind (bn) | почернял | [potʃernʲál] |
| zonnecrème (de) | крем (м) за тен | [krem za ten] |

| bikini (de) | бикини (мн) | [bikíni] |
| badpak (het) | бански костюм (м) | [bánski kostʲúm] |
| zwembroek (de) | плувки (мн) | [plúfki] |

| zwembad (het) | басейн (м) | [baséjn] |
| zwemmen (ww) | плувам | [plúvam] |
| douche (de) | душ (м) | [duʃ] |
| zich omkleden (ww) | преобличам се | [preoblítʃam se] |
| handdoek (de) | кърпа (ж) | [kérpa] |

| boot (de) | лодка (ж) | [lótka] |
| motorboot (de) | катер (м) | [káter] |

| waterski's (mv.) | водни ски (мн) | [vódni ski] |
| waterfiets (de) | водно колело (с) | [vódno koleló] |
| surfen (het) | сърфинг (м) | [sérfing] |
| surfer (de) | сърфист (м) | [sərfíst] |
| scuba, aqualong (de) | акваланг (м) | [akvaláng] |

| | | |
|---|---|---|
| zwemvliezen (mv.) | плавници (ж мн) | [plávnitsi] |
| duikmasker (het) | маска (ж) | [máska] |
| duiker (de) | гмуркач (м) | [gmurkátʃ] |
| duiken (ww) | гмуркам се | [gmúrkam se] |
| onder water (bw) | под вода | [pot vodá] |
| | | |
| parasol (de) | чадър (м) | [tʃadér] |
| ligstoel (de) | шезлонг (м) | [ʃezlóng] |
| zonnebril (de) | очила (мн) | [otʃilá] |
| luchtmatras (de/het) | плажен дюшек (м) | [plaʒén dʲuʃék] |
| | | |
| spelen (ww) | играя | [igrája] |
| gaan zwemmen (ww) | къпя се | [képʲa se] |
| | | |
| bal (de) | топка (ж) | [tópka] |
| opblazen (oppompen) | надувам | [nadúvam] |
| lucht-, opblaasbare (bn) | надуваем | [naduváem] |
| | | |
| golf (hoge ~) | вълна (ж) | [vəlná] |
| boei (de) | шамандура (ж) | [ʃamandúra] |
| verdrinken (ww) | давя се | [dávʲa se] |
| | | |
| redden (ww) | спасявам | [spasʲávam] |
| reddingsvest (de) | спасителна жилетка (ж) | [spasítelna ʒilétka] |
| waarnemen (ww) | наблюдавам | [nablʲudávam] |
| redder (de) | спасител (м) | [spasítel] |

# TECHNISCHE APPARATUUR. VERVOER

## Technische apparatuur

### 165. Computer

| | | |
|---|---|---|
| computer (de) | компютър (м) | [kompʲútər] |
| laptop (de) | лаптоп (м) | [laptóp] |
| | | |
| aanzetten (ww) | включа | [fklʲútʃa] |
| uitzetten (ww) | изключа | [isklʲútʃa] |
| | | |
| toetsenbord (het) | клавиатура (ж) | [klaviatúra] |
| toets (enter~) | клавиш (м) | [klavíʃ] |
| muis (de) | мишка (ж) | [míʃka] |
| muismat (de) | подложка (ж) за мишка | [podlóʃka za míʃka] |
| | | |
| knopje (het) | бутон (м) | [butón] |
| cursor (de) | курсор (м) | [kursór] |
| | | |
| monitor (de) | монитор (м) | [monítor] |
| scherm (het) | екран (м) | [ekrán] |
| | | |
| harde schijf (de) | твърд диск (м) | [tvérd dísk] |
| volume (het) | капацитет (м) | [kapatsitét |
| van de harde schijf | на твърдия диск | na tvérdija disk] |
| geheugen (het) | памет (ж) | [pámet] |
| RAM-geheugen (het) | оперативна памет (ж) | [operatsiónna pámet] |
| | | |
| bestand (het) | файл (м) | [fajl] |
| folder (de) | папка (ж) | [pápka] |
| openen (ww) | отворя | [otvórʲa] |
| sluiten (ww) | затворя | [zatvórʲa] |
| | | |
| opslaan (ww) | съхраня | [səhranʲá] |
| verwijderen (wissen) | изтрия | [istríja] |
| kopiëren (ww) | копирам | [kopíram] |
| sorteren (ww) | сортирам | [sortíram] |
| overplaatsen (ww) | копира | [kopíra] |
| | | |
| programma (het) | програма (ж) | [prográma] |
| software (de) | софтуер (м) | [softuér] |
| programmeur (de) | програмист (м) | [programíst] |
| programmeren (ww) | програмирам | [programíram] |
| | | |
| hacker (computerkraker) | хакер (м) | [háker] |
| wachtwoord (het) | парола (ж) | [paróla] |
| virus (het) | вирус (м) | [vírus] |
| ontdekken (virus ~) | намеря | [namérʲa] |

| | | |
|---|---|---|
| byte (de) | байт (м) | [bajt] |
| megabyte (de) | мегабайт (м) | [megabájt] |
| | | |
| data (de) | данни (мн) | [dánni] |
| databank (de) | база (ж) данни | [báza dánni] |
| | | |
| kabel (USB-~, enz.) | кабел (м) | [kábel] |
| afsluiten (ww) | разединя | [razedin'á] |
| aansluiten op (ww) | съединя | [səedin'á] |

## 166. Internet. E-mail

| | | |
|---|---|---|
| internet (het) | интернет (м) | [internét] |
| browser (de) | браузър (м) | [bráuzər] |
| zoekmachine (de) | търсачка (ж) | [tərsátʃka] |
| internetprovider (de) | интернет доставчик (м) | [ínternet dostáftʃik] |
| | | |
| webmaster (de) | уеб майстор (м) | [web májstor] |
| website (de) | уеб сайт (м) | [web sajt] |
| webpagina (de) | уеб страница (ж) | [web stránitsa] |
| | | |
| adres (het) | адрес (м) | [adrés] |
| adresboek (het) | адресна книга (ж) | [adrésna kníga] |
| | | |
| postvak (het) | пощенска кутия (ж) | [póʃtenska kutíja] |
| post (de) | поща (ж) | [póʃta] |
| vol (~ postvak) | препълнен | [prepélnen] |
| | | |
| bericht (het) | съобщение (с) | [səobʃténie] |
| binnenkomende berichten (mv.) | входящи съобщения (с мн) | fhod'áʃti səobʃténija] |
| uitgaande berichten (mv.) | изходящи съобщения (с мн) | [ishod'áʃti səobʃténija] |
| verzender (de) | подател (м) | [podátel] |
| verzenden (ww) | изпратя | [isprát'a] |
| verzending (de) | изпращане (с) | [ispráʃtane] |
| | | |
| ontvanger (de) | получател (м) | [polutʃátel] |
| ontvangen (ww) | получа | [polútʃa] |
| | | |
| correspondentie (de) | кореспонденция (ж) | [korespondéntsija] |
| corresponderen (met ...) | кореспондирам | [korespondíram] |
| | | |
| bestand (het) | файл (м) | [fajl] |
| downloaden (ww) | свалям | [svál'am] |
| creëren (ww) | създам | [səzdám] |
| verwijderen (een bestand ~) | изтрия | [istríja] |
| verwijderd (bn) | изтрит | [istrít] |
| | | |
| verbinding (de) | връзка (ж) | [vréska] |
| snelheid (de) | скорост (ж) | [skórost] |
| modem (de) | модем (м) | [modém] |
| toegang (de) | достъп (м) | [dóstəp] |
| poort (de) | порт (м) | [port] |
| aansluiting (de) | връзка (ж) | [vréska] |

| | | |
|---|---|---|
| zich aansluiten (ww) | се свържа с ... | [se svárʒa s] |
| selecteren (ww) | избера | [izberá] |
| zoeken (ww) | търся | [térsʲa] |

## 167. Elektriciteit

| | | |
|---|---|---|
| elektriciteit (de) | електричество (c) | [elektrítʃestvo] |
| elektrisch (bn) | електрически | [elektrítʃeski] |
| elektriciteitscentrale (de) | електроцентрала (ж) | [elektro·tsentrála] |
| energie (de) | енергия (ж) | [enérgija] |
| elektrisch vermogen (het) | електроенергия (ж) | [elektro·enérgija] |
| lamp (de) | крушка (ж) | [krúʃka] |
| zaklamp (de) | фенер (м) | [fenér] |
| straatlantaarn (de) | фенер (м) | [fenér] |
| licht (elektriciteit) | електричество (c) | [elektrítʃestvo] |
| aandoen (ww) | включвам | [fklʲútʃvam] |
| uitdoen (ww) | изключвам | [isklʲútʃvam] |
| het licht uitdoen | изключвам ток | [isklʲútʃvam tok] |
| doorbranden (gloeilamp) | прегоря | [pregorʲá] |
| kortsluiting (de) | късо съединение (c) | [késo səedinénie] |
| onderbreking (de) | прекъсване (c) | [prekésvane] |
| contact (het) | контакт (м) | [kontákt] |
| schakelaar (de) | изключвател (м) | [izklʲutʃvátel] |
| stopcontact (het) | контакт (м) | [kontákt] |
| stekker (de) | щепсел (м) | [ʃtépsel] |
| verlengsnoer (de) | удължител (м) | [udəʒítel] |
| zekering (de) | предпазител (м) | [predpázitel] |
| kabel (de) | кабел (м) | [kábel] |
| bedrading (de) | инсталация (ж) | [instalátsija] |
| ampère (de) | ампер (м) | [ampér] |
| stroomsterkte (de) | сила (ж) на тока | [síla na tóka] |
| volt (de) | волт (м) | [volt] |
| spanning (de) | напрежение (c) | [napreʒénie] |
| elektrisch toestel (het) | електроуред (м) | [elektroúret] |
| indicator (de) | индикатор (м) | [indikátor] |
| elektricien (de) | електротехник (м) | [elektrotehník] |
| solderen (ww) | запоявам | [zapojávam] |
| soldeerbout (de) | поялник (м) | [pojálnik] |
| stroom (de) | ток (м) | [tok] |

## 168. Gereedschappen

| | | |
|---|---|---|
| werktuig (stuk gereedschap) | инструмент (м) | [instrumént] |
| gereedschap (het) | инструменти (м мн) | [instruménti] |

| | | |
|---|---|---|
| uitrusting (de) | оборудване (c) | [oborúdvane] |
| hamer (de) | чук (м) | [tʃuk] |
| schroevendraaier (de) | отвертка (ж) | [otvértka] |
| bijl (de) | брадва (ж) | [brádva] |

| | | |
|---|---|---|
| zaag (de) | трион (м) | [trión] |
| zagen (ww) | режа с трион | [réʒa s trión] |
| schaaf (de) | ренде (c) | [rendé] |
| schaven (ww) | рендосвам | [rendósvam] |
| soldeerbout (de) | поялник (м) | [pojálnik] |
| solderen (ww) | запоявам | [zapojávam] |

| | | |
|---|---|---|
| vijl (de) | пила (ж) | [pilá] |
| nijptang (de) | клещи (мн) | [kléʃti] |
| combinatietang (de) | плоски клещи (мн) | [plóski kléʃti] |
| beitel (de) | длето (c) | [dletó] |

| | | |
|---|---|---|
| boorkop (de) | свредел (c) | [svredél] |
| boormachine (de) | дрелка (ж) | [drélka] |
| boren (ww) | пробивам с дрелка | [probívam s drélka] |

| | | |
|---|---|---|
| mes (het) | нож (м) | [noʒ] |
| zakmes (het) | сгъваем нож (м) | [sgɐváem noʒ] |
| lemmet (het) | острие (c) | [ostrié] |

| | | |
|---|---|---|
| scherp (bijv. ~ mes) | остър | [óstər] |
| bot (bn) | тъп | [təp] |
| bot raken (ww) | затъпявам се | [zatəpʲávam se] |
| slijpen (een mes ~) | точа | [tótʃa] |

| | | |
|---|---|---|
| bout (de) | болт (м) | [bolt] |
| moer (de) | гайка (ж) | [gájka] |
| schroefdraad (de) | резба (ж) | [rezbá] |
| houtschroef (de) | винт (м) | [vint] |

| | | |
|---|---|---|
| spijker (de) | пирон (м) | [pirón] |
| kop (de) | глава (ж) | [glavá] |

| | | |
|---|---|---|
| liniaal (de/het) | линийка (ж) | [línijka] |
| rolmeter (de) | рулетка (ж) | [rulétka] |
| waterpas (de/het) | нивелир (c) | [nivelír] |
| loep (de) | лупа (ж) | [lúpa] |

| | | |
|---|---|---|
| meetinstrument (het) | измервателен уред (м) | [izmervátelen úret] |
| opmeten (ww) | измервам | [izmérvam] |
| schaal (meetschaal) | скала (ж) | [skála] |
| gegevens (mv.) | показание (c) | [pokazánie] |

| | | |
|---|---|---|
| compressor (de) | компресор (м) | [komprésor] |
| microscoop (de) | микроскоп (м) | [mikroskóp] |

| | | |
|---|---|---|
| pomp (de) | помпа (ж) | [pómpa] |
| robot (de) | робот (м) | [robót] |
| laser (de) | лазер (м) | [lázer] |
| moersleutel (de) | гаечен ключ (м) | [gáetʃen klʲutʃ] |
| plakband (de) | тиксо (c) | [tíkso] |

| | | |
|---|---|---|
| lijm (de) | лепило (с) | [lepílo] |
| schuurpapier (het) | шмиргелова хартия (ж) | [ʃmírgelova hartíja] |
| veer (de) | пружина (ж) | [pruʒína] |
| magneet (de) | магнит (м) | [magnít] |
| handschoenen (mv.) | ръкавици (ж мн) | [rəkavítsi] |

| | | |
|---|---|---|
| touw (bijv. henneptouw) | въже (с) | [vəʒé] |
| snoer (het) | шнур (м) | [ʃnur] |
| draad (de) | кабел (м) | [kábel] |
| kabel (de) | кабел (м) | [kábel] |

| | | |
|---|---|---|
| moker (de) | боен чук (м) | [bóen ʧuk] |
| breekijzer (het) | лом (м) | [lom] |
| ladder (de) | стълба (ж) | [stálba] |
| trapje (inklapbaar ~) | подвижна стълба (ж) | [podvíʒna stálba] |

| | | |
|---|---|---|
| aanschroeven (ww) | завъртам | [zavártam] |
| losschroeven (ww) | отвъртам | [otvártam] |
| dichtpersen (ww) | притискам | [pritískam] |
| vastlijmen (ww) | залепвам | [zalépvam] |
| snijden (ww) | режа | [réʒa] |

| | | |
|---|---|---|
| defect (het) | неизправност (ж) | [neisprávnost] |
| reparatie (de) | поправка (ж) | [popráfka] |
| repareren (ww) | ремонтирам | [remontíram] |
| regelen (een machine ~) | регулирам | [regulíram] |

| | | |
|---|---|---|
| checken (ww) | проверявам | [proverʲávam] |
| controle (de) | проверка (ж) | [provérka] |
| gegevens (mv.) | показание (с) | [pokazánie] |

| | | |
|---|---|---|
| degelijk (bijv. ~ machine) | сигурен | [síguren] |
| ingewikkeld (bn) | сложен | [slóʒen] |

| | | |
|---|---|---|
| roesten (ww) | ръждясвам | [rəʒdʲásvam] |
| roestig (bn) | ръждясал | [rəʒdʲásal] |
| roest (de/het) | ръжда (ж) | [rəʒdá] |

# Vervoer

## 169. Vliegtuig

| | | |
|---|---|---|
| vliegtuig (het) | самолет (м) | [samolét] |
| vliegticket (het) | самолетен билет (м) | [samoléten bilét] |
| luchtvaartmaatschappij (de) | авиокомпания (ж) | [aviokompánija] |
| luchthaven (de) | летище (с) | [letíʃte] |
| supersonisch (bn) | свръхзвуков | [svrəh·zvúkov] |
| | | |
| gezagvoerder (de) | командир (м) на самолет | [komandír na samolét] |
| bemanning (de) | екипаж (м) | [ekipáʒ] |
| piloot (de) | пилот (м) | [pilót] |
| stewardess (de) | стюардеса (ж) | [stʲuardésa] |
| stuurman (de) | щурман (м) | [ʃtúrman] |
| | | |
| vleugels (mv.) | крила (мн) | [krilá] |
| staart (de) | опашка (ж) | [opáʃka] |
| cabine (de) | кабина (ж) | [kabína] |
| motor (de) | двигател (м) | [dvigátel] |
| landingsgestel (het) | шаси (мн) | [ʃasí] |
| turbine (de) | турбина (ж) | [turbína] |
| | | |
| propeller (de) | перка (ж) | [pérka] |
| zwarte doos (de) | черна кутия (ж) | [tʃérna kutíja] |
| stuur (het) | кормило (с) | [kormílo] |
| brandstof (de) | гориво (с) | [gorívo] |
| | | |
| veiligheidskaart (de) | инструкция (ж) | [instrúktsija] |
| zuurstofmasker (het) | кислородна маска (ж) | [kisloródna máska] |
| uniform (het) | униформа (ж) | [unifórma] |
| | | |
| reddingsvest (de) | спасителна жилетка (ж) | [spasítelna ʒilétka] |
| parachute (de) | парашут (м) | [paraʃút] |
| | | |
| opstijgen (het) | излитане (с) | [izlítane] |
| opstijgen (ww) | излитам | [izlítam] |
| startbaan (de) | писта (ж) за излитане | [písta za izlítane] |
| | | |
| zicht (het) | видимост (ж) | [vídimost] |
| vlucht (de) | полет (м) | [pólet] |
| | | |
| hoogte (de) | височина (ж) | [visotʃiná] |
| luchtzak (de) | въздушна яма (ж) | [vəzdúʃna jáma] |
| | | |
| plaats (de) | място (с) | [mʲásto] |
| koptelefoon (de) | слушалки (ж мн) | [sluʃálki] |
| tafeltje (het) | прибираща се масичка (ж) | [pribíraʃta se másitʃka] |
| venster (het) | илюминатор (м) | [ilʲuminátor] |
| gangpad (het) | проход (м) | [próhot] |

## 170. Trein

| | | |
|---|---|---|
| trein (de) | влак (м) | [vlak] |
| elektrische trein (de) | електрически влак (м) | [elektrítʃeski vlak] |
| sneltrein (de) | бърз влак (м) | [bérz vlak] |
| diesellocomotief (de) | дизелов локомотив (м) | [dízelof lokomotíf] |
| stoomlocomotief (de) | парен локомотив (м) | [páren lokomotíf] |
| | | |
| rijtuig (het) | вагон (м) | [vagón] |
| restauratierijtuig (het) | вагон-ресторант (м) | [vagón-restoránt] |
| | | |
| rails (mv.) | релси (ж мн) | [rélsi] |
| spoorweg (de) | железница (ж) | [ʒeléznitsa] |
| dwarsligger (de) | траверса (ж) | [travérsa] |
| | | |
| perron (het) | платформа (ж) | [platfórma] |
| spoor (het) | коловоз (м) | [kolovós] |
| semafoor (de) | семафор (м) | [semafór] |
| halte (bijv. kleine treinhalte) | гара (ж) | [gára] |
| | | |
| machinist (de) | машинист (м) | [maʃiníst] |
| kruier (de) | носач (м) | [nosátʃ] |
| conducteur (de) | стюард (м) | [stʲuárt] |
| passagier (de) | пътник (м) | [pétnik] |
| controleur (de) | контрольор (м) | [kontrolʲór] |
| | | |
| gang (in een trein) | коридор (м) | [koridór] |
| noodrem (de) | аварийна спирачка (ж) | [avaríjna spirátʃka] |
| | | |
| coupé (de) | купе (с) | [kupé] |
| bed (slaapplaats) | легло (с) | [legló] |
| bovenste bed (het) | горно легло (с) | [górno legló] |
| onderste bed (het) | долно легло (с) | [dólno legló] |
| beddengoed (het) | спално бельо (с) | [spálno belʲó] |
| | | |
| kaartje (het) | билет (м) | [bilét] |
| dienstregeling (de) | разписание (с) | [raspisánie] |
| informatiebord (het) | табло (с) | [tabló] |
| | | |
| vertrekken (De trein vertrekt ...) | заминавам | [zaminávam] |
| vertrek (ov. een trein) | заминаване (с) | [zaminávane] |
| aankomen (ov. de treinen) | пристигам | [pristígam] |
| aankomst (de) | пристигане (с) | [pristígane] |
| | | |
| aankomen per trein | пристигна с влак | [pristígna s vlak] |
| in de trein stappen | качвам се във влак | [kátʃvam se vəf vlak] |
| uit de trein stappen | слизам от влак | [slízam ot vlak] |
| | | |
| treinwrak (het) | катастрофа (ж) | [katastrófa] |
| ontspoord zijn | дерайлирам | [derajlíram] |
| stoomlocomotief (de) | парен локомотив (м) | [páren lokomotíf] |
| stoker (de) | огняр (м) | [ognʲár] |
| stookplaats (de) | пещ (м) на локомотив | [peʃt na lokomotíf] |
| steenkool (de) | въглища (ж) | [végliʃta] |

## 171. Schip

| | | |
|---|---|---|
| schip (het) | кораб (м) | [kórap] |
| vaartuig (het) | плавателен съд (м) | [plavátelen set] |
| | | |
| stoomboot (de) | параход (м) | [parahót] |
| motorschip (het) | моторен кораб (м) | [motóren kórap] |
| lijnschip (het) | рейсов кораб (м) | [réjsov kórap] |
| kruiser (de) | крайцер (м) | [krájtser] |
| | | |
| jacht (het) | яхта (ж) | [jáhta] |
| sleepboot (de) | влекач (м) | [vlekátʃ] |
| duwbak (de) | шлеп (м) | [ʃlep] |
| ferryboot (de) | сал (м) | [sal] |
| | | |
| zeilboot (de) | платноходка (ж) | [platnohótka] |
| brigantijn (de) | бригантина (ж) | [brigantína] |
| | | |
| ijsbreker (de) | ледоразбивач (м) | [ledo·razbivátʃ] |
| duikboot (de) | подводница (ж) | [podvódnitsa] |
| | | |
| boot (de) | лодка (ж) | [lótka] |
| sloep (de) | лодка (ж) | [lótka] |
| reddingssloep (de) | спасителна лодка (ж) | [spasítelna lótka] |
| motorboot (de) | катер (м) | [káter] |
| | | |
| kapitein (de) | капитан (м) | [kapitán] |
| zeeman (de) | матрос (м) | [matrós] |
| matroos (de) | моряк (м) | [morʲák] |
| bemanning (de) | екипаж (м) | [ekipáʒ] |
| | | |
| bootsman (de) | боцман (м) | [bótsman] |
| scheepsjongen (de) | юнга (м) | [júnga] |
| kok (de) | корабен готвач (м) | [kóraben gotvátʃ] |
| scheepsarts (de) | корабен лекар (м) | [kóraben lékar] |
| | | |
| dek (het) | палуба (ж) | [páluba] |
| mast (de) | мачта (ж) | [mátʃta] |
| zeil (het) | корабно платно (с) | [kórabno platnó] |
| | | |
| ruim (het) | трюм (м) | [trʲum] |
| voorsteven (de) | нос (м) | [nos] |
| achtersteven (de) | кърма (ж) | [kərmá] |
| roeispaan (de) | гребло (с) | [grebló] |
| schroef (de) | витло (с) | [vitló] |
| | | |
| kajuit (de) | каюта (ж) | [kajúta] |
| officierskamer (de) | каюткомпания (ж) | [kajut kompánija] |
| machinekamer (de) | машинно отделение (с) | [maʃínno otdelénie] |
| brug (de) | капитански мостик (м) | [kapitánski móstik] |
| radiokamer (de) | радиобудка (ж) | [rádiobútka] |
| radiogolf (de) | вълна (ж) | [vəlná] |
| logboek (het) | корабен дневник (м) | [kóraben dnévnik] |
| verrekijker (de) | далекоглед (м) | [dalekoglét] |
| klok (de) | камбана (ж) | [kambána] |

| vlag (de) | знаме (c) | [známe] |
| kabel (de) | дебело въже (c) | [debélo vəʒé] |
| knoop (de) | възел (м) | [vézel] |

| leuning (de) | дръжка (ж) | [dréʃka] |
| trap (de) | трап (м) | [trap] |

| anker (het) | котва (ж) | [kótva] |
| het anker lichten | вдигна котва | [vdígna kótva] |
| het anker neerlaten | хвърля котва | [hvérlʲa kótva] |
| ankerketting (de) | котвена верига (ж) | [kótvena veríga] |

| haven (bijv. containerhaven) | пристанище (c) | [pristániʃte] |
| kaai (de) | кей (м) | [kej] |
| aanleggen (ww) | акостирам | [akostíram] |
| wegvaren (ww) | отплувам | [otplúvam] |

| reis (de) | пътешествие (c) | [pəteʃéstvie] |
| cruise (de) | морско пътешествие (c) | [mórsko pəteʃéstvie] |
| koers (de) | курс (м) | [kurs] |
| route (de) | маршрут (м) | [marʃrút] |

| vaarwater (het) | фарватер (м) | [farváter] |
| zandbank (de) | плитчина (ж) | [plittʃiná] |
| stranden (ww) | заседна на плитчина | [zasédna na plittʃiná] |

| storm (de) | буря (ж) | [búrʲa] |
| signaal (het) | сигнал (м) | [signál] |
| zinken (ov. een boot) | потъвам | [potévam] |
| SOS (noodsignaal) | SOS | [sos] |
| reddingsboei (de) | спасителен пояс (м) | [spasítilen pójas] |

## 172. Vliegveld

| luchthaven (de) | летище (c) | [letíʃte] |
| vliegtuig (het) | самолет (м) | [samolét] |
| luchtvaartmaatschappij (de) | авиокомпания (ж) | [aviokompánija] |
| luchtverkeersleider (de) | авиодиспечер (м) | [aviodispétʃer] |

| vertrek (het) | излитане (c) | [izlítane] |
| aankomst (de) | кацане (c) | [kátsane] |
| aankomen (per vliegtuig) | кацна | [kátsna] |

| vertrektijd (de) | време (c) на излитане | [vréme na izlítane] |
| aankomstuur (het) | време (c) на кацане | [vréme na kátsane] |

| vertraagd zijn (ww) | закъснявам | [zakəsnʲávam] |
| vluchtvertraging (de) | закъснение (c) на излитане | [zakəsnénie na izlítane] |

| informatiebord (het) | информационно табло (c) | [informatsiónno tabló] |
| informatie (de) | информация (ж) | [informátsija] |
| aankondigen (ww) | обявявам | [obʲavʲávam] |
| vlucht (bijv. KLM ~) | рейс (м) | [rejs] |
| douane (de) | митница (ж) | [mítnitsa] |

| | | |
|---|---|---|
| douanier (de) | митничар (м) | [mitnitʃár] |
| douaneaangifte (de) | декларация (ж) | [deklarátsija] |
| invullen (douaneaangifte ~) | попълня | [popélnʲa] |
| een douaneaangifte invullen | попълня декларация | [popélnʲa deklarátsija] |
| paspoortcontrole (de) | паспортен контрол (м) | [paspórten kontról] |

| | | |
|---|---|---|
| bagage (de) | багаж (м) | [bagáʃ] |
| handbagage (de) | ръчен багаж (м) | [rétʃen bagáʃ] |
| bagagekarretje (het) | количка (ж) | [kolítʃka] |

| | | |
|---|---|---|
| landing (de) | кацане (с) | [kátsane] |
| landingsbaan (de) | писта (ж) за кацане | [písta za kátsane] |
| landen (ww) | кацам | [kátsam] |
| vliegtuigtrap (de) | стълба (ж) | [stélba] |

| | | |
|---|---|---|
| inchecken (het) | регистрация (ж) | [registrátsija] |
| incheckbalie (de) | гише (с) за регистрация | [giʃé za registrátsija] |
| inchecken (ww) | регистрирам се | [registríram se] |
| instapkaart (de) | бордна карта (ж) | [bórdna kárta] |
| gate (de) | излизане (с) | [izlízane] |

| | | |
|---|---|---|
| transit (de) | транзит (м) | [tranzít] |
| wachten (ww) | чакам | [tʃákam] |
| wachtzaal (de) | чакалня (ж) | [tʃakálnʲa] |
| begeleiden (uitwuiven) | изпращам | [ispráʃtam] |
| afscheid nemen (ww) | сбогувам се | [sbogúvam se] |

## 173. Fiets. Motorfiets

| | | |
|---|---|---|
| fiets (de) | колело (с) | [koleló] |
| bromfiets (de) | моторолер (м) | [motoróler] |
| motorfiets (de) | мотоциклет (м) | [mototsiklét] |

| | | |
|---|---|---|
| met de fiets rijden | карам колело | [káram koleló] |
| stuur (het) | волан (м) | [volán] |
| pedaal (de/het) | педал (м) | [pedál] |
| remmen (mv.) | спирачки (ж мн) | [spirátʃki] |
| fietszadel (de/het) | седло (с) | [sedló] |

| | | |
|---|---|---|
| pomp (de) | помпа (ж) | [pómpa] |
| bagagedrager (de) | багажник (м) | [bagáʒnik] |
| fietslicht (het) | фенер (м) | [fenér] |
| helm (de) | шлем (м) | [ʃlem] |

| | | |
|---|---|---|
| wiel (het) | колело (с) | [koleló] |
| spatbord (het) | калник (с) | [kálnik] |
| velg (de) | джанта (ж) | [dʒánta] |
| spaak (de) | спица (ж) | [spítsa] |

# Auto's

## 174. Soorten auto's

| | | |
|---|---|---|
| auto (de) | автомобил (м) | [aftomobíl] |
| sportauto (de) | спортен автомобил (м) | [spórten aftomobíl] |
| | | |
| limousine (de) | лимузина (ж) | [limuzína] |
| terreinwagen (de) | джип (м) | [dʒip] |
| cabriolet (de) | кабриолет (м) | [kabriolét] |
| minibus (de) | микробус (м) | [mikrobús] |
| | | |
| ambulance (de) | бърза помощ (ж) | [bérza pómoʃt] |
| sneeuwruimer (de) | снегорин (м) | [snegorín] |
| | | |
| vrachtwagen (de) | камион (м) | [kamión] |
| tankwagen (de) | автоцистерна (ж) | [aftotsistérna] |
| bestelwagen (de) | фургон (м) | [furgón] |
| trekker (de) | влекач (м) | [vlekátʃ] |
| aanhangwagen (de) | ремарке (с) | [remarké] |
| | | |
| comfortabel (bn) | комфортен | [komfórten] |
| tweedehands (bn) | употребяван | [upotrebʲávan] |

## 175. Auto's. Carrosserie

| | | |
|---|---|---|
| motorkap (de) | капак (м) | [kapák] |
| spatbord (het) | калник (м) | [kálnik] |
| dak (het) | покрив (м) | [pókriv] |
| | | |
| voorruit (de) | предно стъкло (с) | [prédno stəkló] |
| achterruit (de) | огледало (с) за задно виждане | [ogledálo za zádno vízdane] |
| | | |
| ruitensproeier (de) | стъкломиячка (ж) | [stəklomijátʃka] |
| wisserbladen (mv.) | чистачки (ж мн) | [tʃistátʃki] |
| | | |
| zijruit (de) | странично стъкло (с) | [stranítʃno stəkló] |
| raamlift (de) | стъклоповдигач (м) | [stəklo·povdigátʃ] |
| antenne (de) | антена (ж) | [anténa] |
| zonnedak (het) | шибидах (м) | [ʃibidáh] |
| | | |
| bumper (de) | броня (ж) | [brónʲa] |
| koffer (de) | багажник (м) | [bagáʒnik] |
| imperiaal (de/het) | багажник (м) на покрива | [bagáʒnik na pókriva] |
| portier (het) | врата (ж) | [vratá] |
| handvat (het) | дръжка (ж) | [dréʃka] |
| slot (het) | ключалка (ж) | [klʲutʃálka] |
| nummerplaat (de) | номер (м) | [nómer] |

| | | |
|---|---|---|
| knalpot (de) | гърне (c) | [gərné] |
| benzinetank (de) | резервоар (м) за бензин | [rezervoár za benzín] |
| uitlaatpijp (de) | ауспух (м) | [áuspuh] |
| gas (het) | газ (м) | [gas] |
| pedaal (de/het) | педал (м) | [pedál] |
| gaspedaal (de/het) | газ (м) | [gas] |
| rem (de) | спирачки (ж мн) | [spirátʃki] |
| rempedaal (de/het) | спирачка (ж) | [spirátʃka] |
| remmen (ww) | удрям спирачка | [údrʲam spirátʃka] |
| handrem (de) | ръчна спирачка (ж) | [rétʃna spirátʃka] |
| koppeling (de) | съединител (м) | [səedinítel] |
| koppelingspedaal (de/het) | педал (м) на съединител | [pedál na səedinítel] |
| koppelingsschijf (de) | диск (м) на съединител | [disk na səedinítel] |
| schokdemper (de) | амортизатор (м) | [amortizátor] |
| wiel (het) | колело (c) | [koleló] |
| reservewiel (het) | резервна гума (ж) | [rezérvna gúma] |
| band (de) | гума (ж) | [gúma] |
| wieldop (de) | капак (м) | [kapák] |
| aandrijfwielen (mv.) | водещи колела (мн) | [vódeʃti kolelá] |
| met voorwielaandrijving | с предно задвижване | [s prédno zadvíʒvane] |
| met achterwielaandrijving | със задно задвижване | [səs zádno zadvíʒvane] |
| met vierwielaandrijving | с пълно задвижване | [s pélno zadvíʒvane] |
| versnellingsbak (de) | скоростна кутия (ж) | [skórostna kutíja] |
| automatisch (bn) | автоматичен | [aftomatítʃen] |
| mechanisch (bn) | механичен | [mehanítʃeski] |
| versnellingspook (de) | лост (м) на скоростна кутия | [lost na skórostna kutíja] |
| voorlicht (het) | фар (м) | [far] |
| voorlichten (mv.) | фарове (м мн) | [fárove] |
| dimlicht (het) | къси светлини (ж мн) | [kési svetliní] |
| grootlicht (het) | дълги светлини (ж мн) | [délgi svetliní] |
| stoplicht (het) | сигнал (м) стоп | [signál stop] |
| standlichten (mv.) | габаритни светлини (ж мн) | [gabarítni svetliní] |
| noodverlichting (de) | аварийни светлини (ж мн) | [avaríjni svetliní] |
| mistlichten (mv.) | фарове (м мн) за мъгла | [fárove za məglá] |
| pinker (de) | мигач (м) | [migátʃ] |
| achteruitrijdlicht (het) | заден ход (м) | [záden hot] |

## 176. Auto's. Passagiersruimte

| | | |
|---|---|---|
| interieur (het) | салон (м) | [salón] |
| leren (van leer gemaak) | кожен | [kóʒen] |
| fluwelen (abn) | велурен | [velúren] |
| bekleding (de) | тапицерия (ж) | [tapitsérija] |
| toestel (het) | уред (м) | [úret] |

| | | |
|---|---|---|
| instrumentenbord (het) | бордово табло (с) | [bórdovo tabló] |
| snelheidsmeter (de) | скоростомер (м) | [skorostomér] |
| pijltje (het) | стрелка (ж) | [strelká] |

| | | |
|---|---|---|
| kilometerteller (de) | километраж (м) | [kilometráʃ] |
| sensor (de) | датчик (м) | [dátʧik] |
| niveau (het) | ниво (с) | [nivó] |
| controlelampje (het) | крушка (ж) | [krúʃka] |

| | | |
|---|---|---|
| stuur (het) | волан (м) | [volán] |
| toeter (de) | сигнал (м) | [signál] |
| knopje (het) | бутон (м) | [butón] |
| schakelaar (de) | превключвател (м) | [prefklʲuʧvátel] |

| | | |
|---|---|---|
| stoel (bestuurders~) | седалка (ж) | [sedálka] |
| rugleuning (de) | облегалка (ж) | [oblegálka] |
| hoofdsteun (de) | подглавник (м) | [podglávnik] |
| veiligheidsgordel (de) | предпазен колан (м) | [predpázen kolán] |
| de gordel aandoen | слагам колан | [slágam kolán] |
| regeling (de) | регулиране (с) | [regulírane] |

| | | |
|---|---|---|
| airbag (de) | въздушна възглавница (ж) | [vəzdúʃna vəzglávnitsa] |
| airconditioner (de) | климатик (м) | [klimatík] |

| | | |
|---|---|---|
| radio (de) | радио (с) | [rádio] |
| CD-speler (de) | CD плейър (м) | [sidí pléər] |
| aanzetten (bijv. radio ~) | включа | [fklʲúʧa] |
| antenne (de) | антена (ж) | [anténa] |
| handschoenenkastje (het) | жабка (ж) | [ӡábka] |
| asbak (de) | пепелник (м) | [pepelník] |

## 177. Auto's. Motor

| | | |
|---|---|---|
| diesel- (abn) | дизелов | [dízelof] |
| benzine- (~motor) | бензинов | [benzínov] |

| | | |
|---|---|---|
| motorinhoud (de) | обем (м) на двигателя | [obém na dvigátelʲa] |
| vermogen (het) | мощност (ж) | [móʃtnost] |
| paardenkracht (de) | конска сила (ж) | [kónska síla] |
| zuiger (de) | бутало (с) | [butálo] |
| cilinder (de) | цилиндър (м) | [tsilíndər] |
| klep (de) | клапа (ж) | [klápa] |

| | | |
|---|---|---|
| injectie (de) | инжектор (м) | [inӡéktor] |
| generator (de) | генератор (м) | [generátor] |
| carburator (de) | карбуратор (м) | [karburátor] |
| motorolie (de) | моторно масло (с) | [motórno masló] |

| | | |
|---|---|---|
| radiator (de) | радиатор (м) | [radiátor] |
| koelvloeistof (de) | охлаждаща течност (ж) | [ohláӡdaʃta téʧnost] |
| ventilator (de) | вентилатор (м) | [ventilátor] |

| | | |
|---|---|---|
| accu (de) | акумулатор (м) | [akumulátor] |
| starter (de) | стартер (м) | [stárter] |

| | | |
|---|---|---|
| contact (ontsteking) | запалване (с) | [zapálvane] |
| bougie (de) | запалителна свещ (ж) | [zapalítelna sveʃt] |

| | | |
|---|---|---|
| pool (de) | клема (ж) | [kléma] |
| positieve pool (de) | плюс (м) | [plʲus] |
| negatieve pool (de) | минус (м) | [mínus] |
| zekering (de) | предпазител (м) | [predpázitel] |

| | | |
|---|---|---|
| luchtfilter (de) | въздушен филтър (м) | [vɘzdúʃen fíltɘr] |
| oliefilter (de) | маслен филтър (м) | [máslen fíltɘr] |
| benzinefilter (de) | филтър (м) за гориво | [fíltɘr za gorívo] |

## 178. Auto's. Botsing. Reparatie

| | | |
|---|---|---|
| auto-ongeval (het) | катастрофа (ж) | [katastrófa] |
| verkeersongeluk (het) | пътно-транспортно произшествие (с) | [pétno-transpórtno proisʃéstvie] |
| aanrijden (tegen een boom, enz.) | блъсна се в … | [blésna se v] |
| verongelukken (ww) | катастрофирам | [katastrofíram] |
| beschadiging (de) | повреда (ж) | [povréda] |
| heelhuids (bn) | цял | [tsʲal] |

| | | |
|---|---|---|
| pech (de) | счупване (с) | [stʃúpvane] |
| kapot gaan (zijn gebroken) | счупя се | [stʃúpʲa se] |
| sleeptouw (het) | автомобилно въже (с) | [aftomobílno vɘʒé] |

| | | |
|---|---|---|
| lek (het) | спукване (с) | [spúkvane] |
| lekke krijgen (band) | спусна | [spúsna] |
| oppompen (ww) | напомпвам | [napómpvam] |
| druk (de) | налягане (с) | [nalʲágane] |
| checken (ww) | проверя | [proverʲá] |

| | | |
|---|---|---|
| reparatie (de) | ремонт (м) | [remónt] |
| garage (de) | автосервиз (м) | [aftoservís] |
| wisselstuk (het) | резервна част (ж) | [rezérvna tʃast] |
| onderdeel (het) | детайл (м) | [detájl] |

| | | |
|---|---|---|
| bout (de) | болт (м) | [bolt] |
| schroef (de) | винт (м) | [vint] |
| moer (de) | гайка (ж) | [gájka] |
| sluitring (de) | шайба (ж) | [ʃájba] |
| kogellager (de/het) | лагер (м) | [láger] |

| | | |
|---|---|---|
| pijp (de) | тръба (ж) | [trɘbá] |
| pakking (de) | уплътнение (с) | [uplɘtnénie] |
| kabel (de) | кабел (м) | [kábel] |

| | | |
|---|---|---|
| dommekracht (de) | крик (м) | [krik] |
| moersleutel (de) | гаечен ключ (м) | [gáetʃen klʲutʃ] |
| hamer (de) | чук (м) | [tʃuk] |
| pomp (de) | помпа (ж) | [pómpa] |
| schroevendraaier (de) | отвертка (ж) | [otvértka] |
| brandblusser (de) | пожарогасител (м) | [poʒarogasítel] |

| gevarendriehoek (de) | авариен триъгълник (м) | [avaríen triégəlnik] |
| afslaan | заглъхвам | [zagléhvam] |
| (ophouden te werken) | | |
| uitvallen (het) | спиране (с) | [spírane] |
| zijn gebroken | счупен съм | [sʧúpen səm] |

| oververhitten (ww) | прегря се | [pregrʲá se] |
| verstopt raken (ww) | запуша се | [zapúʃa se] |
| bevriezen (autodeur, enz.) | замръзна | [zamrézna] |
| barsten (leidingen, enz.) | спука се | [spúka se] |

| druk (de) | налягане (с) | [nalʲágane] |
| niveau (bijv. olieniveau) | ниво (с) | [nivó] |
| slap (de drijfriem is ~) | слаб | [slap] |

| deuk (de) | вдлъбнатина (ж) | [vdləbnatiná] |
| geklop (vreemde geluiden) | тракане (с) | [trákane] |
| barst (de) | пукнатина (ж) | [puknatiná] |
| kras (de) | драскотина (ж) | [draskotína] |

## 179. Auto's. Weg

| weg (de) | път (м) | [pət] |
| snelweg (de) | автомагистрала (ж) | [aftomagistrála] |
| autoweg (de) | шосе (с) | [ʃosé] |
| richting (de) | посока (ж) | [posóka] |
| afstand (de) | разстояние (с) | [rastojánie] |

| brug (de) | мост (м) | [most] |
| parking (de) | паркинг (м) | [párking] |
| plein (het) | площад (м) | [ploʃtát] |
| verkeersknooppunt (het) | кръстовище (с) | [krəstóviʃte] |
| tunnel (de) | тунел (м) | [tunél] |

| benzinestation (het) | бензиностанция (ж) | [benzino·stántsija] |
| parking (de) | паркинг (м) | [párking] |
| benzinepomp (de) | колонка (ж) | [kolónka] |
| garage (de) | автосервиз (м) | [aftoservís] |
| tanken (ww) | заредя | [zaredʲá] |
| brandstof (de) | гориво (с) | [gorívo] |
| jerrycan (de) | туба (ж) | [túba] |

| asfalt (het) | асфалт (м) | [asfált] |
| markering (de) | маркировка (ж) | [markirófka] |
| trottoirband (de) | бордюр (м) | [bordʲúr] |
| geleiderail (de) | мантинела (ж) | [mantinéla] |
| greppel (de) | канавка (ж) | [kanáfka] |
| vluchtstrook (de) | банкет (м) | [bankét] |
| lichtmast (de) | стълб (м) | [stəlp] |

| besturen (een auto ~) | карам | [káram] |
| afslaan (naar rechts ~) | завивам | [zavívam] |
| U-bocht maken (ww) | обръщам се | [obréʃtam se] |
| achteruit (de) | заден ход (м) | [záden hot] |

| toeteren (ww) | сигнализирам | [signalizíram] |
| toeter (de) | звуков сигнал (м) | [zvúkof signál] |
| vastzitten (in modder) | заседна | [zasédna] |
| spinnen (wielen gaan ~) | буксувам | [buksúvam] |
| uitzetten (ww) | гася | [gasʲá] |

| snelheid (de) | скорост (ж) | [skórost] |
| een snelheidsovertreding maken | превиша скорост | [previʃá skórost] |
| bekeuren (ww) | глобявам | [globʲávam] |
| verkeerslicht (het) | светофар (м) | [svetofár] |
| rijbewijs (het) | шофьорска книжка (ж) | [ʃofʲórska kníʃka] |

| overgang (de) | прелез (м) | [prélez] |
| kruispunt (het) | кръстовище (с) | [krəstóviʃte] |
| zebrapad (oversteekplaats) | пешеходна пътека (ж) | [peʃehódna pətéka] |
| bocht (de) | завой (м) | [zavój] |
| voetgangerszone (de) | пешеходна зона (ж) | [peʃehódna zóna] |

## 180. Verkeersborden

| verkeersregels (mv.) | правила (с мн) за улично движение | [pravilá za úlitʃno dviʒénie] |
| verkeersbord (het) | пътен знак (м) | [péten znak] |
| inhalen (het) | изпреварване (с) | [isprevárvane] |
| bocht (de) | завой (м) | [zavój] |
| U-bocht, kering (de) | обръщане (с) | [obréʃtane] |
| Rotonde (de) | кръгово движение (с) | [krégovo dviʒénie] |

| Verboden richting | влизането забранено | [vlízaneto zabranéno] |
| Verboden toegang | движението забранено | [dviʒénieto zabranéno] |
| Inhalen verboden | изпреварването забранено | [isprevárvaneto zabranéno] |
| Parkeerverbod | паркирането забранено | [parkíraneto zabranéno] |
| Verbod stil te staan | спирането забранено | [spíraneto zabranéno] |

| Gevaarlijke bocht | остър завой (м) | [óstər zavój] |
| Gevaarlijke daling | стръмно спускане (с) | [strémno spúskane] |
| Eenrichtingsweg | еднопосочно движение (с) | [ednoposótʃno dviʒénie] |
| Voetgangers | пешеходна пътека (ж) | [peʃehódna pətéka] |
| Slipgevaar | хлъзгав път (м) | [hlézgaf pət] |
| Voorrang verlenen | дай път | [daj pət] |

# MENSEN. GEBEURTENISSEN IN HET LEVEN

## Gebeurtenissen in het leven

### 181. Vakanties. Evenement

| | | |
|---|---|---|
| feest (het) | празник (м) | [práznik] |
| nationale feestdag (de) | национален празник (м) | [natsionálen práznik] |
| feestdag (de) | празничен ден (м) | [práznitʃen den] |
| herdenken (ww) | празнувам | [praznúvam] |
| | | |
| gebeurtenis (de) | събитие (с) | [səbítie] |
| evenement (het) | мероприятие (с) | [meroprijátie] |
| banket (het) | банкет (м) | [bankét] |
| receptie (de) | прием (м) | [príem] |
| feestmaal (het) | пир (м) | [pir] |
| | | |
| verjaardag (de) | годишнина (ж) | [godíʃnina] |
| jubileum (het) | юбилей (м) | [jubiléj] |
| vieren (ww) | отбележа | [otbeléʒa] |
| | | |
| Nieuwjaar (het) | Нова година (ж) | [nóva godína] |
| Gelukkig Nieuwjaar! | Честита нова година! | [tʃestíta nóva godína] |
| | | |
| Kerstfeest (het) | Коледа | [kóleda] |
| Vrolijk kerstfeest! | Весела Коледа! | [vésela kóleda] |
| vuurwerk (het) | заря (ж) | [zarʲá] |
| | | |
| bruiloft (de) | сватба (ж) | [svátba] |
| bruidegom (de) | годеник (м) | [godeník] |
| bruid (de) | годеница (ж) | [godenítsa] |
| | | |
| uitnodigen (ww) | каня | [kánʲa] |
| uitnodigingskaart (de) | покана (ж) | [pokána] |
| | | |
| gast (de) | гост (м) | [gost] |
| op bezoek gaan | отивам на гости | [otívam na gósti] |
| gasten verwelkomen | посрещам гости | [posréʃtam gósti] |
| | | |
| geschenk, cadeau (het) | подарък (м) | [podárək] |
| geven (iets cadeau ~) | подарявам | [podarʲávam] |
| geschenken ontvangen | получавам подаръци | [polutʃávam podárətsi] |
| boeket (het) | букет (м) | [bukét] |
| | | |
| felicitaties (mv.) | поздравление (с) | [pozdravlénie] |
| feliciteren (ww) | поздравявам | [pozdravʲávam] |
| wenskaart (de) | поздравителна картичка (ж) | [pozdravítelna kártitʃka] |

| een kaartje versturen | изпратя картичка | [isprátʲa kártiʧka] |
| een kaartje ontvangen | получа картичка | [polúʧa kártiʧka] |

| toast (de) | тост (м) | [tost] |
| aanbieden (een drankje ~) | черпя | [ʧérpʲa] |
| champagne (de) | шампанско (с) | [ʃampánsko] |

| plezier hebben (ww) | веселя се | [veselʲá se] |
| plezier (het) | веселба (ж) | [veselbá] |
| vreugde (de) | радост (ж) | [rádost] |

| dans (de) | танц (м) | [tants] |
| dansen (ww) | танцувам | [tantsúvam] |

| wals (de) | валс (м) | [vals] |
| tango (de) | танго (с) | [tangó] |

## 182. Begrafenissen. Begrafenis

| kerkhof (het) | гробища (мн) | [gróbiʃta] |
| graf (het) | гроб (м) | [grop] |
| kruis (het) | кръст (м) | [krəst] |
| grafsteen (de) | надгробен паметник (м) | [nadgróben pámetnik] |
| omheining (de) | ограда (ж) | [ográda] |
| kapel (de) | параклис (м) | [paráklis] |

| dood (de) | смърт (ж) | [smərt] |
| sterven (ww) | умра | [umrá] |
| overledene (de) | покойник (м) | [pokójnik] |
| rouw (de) | траур (м) | [tráur] |

| begraven (ww) | погребвам | [pogrébvam] |
| begrafenisonderneming (de) | погребални услуги (мн) | [pogrebálni uslúgi] |
| begrafenis (de) | погребение (с) | [pogrebénie] |

| krans (de) | венец (м) | [venéts] |
| doodskist (de) | ковчег (м) | [koftʃék] |
| lijkwagen (de) | катафалка (ж) | [katafálka] |
| lijkkleed (de) | саван (м) | [saván] |

| begrafenisstoet (de) | погребално шествие (с) | [pogrebálno ʃéstvie] |
| urn (de) | урна (ж) | [úrna] |
| crematorium (het) | крематориум (м) | [kremató rium] |

| overlijdensbericht (het) | некролог (м) | [nekrolók] |
| huilen (wenen) | плача | [plátʃa] |
| snikken (huilen) | ридая | [ridája] |

## 183. Oorlog. Soldaten

| peloton (het) | взвод (м) | [vzvot] |
| compagnie (de) | рота (ж) | [róta] |

| | | |
|---|---|---|
| regiment (het) | полк (м) | [polk] |
| leger (armee) | армия (ж) | [ármija] |
| divisie (de) | дивизия (ж) | [divízija] |
| | | |
| sectie (de) | отряд (м) | [otrʲát] |
| troep (de) | войска (ж) | [vojská] |
| | | |
| soldaat (militair) | войник (м) | [vojník] |
| officier (de) | офицер (м) | [ofitsér] |
| | | |
| soldaat (rang) | редник (м) | [rédnik] |
| sergeant (de) | сержант (м) | [serʒánt] |
| luitenant (de) | лейтенант (м) | [lejtenánt] |
| kapitein (de) | капитан (м) | [kapitán] |
| majoor (de) | майор (м) | [majór] |
| kolonel (de) | полковник (м) | [polkóvnik] |
| generaal (de) | генерал (м) | [generál] |
| | | |
| matroos (de) | моряк (м) | [morʲák] |
| kapitein (de) | капитан (м) | [kapitán] |
| bootsman (de) | боцман (м) | [bótsman] |
| | | |
| artillerist (de) | артилерист (м) | [artileríst] |
| valschermjager (de) | десантчик (м) | [desánttʃik] |
| piloot (de) | летец (м) | [letéts] |
| stuurman (de) | щурман (м) | [ʃtúrman] |
| mecanicien (de) | механик (м) | [mehánik] |
| | | |
| sappeur (de) | сапьор (м) | [sapʲór] |
| parachutist (de) | парашутист (м) | [paraʃutíst] |
| verkenner (de) | разузнавач (м) | [razuznavátʃ] |
| scherpschutter (de) | снайперист (м) | [snajperíst] |
| | | |
| patrouille (de) | патрул (м) | [patrúl] |
| patrouilleren (ww) | патрулирам | [patrulíram] |
| wacht (de) | часови (м) | [tʃasoví] |
| | | |
| krijger (de) | войник (м) | [vojník] |
| patriot (de) | патриот (м) | [patriót] |
| | | |
| held (de) | герой (м) | [gerój] |
| heldin (de) | героиня (ж) | [geroínʲa] |
| | | |
| verrader (de) | предател (м) | [predátel] |
| verraden (ww) | предавам | [predávam] |
| | | |
| deserteur (de) | дезертьор (м) | [dezertʲór] |
| deserteren (ww) | дезертирам | [dezertíram] |
| | | |
| huurling (de) | наемник (м) | [naémnik] |
| rekruut (de) | новобранец (м) | [novobránets] |
| vrijwilliger (de) | доброволец (м) | [dobrovólets] |
| | | |
| gedode (de) | убит (м) | [ubít] |
| gewonde (de) | ранен (м) | [ranén] |
| krijgsgevangene (de) | пленник (м) | [plénnik] |

## 184. Oorlog. Militaire acties. Deel 1

| | | |
|---|---|---|
| oorlog (de) | война (ж) | [vojná] |
| oorlog voeren (ww) | воювам | [vojúvam] |
| burgeroorlog (de) | гражданска война (ж) | [gráӡdanska vojná] |
| | | |
| achterbaks (bw) | вероломно | [verolómno] |
| oorlogsverklaring (de) | обявяване (с) | [obʲavʲávane] |
| verklaren (de oorlog ~) | обявя | [obʲavʲá] |
| agressie (de) | агресия (ж) | [agrésija] |
| aanvallen (binnenvallen) | нападам | [napádam] |
| | | |
| binnenvallen (ww) | завземам | [zavzémam] |
| invaller (de) | окупатор (м) | [okupátor] |
| veroveraar (de) | завоевател (м) | [zavoevátel] |
| | | |
| verdediging (de) | отбрана (ж) | [otbrána] |
| verdedigen (je land ~) | отбранявам | [otbranʲávam] |
| zich verdedigen (ww) | отбранявам се | [otbranʲávam se] |
| | | |
| vijand (de) | враг (м) | [vrak] |
| tegenstander (de) | противник (м) | [protívnik] |
| vijandelijk (bn) | вражески | [vráӡeski] |
| | | |
| strategie (de) | стратегия (ж) | [stratégija] |
| tactiek (de) | тактика (ж) | [táktika] |
| | | |
| order (de) | заповед (ж) | [zápovet] |
| bevel (het) | команда (ж) | [kománda] |
| bevelen (ww) | заповядвам | [zapovʲádvam] |
| opdracht (de) | задача (ж) | [zadátʃa] |
| geheim (bn) | секретен | [sekréten] |
| | | |
| veldslag (de) | сражение (с) | [sraӡénie] |
| strijd (de) | бой (м) | [boj] |
| | | |
| aanval (de) | атака (ж) | [atáka] |
| bestorming (de) | щурм (м) | [ʃturm] |
| bestormen (ww) | щурмувам | [ʃturmúvam] |
| bezetting (de) | обсада (ж) | [obsáda] |
| | | |
| aanval (de) | настъпление (с) | [nastəplénie] |
| in het offensief te gaan | настъпвам | [nastépvam] |
| | | |
| terugtrekking (de) | отстъпление (с) | [otstəplénie] |
| zich terugtrekken (ww) | отстъпвам | [otstépvam] |
| | | |
| omsingeling (de) | обкръжение (с) | [opkrəӡénie] |
| omsingelen (ww) | обкръжавам | [opkrəӡávam] |
| | | |
| bombardement (het) | бомбардиране (с) | [bombardírane] |
| een bom gooien | хвърлям бомба | [hvérlʲam bómba] |
| bombarderen (ww) | бомбардирам | [bombardíram] |
| ontploffing (de) | експлозия (ж) | [eksplózija] |
| schot (het) | изстрел (м) | [ísstrel] |

| een schot lossen | изстрелям | [isstrél¹am] |
| schieten (het) | стрелба (ж) | [strelbá] |

| mikken op (ww) | целя се | [tsél¹a se] |
| aanleggen (een wapen ~) | насоча | [nasótʃa] |
| treffen (doelwit ~) | улуча | [ulútʃa] |

| zinken (tot zinken brengen) | потопя | [potop¹á] |
| kogelgat (het) | дупка (ж) | [dúpka] |
| zinken (gezonken zijn) | потъвам | [potévam] |

| front (het) | фронт (м) | [front] |
| evacuatie (de) | евакуация (ж) | [evakuátsija] |
| evacueren (ww) | евакуирам | [evakuíram] |

| prikkeldraad (de) | бодлив тел (м) | [bodlív tel] |
| verdedigingsobstakel (het) | заграждение (с) | [zagraʒdénie] |
| wachttoren (de) | кула (ж) | [kúla] |

| hospitaal (het) | военна болница (ж) | [voénna bólnitsa] |
| verwonden (ww) | раня | [ran¹á] |
| wond (de) | рана (ж) | [rána] |
| gewonde (de) | ранен (м) | [ranén] |
| gewond raken (ww) | получа нараняване | [polútʃa naran¹ávane] |
| ernstig (~e wond) | тежък | [téʒək] |

## 185. Oorlog. Militaire acties. Deel 2

| krijgsgevangenschap (de) | плен (м) | [plen] |
| krijgsgevangen nemen | пленявам | [plen¹ávam] |
| krijgsgevangene zijn | намирам се в плен | [namíram se v plen] |
| krijgsgevangen genomen worden | попадна в плен | [popádna v plen] |

| concentratiekamp (het) | концлагер (м) | [kóntsláger] |
| krijgsgevangene (de) | пленник (м) | [plénnik] |
| vluchten (ww) | бягам | [b¹ágam] |

| verraden (ww) | предам | [predám] |
| verrader (de) | предател (м) | [predátel] |
| verraad (het) | предателство (с) | [predátelstvo] |

| fusilleren (executeren) | разстрелям | [rasstrél¹am] |
| executie (de) | разстрелване (с) | [rasstrélvane] |

| uitrusting (de) | военна униформа (ж) | [voénna unifórma] |
| schouderstuk (het) | пагон (м) | [pagón] |
| gasmasker (het) | противогаз (м) | [protivogás] |

| portofoon (de) | радиостанция (ж) | [radiostántsija] |
| geheime code (de) | шифър (м) | [ʃífər] |
| samenzwering (de) | конспирация (ж) | [konspirátsija] |
| wachtwoord (het) | парола (ж) | [paróla] |
| mijn (landmijn) | мина (ж) | [mína] |

| | | |
|---|---|---|
| ondermijnen (legden mijnen) | минирам | [miníram] |
| mijnenveld (het) | минно поле (с) | [mínno polé] |

| | | |
|---|---|---|
| luchtalarm (het) | въздушна тревога (ж) | [vəzdúʃna trevóga] |
| alarm (het) | тревога (ж) | [trevóga] |
| signaal (het) | сигнал (м) | [signál] |
| vuurpijl (de) | сигнална ракета (ж) | [signálna rakéta] |

| | | |
|---|---|---|
| staf (generale ~) | щаб (м) | [ʃtap] |
| verkenning (de) | разузнаване (с) | [razuznávane] |
| toestand (de) | обстановка (ж) | [opstanófka] |
| rapport (het) | рапорт (м) | [ráport] |
| hinderlaag (de) | засада (ж) | [zasáda] |
| versterking (de) | подкрепа (ж) | [potkrépa] |

| | | |
|---|---|---|
| doel (bewegend ~) | мишена (ж) | [miʃéna] |
| proefterrein (het) | полигон (м) | [poligón] |
| manoeuvres (mv.) | маневри (м мн) | [manévri] |

| | | |
|---|---|---|
| paniek (de) | паника (ж) | [pánika] |
| verwoesting (de) | разруха (ж) | [razrúha] |
| verwoestingen (mv.) | разрушения (с мн) | [razruʃénija] |
| verwoesten (ww) | разрушавам | [razruʃávam] |

| | | |
|---|---|---|
| overleven (ww) | оцелея | [otseléja] |
| ontwapenen (ww) | обезоръжа | [obezorəʒá] |
| behandelen (een pistool ~) | служа си | [slúʒa si] |

| | | |
|---|---|---|
| Geeft acht! | Мирно! | [mírno] |
| Op de plaats rust! | Свободно! | [svobódno] |

| | | |
|---|---|---|
| heldendaad (de) | подвиг (м) | [pódvik] |
| eed (de) | клетва (ж) | [klétva] |
| zweren (een eed doen) | заклевам се | [zaklévam se] |

| | | |
|---|---|---|
| decoratie (de) | награда (ж) | [nagráda] |
| onderscheiden | награждавам | [nagraʒdávam] |
| (een ereteken geven) | | |
| medaille (de) | медал (м) | [medál] |
| orde (de) | орден (м) | [órden] |

| | | |
|---|---|---|
| overwinning (de) | победа (ж) | [pobéda] |
| verlies (het) | поражение (с) | [poraʒénie] |
| wapenstilstand (de) | примирие (с) | [primírie] |

| | | |
|---|---|---|
| wimpel (vaandel) | знаме (с) | [známe] |
| roem (de) | слава (ж) | [sláva] |
| parade (de) | парад (м) | [parát] |
| marcheren (ww) | марширувам | [marʃirúvam] |

## 186. Wapens

| | | |
|---|---|---|
| wapens (mv.) | оръжие (с) | [oréʒie] |
| vuurwapens (mv.) | огнестрелно оръжие (с) | [ognestrélno oréʒie] |

| koude wapens (mv.) | хладно оръжие (c) | [hládno oréʒie] |
| chemische wapens (mv.) | химическо оръжие (c) | [himíʧesko oréʒie] |
| kern-, nucleair (bn) | ядрен | [jádren] |
| kernwapens (mv.) | ядрено оръжие (c) | [jádreno oréʒie] |

| bom (de) | бомба (ж) | [bómba] |
| atoombom (de) | атомна бомба (ж) | [átomna bómba] |

| pistool (het) | пистолет (м) | [pistolét] |
| geweer (het) | пушка (ж) | [púʃka] |
| machinepistool (het) | автомат (м) | [aftomát] |
| machinegeweer (het) | картечница (ж) | [kartéʧnitsa] |

| loop (schietbuis) | дуло (c) | [dúlo] |
| loop (bijv. geweer met kortere ~) | цев (м) | [tsev] |
| kaliber (het) | калибър (м) | [kalíbər] |

| trekker (de) | спусък (м) | [spúsək] |
| korrel (de) | мерник (м) | [mérnik] |
| magazijn (het) | магазин (м) | [magazín] |
| geweerkolf (de) | приклад (м) | [priklát] |

| granaat (handgranaat) | граната (ж) | [granáta] |
| explosieven (mv.) | експлозив (c) | [eksplozíf] |

| kogel (de) | куршум (м) | [kurʃúm] |
| patroon (de) | патрон (м) | [patrón] |
| lading (de) | заряд (м) | [zarʲát] |
| ammunitie (de) | боеприпаси (мн) | [boeprípasi] |

| bommenwerper (de) | бомбардировач (м) | [bombardirováʧ] |
| straaljager (de) | изтребител (м) | [istrebítel] |
| helikopter (de) | хеликоптер (м) | [helikópter] |

| afweergeschut (het) | зенитно оръдие (c) | [zenítno orédie] |
| tank (de) | танк (м) | [tank] |
| kanon (tank met een ~ van 76 mm) | оръдие (c) | [orédie] |

| artillerie (de) | артилерия (ж) | [artilérija] |
| aanleggen (een wapen ~) | насоча | [nasóʧa] |

| projectiel (het) | снаряд (м) | [snarʲát] |
| mortiergranaat (de) | мина (ж) | [mína] |
| mortier (de) | миномет (м) | [minomét] |
| granaatscherf (de) | парче (c) | [parʧé] |

| duikboot (de) | подводница (ж) | [podvódnitsa] |
| torpedo (de) | торпедо (c) | [torpédo] |
| raket (de) | ракета (ж) | [rakéta] |

| laden (geweer, kanon) | зареждам | [zaréʒdam] |
| schieten (ww) | стрелям | [strélʲam] |
| richten op (mikken) | целя се в ... | [tsélʲa se v] |
| bajonet (de) | щик (м) | [ʃtik] |

| | | |
|---|---|---|
| degen (de) | шпага (ж) | [ʃpága] |
| sabel (de) | сабя (ж) | [sábʲa] |
| speer (de) | копие (с) | [kópie] |
| boog (de) | лък (м) | [lək] |
| pijl (de) | стрела (ж) | [strelá] |
| musket (de) | мускет (м) | [muskét] |
| kruisboog (de) | арбалет (м) | [arbalét] |

## 187. Oude mensen

| | | |
|---|---|---|
| primitief (bn) | първобитен | [pərvobíten] |
| voorhistorisch (bn) | доисторически | [doistorítʃeski] |
| eeuwenoude (~ beschaving) | древен | [dréven] |
| Steentijd (de) | Каменен век (м) | [kámenen vek] |
| Bronstijd (de) | бронзова епоха (ж) | [brónzova epóha] |
| IJstijd (de) | ледникова епоха (ж) | [lédnikova epóha] |
| stam (de) | племе (с) | [pléme] |
| menseneter (de) | човекоядец (м) | [tʃovekojádets] |
| jager (de) | ловец (м) | [lovéts] |
| jagen (ww) | ловувам | [lovúvam] |
| mammoet (de) | мамут (м) | [mamút] |
| grot (de) | пещера (ж) | [peʃterá] |
| vuur (het) | огън (м) | [ógən] |
| kampvuur (het) | клада (ж) | [kláda] |
| rotstekening (de) | скална рисунка (ж) | [skálna risúnka] |
| werkinstrument (het) | оръдие (с) на труда | [orédie na trudá] |
| speer (de) | копие (с) | [kópie] |
| stenen bijl (de) | каменна брадва (ж) | [kámenna brádva] |
| oorlog voeren (ww) | воювам | [vojúvam] |
| temmen (bijv. wolf ~) | опитомявам | [opitomʲávam] |
| idool (het) | идол (м) | [ídol] |
| aanbidden (ww) | покланям се | [poklánʲam se] |
| bijgeloof (het) | суеверие (с) | [suevérie] |
| evolutie (de) | еволюция (ж) | [evolʲútsija] |
| ontwikkeling (de) | развитие (с) | [razvítie] |
| verdwijning (de) | изчезване (с) | [iztʃézvane] |
| zich aanpassen (ww) | приспособявам се | [prisposobʲávam se] |
| archeologie (de) | археология (ж) | [arheológija] |
| archeoloog (de) | археолог (м) | [arheolók] |
| archeologisch (bn) | археологически | [arheologítʃeski] |
| opgravingsplaats (de) | разкопки (мн) | [raskópki] |
| opgravingen (mv.) | разкопки (мн) | [raskópki] |
| vondst (de) | находка (ж) | [nahótka] |
| fragment (het) | фрагмент (м) | [fragmént] |

## 188. Middeleeuwen

| | | |
|---|---|---|
| volk (het) | народ (м) | [narót] |
| volkeren (mv.) | народи (м мн) | [naródi] |
| stam (de) | племе (с) | [pléme] |
| stammen (mv.) | племена (с мн) | [plemená] |
| | | |
| barbaren (mv.) | варвари (м мн) | [várvari] |
| Galliërs (mv.) | гали (м мн) | [gáli] |
| Goten (mv.) | готи (м мн) | [góti] |
| Slaven (mv.) | славяни (м мн) | [slavʲáni] |
| Vikings (mv.) | викинги (м мн) | [víkingi] |
| | | |
| Romeinen (mv.) | римляни (м мн) | [rímlʲani] |
| Romeins (bn) | римски | [rímski] |
| | | |
| Byzantijnen (mv.) | византийци (м мн) | [vizantíjtsi] |
| Byzantium (het) | Византия (ж) | [vizántija] |
| Byzantijns (bn) | византийски | [vizantíjski] |
| | | |
| keizer (bijv. Romeinse ~) | император (м) | [imperátor] |
| opperhoofd (het) | вожд (м) | [voʒt] |
| machtig (bn) | могъщ | [mogéʃt] |
| koning (de) | крал (м) | [kral] |
| heerser (de) | владетел (м) | [vladétel] |
| | | |
| ridder (de) | рицар (м) | [rítsar] |
| feodaal (de) | феодал (м) | [feodál] |
| feodaal (bn) | феодален | [feodálen] |
| vazal (de) | васал (м) | [vasál] |
| | | |
| hertog (de) | херцог (м) | [hertsók] |
| graaf (de) | граф (м) | [graf] |
| baron (de) | барон (м) | [barón] |
| bisschop (de) | епископ (м) | [episkóp] |
| | | |
| harnas (het) | доспехи (мн) | [dospéhi] |
| schild (het) | щит (м) | [ʃtit] |
| zwaard (het) | меч (м) | [metʃ] |
| vizier (het) | забрало (с) | [zabrálo] |
| maliënkolder (de) | ризница (ж) | [ríznitsa] |
| | | |
| kruistocht (de) | кръстоносен поход (м) | [krəstonósen póhot] |
| kruisvaarder (de) | кръстоносец (м) | [krəstonósets] |
| | | |
| gebied (bijv. bezette ~en) | територия (ж) | [teritórija] |
| aanvallen (binnenvallen) | нападам | [napádam] |
| veroveren (ww) | завоювам | [zavojúvam] |
| innemen (binnenvallen) | завзема | [zavzéma] |
| | | |
| bezetting (de) | обсада (ж) | [obsáda] |
| belegerd (bn) | обсаден | [opsadén] |
| belegeren (ww) | обсаждам | [opsáʒdam] |
| inquisitie (de) | инквизиция (ж) | [inkvizítsija] |
| inquisiteur (de) | инквизитор (м) | [inkvizítor] |

| | | |
|---|---|---|
| foltering (de) | измъчване (c) | [izmétʃvane] |
| wreed (bn) | жесток | [ʒestók] |
| ketter (de) | еретик (м) | [eretík] |
| ketterij (de) | ерес (ж) | [éres] |

| | | |
|---|---|---|
| zeevaart (de) | мореплаване (c) | [moreplávane] |
| piraat (de) | пират (м) | [pirát] |
| piraterij (de) | пиратство (c) | [pirátstvo] |
| enteren (het) | абордаж (м) | [abordáʒ] |
| buit (de) | плячка (ж) | [plʲátʃka] |
| schatten (mv.) | съкровища (c мн) | [səkróviʃta] |

| | | |
|---|---|---|
| ontdekking (de) | откритие (c) | [otkrítie] |
| ontdekken (bijv. nieuw land) | откривам | [otkrívam] |
| expeditie (de) | експедиция (ж) | [ekspedítsija] |

| | | |
|---|---|---|
| musketier (de) | мускетар (м) | [musketár] |
| kardinaal (de) | кардинал (м) | [kardinál] |
| heraldiek (de) | хералдика (ж) | [heráldika] |
| heraldisch (bn) | хералдически | [heraldítʃeski] |

## 189. Leider. Baas. Autoriteiten

| | | |
|---|---|---|
| koning (de) | крал (м) | [kral] |
| koningin (de) | кралица (ж) | [kralítsa] |
| koninklijk (bn) | кралски | [králski] |
| koninkrijk (het) | кралство (c) | [králstvo] |

| | | |
|---|---|---|
| prins (de) | принц (м) | [prints] |
| prinses (de) | принцеса (ж) | [printsésa] |

| | | |
|---|---|---|
| president (de) | президент (м) | [prezidént] |
| vicepresident (de) | вицепрезидент (м) | [vítse-prezidént] |
| senator (de) | сенатор (м) | [senátor] |

| | | |
|---|---|---|
| monarch (de) | монарх (м) | [monárh] |
| heerser (de) | владетел (м) | [vladétel] |
| dictator (de) | диктатор (м) | [diktátor] |
| tiran (de) | тиранин (м) | [tiránin] |
| magnaat (de) | магнат (м) | [magnát] |

| | | |
|---|---|---|
| directeur (de) | директор (м) | [diréktor] |
| chef (de) | шеф (м) | [ʃef] |
| beheerder (de) | управител (м) | [uprávitel] |
| baas (de) | бос (м) | [bos] |
| eigenaar (de) | собственик (м) | [sóbstvenik] |

| | | |
|---|---|---|
| hoofd (bijv. ~ van de delegatie) | глава (ж) | [glavá] |
| autoriteiten (mv.) | власти (ж мн) | [vlásti] |
| superieuren (mv.) | началство (c) | [natʃálstvo] |

| | | |
|---|---|---|
| gouverneur (de) | губернатор (м) | [gubernátor] |
| consul (de) | консул (м) | [kónsul] |

| diplomaat (de) | дипломат (м) | [diplomát] |
| burgemeester (de) | кмет (м) | [kmet] |
| sheriff (de) | шериф (м) | [ʃeríf] |

| keizer (bijv. Romeinse ~) | император (м) | [imperátor] |
| tsaar (de) | цар (м) | [tsar] |
| farao (de) | фараон (м) | [faraón] |
| kan (de) | хан (м) | [han] |

## 190. Weg. Weg. Routebeschrijving

| weg (de) | път (м) | [pət] |
| route (de kortste ~) | път (м) | [pət] |

| autoweg (de) | шосе (с) | [ʃosé] |
| snelweg (de) | автомагистрала (ж) | [aftomagistrála] |
| rijksweg (de) | първостепенен път (м) | [pərvostépenen pət] |

| hoofdweg (de) | главен път (м) | [gláven pət] |
| landweg (de) | междуселски път (м) | [meʒdusélski pət] |

| pad (het) | пътека (ж) | [pətéka] |
| paadje (het) | пътечка (ж) | [pətétʃka] |

| Waar? | Къде? | [kədé] |
| Waarheen? | Къде? | [kədé] |
| Waarvandaan? | Откъде? | [otkədé] |

| richting (de) | посока (ж) | [posóka] |
| aanwijzen (de weg ~) | посочвам | [posótʃvam] |

| naar links (bw) | наляво | [nalʲávo] |
| naar rechts (bw) | вдясно | [vdʲásno] |
| rechtdoor (bw) | направо | [naprávo] |
| terug (bijv. ~ keren) | назад | [nazát] |

| bocht (de) | завой (м) | [zavój] |
| afslaan (naar rechts ~) | завивам | [zavívam] |
| U-bocht maken (ww) | обръщам се | [obréʃtam se] |

| zichtbaar worden (ww) | виждам се | [víʒdam se] |
| verschijnen (in zicht komen) | покажа се | [pokáʒa se] |

| stop (korte onderbreking) | спиране (с) | [spírane] |
| zich verpozen (uitrusten) | почивам си | [potʃívam si] |
| rust (de) | почивка (ж) | [potʃífka] |

| verdwalen (de weg kwijt zijn) | загубя се | [zagúbʲa se] |
| leiden naar ... (de weg) | водя към ... | [vódʲa kəm] |
| bereiken (ergens aankomen) | изляза на ... | [izlʲáza na] |
| deel (~ van de weg) | отрязък (м) | [otrʲázək] |

| asfalt (het) | асфалт (м) | [asfált] |
| trottoirband (de) | бордюр (м) | [bordʲúr] |

| | | |
|---|---|---|
| greppel (de) | канавка (ж) | [kanáfka] |
| putdeksel (het) | капак (м) | [kapák] |
| vluchtstrook (de) | банкет (м) | [bankét] |
| kuil (de) | дупка (ж) | [dúpka] |

| | | |
|---|---|---|
| gaan (te voet) | вървя | [vərvʲá] |
| inhalen (voorbijgaan) | изпреваря | [isprevárʲa] |

| | | |
|---|---|---|
| stap (de) | крачка (ж) | [krátʃka] |
| te voet (bw) | пеш | [peʃ] |

| | | |
|---|---|---|
| blokkeren (de weg ~) | преградя | [pregradʲá] |
| slagboom (de) | бариера (ж) | [bariéra] |
| doodlopende straat (de) | задънена улица (ж) | [zadénena úlitsa] |

## 191. De wet overtreden. Criminelen. Deel 1

| | | |
|---|---|---|
| bandiet (de) | бандит (м) | [bandít] |
| misdaad (de) | престъпление (с) | [prestəplénie] |
| misdadiger (de) | престъпник (м) | [prestépnik] |

| | | |
|---|---|---|
| dief (de) | крадец (м) | [kradéts] |
| stelen (ww) | крада | [kradá] |
| stelen, diefstal (de) | кражба (ж) | [kráʒba] |

| | | |
|---|---|---|
| kidnappen (ww) | отвлека | [otvleká] |
| kidnapping (de) | отвличане (с) | [otvlítʃane] |
| kidnapper (de) | похитител (м) | [pohitítel] |

| | | |
|---|---|---|
| losgeld (het) | откуп (м) | [ótkup] |
| eisen losgeld (ww) | искам откуп | [ískam ótkup] |

| | | |
|---|---|---|
| overvallen (ww) | грабя | [grábʲa] |
| overvaller (de) | грабител (м) | [grabítel] |

| | | |
|---|---|---|
| afpersen (ww) | изнудвам | [iznúdvam] |
| afperser (de) | изнудвач (м) | [iznudvátʃ] |
| afpersing (de) | изнудване (с) | [iznúdvane] |

| | | |
|---|---|---|
| vermoorden (ww) | убия | [ubíja] |
| moord (de) | убийство (с) | [ubíjstvo] |
| moordenaar (de) | убиец (м) | [ubíets] |

| | | |
|---|---|---|
| schot (het) | изстрел (м) | [ísstrel] |
| een schot lossen | изстрелям | [isstrélʲam] |
| neerschieten (ww) | застрелям | [zastrélʲam] |
| schieten (ww) | стрелям | [strélʲam] |
| schieten (het) | стрелба (ж) | [strelbá] |

| | | |
|---|---|---|
| ongeluk (gevecht, enz.) | произшествие (с) | [proisʃéstvie] |
| gevecht (het) | сбиване (с) | [zbívane] |
| Help! | Помогнете! | [pomognéte] |
| slachtoffer (het) | жертва (ж) | [ʒértva] |
| beschadigen (ww) | повредя | [povredʲá] |

| | | |
|---|---|---|
| schade (de) | щета (ж) | [ʃtetá] |
| lijk (het) | труп (м) | [trup] |
| zwaar (~ misdrijf) | тежък | [téʒək] |

| | | |
|---|---|---|
| aanvallen (ww) | нападна | [napádna] |
| slaan (iemand ~) | бия | [bíja] |
| in elkaar slaan (toetakelen) | набия | [nabíja] |
| ontnemen (beroven) | отнема | [otnéma] |
| steken (met een mes) | заколя | [zakólʲa] |
| verminken (ww) | осакатя | [osakatʲá] |
| verwonden (ww) | раня | [ranʲá] |

| | | |
|---|---|---|
| chantage (de) | шантаж (м) | [ʃantáʒ] |
| chanteren (ww) | шантажирам | [ʃantaʒíram] |
| chanteur (de) | шантажист (м) | [ʃantaʒíst] |

| | | |
|---|---|---|
| afpersing (de) | рекет (м) | [réket] |
| afperser (de) | рекетьор (м) | [reketʲór] |
| gangster (de) | гангстер (м) | [gángster] |
| maffia (de) | мафия (ж) | [máfija] |

| | | |
|---|---|---|
| kruimeldief (de) | джебчия (м) | [dʒebtʃíja] |
| inbreker (de) | разбивач (м) на врати | [razbivátʃ na vratí] |
| smokkelen (het) | контрабанда (ж) | [kontrabánda] |
| smokkelaar (de) | контрабандист (м) | [kontrabandíst] |

| | | |
|---|---|---|
| namaak (de) | фалшификат (м) | [falʃifikát] |
| namaken (ww) | фалшифицирам | [falʃifitsíram] |
| namaak-, vals (bn) | фалшив | [falʃív] |

## 192. De wet overtreden. Criminelen. Deel 2

| | | |
|---|---|---|
| verkrachting (de) | изнасилване (с) | [iznasílvane] |
| verkrachten (ww) | изнасиля | [iznasílʲa] |
| verkrachter (de) | насилник (м) | [nasílnik] |
| maniak (de) | маниак (м) | [maniák] |

| | | |
|---|---|---|
| prostituee (de) | проститутка (ж) | [prostitútka] |
| prostitutie (de) | проституция (ж) | [prostitútsija] |
| pooier (de) | сутеньор (м) | [sutenʲór] |

| | | |
|---|---|---|
| drugsverslaafde (de) | наркоман (м) | [narkomán] |
| drugshandelaar (de) | наркотрафикант (м) | [narkotrafikánt] |

| | | |
|---|---|---|
| opblazen (ww) | взривя | [vzrivʲá] |
| explosie (de) | експлозия (ж) | [eksplózija] |
| in brand steken (ww) | подпаля | [podpálʲa] |
| brandstichter (de) | подпалвач (м) | [podpalvátʃ] |

| | | |
|---|---|---|
| terrorisme (het) | тероризъм (м) | [terorízəm] |
| terrorist (de) | терорист (м) | [teroríst] |
| gijzelaar (de) | заложник (м) | [zalóʒnik] |
| bedriegen (ww) | измамя | [izmámʲa] |
| bedrog (het) | измама (ж) | [izmáma] |

| oplichter (de) | мошеник (м) | [moʃénik] |
| omkopen (ww) | подкупя | [podkúpʲa] |
| omkoperij (de) | подкуп (м) | [pótkup] |
| smeergeld (het) | рушвет (м) | [ruʃvét] |

| vergif (het) | отрова (ж) | [otróva] |
| vergiftigen (ww) | отровя | [otróvʲa] |
| vergif innemen (ww) | отровя се | [otróvʲa se] |

| zelfmoord (de) | самоубийство (с) | [samoubíjstvo] |
| zelfmoordenaar (de) | самоубиец (м) | [samoubíets] |

| bedreigen (bijv. met een pistool) | заплашвам | [zapláʃvam] |
| bedreiging (de) | заплаха (ж) | [zapláha] |
| een aanslag plegen | покушавам се | [pokuʃávam se] |
| aanslag (de) | покушение (с) | [pokuʃénie] |

| stelen (een auto) | открадна | [otkrádna] |
| kapen (een vliegtuig) | отвлека | [otvleká] |

| wraak (de) | отмъщение (с) | [otməʃténie] |
| wreken (ww) | отмъщавам | [otməʃtávam] |

| martelen (gevangenen) | изтезавам | [istezávam] |
| foltering (de) | измъчване (с) | [izméʧvane] |
| folteren (ww) | измъчвам | [izméʧvam] |

| piraat (de) | пират (м) | [pirát] |
| straatschender (de) | хулиган (м) | [huligán] |
| gewapend (bn) | въоръжен | [vəorəʒén] |
| geweld (het) | насилие (с) | [nasílie] |
| onwettig (strafbaar) | незаконен | [nezakónen] |

| spionage (de) | шпионаж (м) | [ʃpionáʒ] |
| spioneren (ww) | шпионирам | [ʃpioníram] |

## 193. Politie. Wet. Deel 1

| justitie (de) | правосъдие (с) | [pravosédie] |
| gerechtshof (het) | съд (м) | [sət] |

| rechter (de) | съдия (м) | [sədijá] |
| jury (de) | съдебни заседатели (м мн) | [sədébni zasedáteli] |
| juryrechtspraak (de) | съд (м) със съдебни заседатели | [sət səs sədébni zasedáteli] |
| berechten (ww) | съдя | [sédʲa] |

| advocaat (de) | адвокат (м) | [advokát] |
| beklaagde (de) | подсъдим (м) | [potsədím] |
| beklaagdenbank (de) | подсъдима скамейка (ж) | [potsədíma skaméjka] |

| beschuldiging (de) | обвинение (с) | [obvinénie] |
| beschuldigde (de) | обвиняем (м) | [obvinʲáem] |

| | | |
|---|---|---|
| vonnis (het) | присъда (ж) | [priséda] |
| veroordelen (in een rechtszaak) | осъдя | [osédʲa] |
| schuldige (de) | виновник (м) | [vinóvnik] |
| straffen (ww) | накажа | [nakáʒa] |
| bestraffing (de) | наказание (с) | [nakazánie] |
| boete (de) | глоба (ж) | [glóba] |
| levenslange opsluiting (de) | доживотен затвор (м) | [doʒivóten zatvór] |
| doodstraf (de) | смъртно наказание (с) | [smértno nakazánie] |
| elektrische stoel (de) | електрически стол (м) | [elektrítʃeski stol] |
| schavot (het) | бесилка (ж) | [besílka] |
| executeren (ww) | екзекутирам | [ekzekutíram] |
| executie (de) | екзекуция (ж) | [ekzekútsija] |
| gevangenis (de) | затвор (м) | [zatvór] |
| cel (de) | килия (ж) | [kilíja] |
| konvooi (het) | караул (м) | [karaúl] |
| gevangenisbewaker (de) | надзирател (м) | [nadzirátel] |
| gedetineerde (de) | затворник (м) | [zatvórnik] |
| handboeien (mv.) | белезници (мн) | [beleznítsi] |
| handboeien omdoen | сложа белезници | [slóʒa beleznítsi] |
| ontsnapping (de) | бягство (с) | [bʲákstvo] |
| ontsnappen (ww) | избягам | [izbʲágam] |
| verdwijnen (ww) | изчезна | [iztʃézna] |
| vrijlaten (uit de gevangenis) | освободя | [osvobodʲá] |
| amnestie (de) | амнистия (ж) | [amnístija] |
| politie (de) | полиция (ж) | [polítsija] |
| politieagent (de) | полицай (м) | [politsáj] |
| politiebureau (het) | полицейско управление (с) | [politséjsko upravlénie] |
| knuppel (de) | палка (ж) | [pálka] |
| megafoon (de) | рупор (м) | [rúpor] |
| patrouilleerwagen (de) | патрулка (ж) | [patrúlka] |
| sirene (de) | сирена (ж) | [siréna] |
| de sirene aansteken | включа сирена | [fklʲútʃa siréna] |
| geloei (het) van de sirene | звук (м) на сирена | [zvuk na siréna] |
| plaats delict (de) | място (с) на произшествието | [mʲásto na proisʃéstvieto] |
| getuige (de) | свидетел (м) | [svidétel] |
| vrijheid (de) | свобода (ж) | [svobodá] |
| handlanger (de) | съучастник (м) | [seutʃásnik] |
| ontvluchten (ww) | скрия се | [skríja sé] |
| spoor (het) | следа (ж) | [sledá] |

## 194. Politie. Wet. Deel 2

| | | |
|---|---|---|
| opsporing (de) | издирване (c) | [izdírvane] |
| opsporen (ww) | издирвам | [izdírvam] |
| verdenking (de) | подозрение (c) | [podozrénie] |
| verdacht (bn) | подозрителен | [podozrítelen] |
| aanhouden (stoppen) | спра | [spra] |
| tegenhouden (ww) | задържа | [zadərʒá] |
| | | |
| strafzaak (de) | дело (c) | [délo] |
| onderzoek (het) | следствие (c) | [slétstvie] |
| detective (de) | детектив (м) | [detektíf] |
| onderzoeksrechter (de) | следовател (м) | [sledovátel] |
| versie (de) | версия (ж) | [vérsija] |
| | | |
| motief (het) | мотив (м) | [motív] |
| verhoor (het) | разпит (м) | [ráspit] |
| ondervragen (door de politie) | разпитвам | [raspítvam] |
| ondervragen (omstanders ~) | разпитвам | [raspítvam] |
| controle (de) | проверка (ж) | [provérka] |
| | | |
| razzia (de) | хайка (ж) | [hájka] |
| huiszoeking (de) | обиск (м) | [óbisk] |
| achtervolging (de) | преследване (c) | [preslédvane] |
| achtervolgen (ww) | преследвам | [preslédvam] |
| opsporen (ww) | следя | [sledʲá] |
| | | |
| arrest (het) | арест (м) | [árest] |
| arresteren (ww) | арестувам | [arestúvam] |
| vangen, aanhouden (een dief, enz.) | заловя | [zalovʲá] |
| aanhouding (de) | залавяне (c) | [zalávʲane] |
| | | |
| document (het) | документ (м) | [dokumént] |
| bewijs (het) | доказателство (c) | [dokazátelstvo] |
| bewijzen (ww) | доказвам | [dokázvam] |
| voetspoor (het) | следа (ж) | [sledá] |
| vingerafdrukken (mv.) | отпечатъци (м мн) на пръстите | [otpeʧátətsi na préstite] |
| bewijs (het) | улика (ж) | [úlika] |
| | | |
| alibi (het) | алиби (c) | [alíbi] |
| onschuldig (bn) | невиновен | [nevinóven] |
| onrecht (het) | несправедливост (ж) | [nespravedlívost] |
| onrechtvaardig (bn) | несправедлив | [nespravedlív] |
| | | |
| crimineel (bn) | криминален | [kriminálen] |
| confisqueren (in beslag nemen) | конфискувам | [konfiskúvam] |
| drug (de) | наркотик (м) | [narkotík] |
| wapen (het) | оръжие (c) | [oréʒie] |
| ontwapenen (ww) | обезоръжа | [obezorəʒá] |
| bevelen (ww) | заповядвам | [zapovʲádvam] |
| verdwijnen (ww) | изчезна | [iztʃézna] |
| wet (de) | закон (м) | [zakón] |

| | | |
|---|---|---|
| wettelijk (bn) | законен | [zakónen] |
| onwettelijk (bn) | незаконен | [nezakónen] |
| | | |
| verantwoordelijkheid (de) | отговорност (ж) | [otgovórnost] |
| verantwoordelijk (bn) | отговорен | [otgovóren] |

# NATUUR

## De Aarde. Deel 1

### 195. De kosmische ruimte

| | | |
|---|---|---|
| kosmos (de) | космос (м) | [kósmos] |
| kosmisch (bn) | космически | [kosmítʃeski] |
| kosmische ruimte (de) | космическо пространство (c) | [kosmítʃesko prostránstvo] |
| | | |
| wereld (de) | свят (м) | [svʲat] |
| heelal (het) | вселена (ж) | [fseléna] |
| sterrenstelsel (het) | галактика (ж) | [galáktika] |
| | | |
| ster (de) | звезда (ж) | [zvezdá] |
| sterrenbeeld (het) | съзвездие (c) | [sǝzvézdie] |
| planeet (de) | планета (ж) | [planéta] |
| satelliet (de) | спътник (м) | [spétnik] |
| | | |
| meteoriet (de) | метеорит (м) | [meteorít] |
| komeet (de) | комета (ж) | [kométa] |
| asteroïde (de) | астероид (м) | [asteroít] |
| | | |
| baan (de) | орбита (ж) | [órbita] |
| draaien (om de zon, enz.) | въртя се | [vǝrtʲá se] |
| atmosfeer (de) | атмосфера (ж) | [atmosféra] |
| | | |
| Zon (de) | Слънце | [sléntse] |
| zonnestelsel (het) | Слънчева система (ж) | [sléntʃeva sistéma] |
| zonsverduistering (de) | слънчево затъмнение (c) | [sléntʃevo zatǝmnénie] |
| | | |
| Aarde (de) | Земя | [zemʲá] |
| Maan (de) | Луна | [luná] |
| | | |
| Mars (de) | Марс | [mars] |
| Venus (de) | Венера | [venéra] |
| Jupiter (de) | Юпитер | [júpiter] |
| Saturnus (de) | Сатурн | [satúrn] |
| | | |
| Mercurius (de) | Меркурий | [merkúrij] |
| Uranus (de) | Уран | [urán] |
| Neptunus (de) | Нептун | [neptún] |
| Pluto (de) | Плутон | [plutón] |
| | | |
| Melkweg (de) | Млечен Път | [mlétʃen pǝt] |
| Grote Beer (de) | Голяма Мечка | [golʲáma métʃka] |
| Poolster (de) | Полярна Звезда | [polʲárna zvezdá] |
| marsmannetje (het) | марсианец (м) | [marsiánets] |

| buitenaards wezen (het) | извънземен (м) | [izvənzémen] |
| bovenaards (het) | пришелец (м) | [priʃeléts] |
| vliegende schotel (de) | летяща чиния (ж) | [letʲáʃta tʃiníja] |

| ruimtevaartuig (het) | космически кораб (м) | [kosmítʃeski kórap] |
| ruimtestation (het) | орбитална станция (ж) | [orbitálna stántsija] |
| start (de) | старт (м) | [start] |

| motor (de) | двигател (м) | [dvigátel] |
| straalpijp (de) | дюза (ж) | [dʲúza] |
| brandstof (de) | гориво (с) | [gorívo] |

| cabine (de) | кабина (ж) | [kabína] |
| antenne (de) | антена (ж) | [anténa] |
| patrijspoort (de) | илюминатор (м) | [ilʲuminátor] |
| zonnebatterij (de) | слънчева батерия (ж) | [slǿntʃeva batérija] |
| ruimtepak (het) | скафандър (м) | [skafándər] |

| gewichtloosheid (de) | безтегловност (ж) | [besteglóvnost] |
| zuurstof (de) | кислород (м) | [kislorót] |

| koppeling (de) | свързване (с) | [svérzvane] |
| koppeling maken | свързвам се | [svérzvam se] |

| observatorium (het) | обсерватория (ж) | [opservatórija] |
| telescoop (de) | телескоп (м) | [teleskóp] |
| waarnemen (ww) | наблюдавам | [nablʲudávam] |
| exploreren (ww) | изследвам | [isslédvam] |

## 196. De Aarde

| Aarde (de) | Земя (ж) | [zemʲá] |
| aardbol (de) | земно кълбо (с) | [zémno kəlbó] |
| planeet (de) | планета (ж) | [planéta] |

| atmosfeer (de) | атмосфера (ж) | [atmosféra] |
| aardrijkskunde (de) | география (ж) | [geográfija] |
| natuur (de) | природа (ж) | [priróda] |

| wereldbol (de) | глобус (м) | [glóbus] |
| kaart (de) | карта (ж) | [kárta] |
| atlas (de) | атлас (м) | [atlás] |

| Europa (het) | Европа | [evrópa] |
| Azië (het) | Азия | [ázija] |
| Afrika (het) | Африка | [áfrika] |
| Australië (het) | Австралия | [afstrálija] |

| Amerika (het) | Америка | [amérika] |
| Noord-Amerika (het) | Северна Америка | [séverna amérika] |
| Zuid-Amerika (het) | Южна Америка | [júʒna amérika] |

| Antarctica (het) | Антарктида | [antarktída] |
| Arctis (de) | Арктика | [árktika] |

## 197. Windrichtingen

| | | |
|---|---|---|
| noorden (het) | север (м) | [séver] |
| naar het noorden | на север | [na séver] |
| in het noorden | на север | [na séver] |
| noordelijk (bn) | северен | [séveren] |
| | | |
| zuiden (het) | юг (м) | [juk] |
| naar het zuiden | на юг | [na juk] |
| in het zuiden | на юг | [na juk] |
| zuidelijk (bn) | южен | [júʒen] |
| | | |
| westen (het) | запад (м) | [zápat] |
| naar het westen | на запад | [na zápat] |
| in het westen | на запад | [na zápat] |
| westelijk (bn) | западен | [západen] |
| | | |
| oosten (het) | изток (м) | [ístok] |
| naar het oosten | на изток | [na ístok] |
| in het oosten | на изток | [na ístok] |
| oostelijk (bn) | източен | [ístotʃen] |

## 198. Zee. Oceaan

| | | |
|---|---|---|
| zee (de) | море (с) | [moré] |
| oceaan (de) | океан (м) | [okeán] |
| golf (baai) | залив (м) | [zálif] |
| straat (de) | пролив (м) | [próliv] |
| | | |
| continent (het) | материк (м) | [materík] |
| eiland (het) | остров (м) | [óstrov] |
| schiereiland (het) | полуостров (м) | [poluóstrov] |
| archipel (de) | архипелаг (м) | [arhipelák] |
| | | |
| baai, bocht (de) | залив (м) | [zálif] |
| haven (de) | залив (м) | [zálif] |
| lagune (de) | лагуна (ж) | [lagúna] |
| kaap (de) | нос (м) | [nos] |
| | | |
| atol (de) | атол (м) | [atól] |
| rif (het) | риф (м) | [rif] |
| koraal (het) | корал (м) | [korál] |
| koraalrif (het) | коралов риф (м) | [korálov rif] |
| | | |
| diep (bn) | дълбок | [dəlbók] |
| diepte (de) | дълбочина (ж) | [dəlbotʃiná] |
| diepzee (de) | бездна (ж) | [bézna] |
| trog (bijv. Marianentrog) | падина (ж) | [padiná] |
| | | |
| stroming (de) | течение (с) | [tetʃénie] |
| omspoelen (ww) | мия | [míja] |
| oever (de) | бряг (м) | [br'ak] |
| kust (de) | крайбрежие (с) | [krajbréʒie] |

181

| | | |
|---|---|---|
| vloed (de) | прилив (м) | [príliv] |
| eb (de) | отлив (м) | [ótliv] |
| ondiepte (ondiep water) | плитчина (ж) | [plittʃiná] |
| bodem (de) | дъно (с) | [dǝno] |

| | | |
|---|---|---|
| golf (hoge ~) | вълна (ж) | [vǝlná] |
| golfkam (de) | гребен (м) на вълна | [grében na vǝlná] |
| schuim (het) | пяна (ж) | [pʲána] |

| | | |
|---|---|---|
| orkaan (de) | ураган (м) | [uragán] |
| tsunami (de) | цунами (с) | [tsunámi] |
| windstilte (de) | безветрие (с) | [bezvétrie] |
| kalm (bijv. ~e zee) | спокоен | [spokóen] |

| | | |
|---|---|---|
| pool (de) | полюс (м) | [pólʲus] |
| polair (bn) | полярен | [polʲáren] |

| | | |
|---|---|---|
| breedtegraad (de) | ширина (ж) | [ʃiriná] |
| lengtegraad (de) | дължина (ж) | [dǝʒiná] |
| parallel (de) | паралел (ж) | [paralél] |
| evenaar (de) | екватор (м) | [ekvátor] |

| | | |
|---|---|---|
| hemel (de) | небе (с) | [nebé] |
| horizon (de) | хоризонт (м) | [horizónt] |
| lucht (de) | въздух (м) | [vǝzduh] |

| | | |
|---|---|---|
| vuurtoren (de) | фар (м) | [far] |
| duiken (ww) | гмуркам се | [gmúrkam se] |
| zinken (ov. een boot) | потъна | [poténa] |
| schatten (mv.) | съкровища (с мн) | [sǝkróviʃta] |

## 199. Namen van zeeën en oceanen

| | | |
|---|---|---|
| Atlantische Oceaan (de) | Атлантически океан | [atlantítʃeski okeán] |
| Indische Oceaan (de) | Индийски океан | [indíjski okeán] |
| Stille Oceaan (de) | Тихи океан | [tíhi okeán] |
| Noordelijke IJszee (de) | Северен Ледовит океан | [séveren ledovít okeán] |

| | | |
|---|---|---|
| Zwarte Zee (de) | Черно море | [tʃérno moré] |
| Rode Zee (de) | Червено море | [tʃervéno moré] |
| Gele Zee (de) | Жълто море | [ʒélto moré] |
| Witte Zee (de) | Бяло море | [bʲálo moré] |

| | | |
|---|---|---|
| Kaspische Zee (de) | Каспийско море | [káspijsko moré] |
| Dode Zee (de) | Мъртво море | [mértvo moré] |
| Middellandse Zee (de) | Средиземно море | [sredizémno moré] |

| | | |
|---|---|---|
| Egeïsche Zee (de) | Егейско море | [egéjsko moré] |
| Adriatische Zee (de) | Адриатическо море | [adriatítʃesko moré] |

| | | |
|---|---|---|
| Arabische Zee (de) | Арабско море | [arápsko moré] |
| Japanse Zee (de) | Японско море | [japónsko moré] |
| Beringzee (de) | Берингово море | [beríngovo moré] |
| Zuid-Chinese Zee (de) | Южнокитайско море | [juʒnokitájsko moré] |

| | | |
|---|---|---|
| Koraalzee (de) | Коралово море | [korálovo moré] |
| Tasmanzee (de) | Тасманово море | [tasmánovo moré] |
| Caribische Zee (de) | Карибско море | [karíbsko moré] |
| Barentszzee (de) | Баренцово море | [baréntsovo moré] |
| Karische Zee (de) | Карско море | [kársko moré] |
| Noordzee (de) | Северно море | [séverno moré] |
| Baltische Zee (de) | Балтийско море | [baltíjsko moré] |
| Noorse Zee (de) | Норвежко море | [norvéʃko moré] |

## 200. Bergen

| | | |
|---|---|---|
| berg (de) | планина (ж) | [planiná] |
| bergketen (de) | планинска верига (ж) | [planínska veríga] |
| gebergte (het) | планински хребет (м) | [planínski hrebét] |
| bergtop (de) | връх (м) | [vrəh] |
| bergpiek (de) | пик (м) | [pik] |
| voet (ov. de berg) | подножие (с) | [podnóʒie] |
| helling (de) | склон (м) | [sklon] |
| vulkaan (de) | вулкан (м) | [vulkán] |
| actieve vulkaan (de) | действащ вулкан (м) | [déjstvaʃt vulkán] |
| uitgedoofde vulkaan (de) | изгаснал вулкан (м) | [izgásnal vulkán] |
| uitbarsting (de) | изригване (с) | [izrígvane] |
| krater (de) | кратер (м) | [kráter] |
| magma (het) | магма (ж) | [mágma] |
| lava (de) | лава (ж) | [láva] |
| gloeiend (~e lava) | нажежен | [naʒeʒén] |
| kloof (canyon) | каньон (м) | [kanjón] |
| bergkloof (de) | дефиле (с) | [defilé] |
| spleet (de) | тясна клисура (ж) | [tʲásna klisúra] |
| afgrond (de) | пропаст (ж) | [própast] |
| bergpas (de) | превал (м) | [prevál] |
| plateau (het) | плато (с) | [pláto] |
| klip (de) | скала (ж) | [skalá] |
| heuvel (de) | хълм (м) | [həlm] |
| gletsjer (de) | ледник (м) | [lédnik] |
| waterval (de) | водопад (м) | [vodopát] |
| geiser (de) | гейзер (м) | [géjzer] |
| meer (het) | езеро (с) | [ézero] |
| vlakte (de) | равнина (ж) | [ravniná] |
| landschap (het) | пейзаж (м) | [pejzáʒ] |
| echo (de) | ехо (с) | [ého] |
| alpinist (de) | алпинист (м) | [alpiníst] |
| bergbeklimmer (de) | катерач (м) | [katerátʃ] |
| trotseren (berg ~) | покорявам | [pokorʲávam] |
| beklimming (de) | възкачване (с) | [vəskátʃvane] |

## 201. Bergen namen

| | | |
|---|---|---|
| Alpen (de) | Алпи | [álpi] |
| Mont Blanc (de) | Мон Блан | [mon blan] |
| Pyreneeën (de) | Пиринеи | [pirinéi] |
| | | |
| Karpaten (de) | Карпати | [karpáti] |
| Oeralgebergte (het) | Урал | [urál] |
| Kaukasus (de) | Кавказ | [kafkáz] |
| Elbroes (de) | Елбрус | [elbrús] |
| | | |
| Altaj (de) | Алтай | [altáj] |
| Tiensjan (de) | Тяншан | [tʲanʃan] |
| Pamir (de) | Памир | [pamír] |
| Himalaya (de) | Хималаи | [himalái] |
| Everest (de) | Еверест | [everést] |
| | | |
| Andes (de) | Анди | [ándi] |
| Kilimanjaro (de) | Килиманджаро | [kilimandʒáro] |

## 202. Rivieren

| | | |
|---|---|---|
| rivier (de) | река (ж) | [reká] |
| bron (~ van een rivier) | извор (м) | [ízvor] |
| rivierbedding (de) | корито (с) | [koríto] |
| rivierbekken (het) | басейн (м) | [baséjn] |
| uitmonden in ... | вливам се | [vlívam se] |
| | | |
| zijrivier (de) | приток (м) | [prítok] |
| oever (de) | бряг (м) | [brʲak] |
| | | |
| stroming (de) | течение (с) | [tetʃénie] |
| stroomafwaarts (bw) | надолу по течението | [nadólu po tetʃénieto] |
| stroomopwaarts (bw) | нагоре по течението | [nagóre po tetʃénieto] |
| | | |
| overstroming (de) | наводнение (с) | [navodnénie] |
| overstroming (de) | пролетно пълноводие (с) | [prolétno pəlnovódie] |
| buiten zijn oevers treden | разливам се | [razlívam se] |
| overstromen (ww) | потопявам | [potopʲávam] |
| | | |
| zandbank (de) | плитчина (ж) | [plittʃiná] |
| stroomversnelling (de) | праг (м) | [prak] |
| | | |
| dam (de) | яз (м) | [jaz] |
| kanaal (het) | канал (м) | [kanál] |
| spaarbekken (het) | водохранилище (с) | [vodohraníliʃte] |
| sluis (de) | шлюз (м) | [ʃlʲuz] |
| | | |
| waterlichaam (het) | водоем (м) | [vodoém] |
| moeras (het) | блато (с) | [bláto] |
| broek (het) | тресавище (с) | [tresáviʃte] |
| draaikolk (de) | водовъртеж (м) | [vodovərtéʒ] |
| stroom (de) | ручей (м) | [rútʃej] |

| drink- (abn) | питеен | [pitéen] |
| zoet (~ water) | сладководен | [slatkovóden] |

| ijs (het) | лед (м) | [let] |
| bevriezen (rivier, enz.) | замръзна | [zamrézna] |

## 203. Namen van rivieren

| Seine (de) | Сена | [séna] |
| Loire (de) | Лоара | [loára] |

| Theems (de) | Темза | [témza] |
| Rijn (de) | Рейн | [rejn] |
| Donau (de) | Дунав | [dúnav] |

| Wolga (de) | Волга | [vólga] |
| Don (de) | Дон | [don] |
| Lena (de) | Лена | [léna] |

| Gele Rivier (de) | Хуанхъ | [huanhé] |
| Blauwe Rivier (de) | Яндзъ | [jandzé] |
| Mekong (de) | Меконг | [mekónk] |
| Ganges (de) | Ганг | [gang] |

| Nijl (de) | Нил | [nil] |
| Kongo (de) | Конго | [kóngo] |
| Okavango (de) | Окаванго | [okavángo] |
| Zambezi (de) | Замбези | [zambézi] |
| Limpopo (de) | Лимпопо | [limpopó] |
| Mississippi (de) | Мисисипи | [misisípi] |

## 204. Bos

| bos (het) | гора (ж) | [gorá] |
| bos- (abn) | горски | [górski] |

| oerwoud (dicht bos) | гъсталак (м) | [gǝstalák] |
| bosje (klein bos) | горичка (ж) | [gorítʃka] |
| open plek (de) | поляна (ж) | [polʲána] |

| struikgewas (het) | гъсталак (м) | [gǝstalák] |
| struiken (mv.) | храсталак (м) | [hrastalák] |

| paadje (het) | пътечка (ж) | [pǝtétʃka] |
| ravijn (het) | овраг (м) | [ovrák] |

| boom (de) | дърво (с) | [dǝrvó] |
| blad (het) | лист (м) | [list] |
| gebladerte (het) | шума (ж) | [ʃúma] |

| vallende bladeren (mv.) | листопад (м) | [listopát] |
| vallen (ov. de bladeren) | опадвам | [opádvam] |

| boomtop (de) | връх (м) | [vrəh] |
| tak (de) | клонка (м) | [klónka] |
| ent (de) | дебел клон (м) | [debél klon] |
| knop (de) | пъпка (ж) | [pépka] |
| naald (de) | игла (ж) | [iglá] |
| dennenappel (de) | шишарка (ж) | [ʃiʃárka] |

| boom holte (de) | хралупа (ж) | [hralúpa] |
| nest (het) | гнездо (с) | [gnezdó] |
| hol (het) | дупка (ж) | [dúpka] |

| stam (de) | стъбло (с) | [stəbló] |
| wortel (bijv. boom~s) | корен (м) | [kóren] |
| schors (de) | кора (ж) | [korá] |
| mos (het) | мъх (м) | [məh] |

| ontwortelen (een boom) | изкоренявам | [izkorenʲávam] |
| kappen (een boom ~) | сека | [seká] |
| ontbossen (ww) | изсичам | [issítʃam] |
| stronk (de) | пън (м) | [pən] |

| kampvuur (het) | клада (ж) | [kláda] |
| bosbrand (de) | пожар (м) | [poʒár] |
| blussen (ww) | загасявам | [zagasʲávam] |

| boswachter (de) | горски пазач (м) | [górski pazátʃ] |
| bescherming (de) | опазване (с) | [opázvane] |
| beschermen (bijv. de natuur ~) | опазвам | [opázvam] |
| stroper (de) | бракониер (м) | [brakoniér] |
| val (de) | капан (м) | [kapán] |

| plukken (vruchten, enz.) | събирам | [səbíram] |
| verdwalen (de weg kwijt zijn) | загубя се | [zagúbʲa se] |

## 205. Natuurlijke hulpbronnen

| natuurlijke rijkdommen (mv.) | природни ресурси (м мн) | [priródni resúrsi] |
| delfstoffen (mv.) | полезни изкопаеми (с мн) | [polézni iskopáemi] |
| lagen (mv.) | залежи (мн) | [zaléʒi] |
| veld (bijv. olie~) | находище (с) | [nahódiʃte] |

| winnen (uit erts ~) | добивам | [dobívam] |
| winning (de) | добиване (с) | [dobívane] |
| erts (het) | руда (ж) | [rudá] |
| mijn (bijv. kolenmijn) | рудник (м) | [rúdnik] |
| mijnschacht (de) | шахта (ж) | [ʃáhta] |
| mijnwerker (de) | миньор (м) | [minʲór] |

| gas (het) | газ (м) | [gas] |
| gasleiding (de) | газопровод (м) | [gazoprovót] |

| olie (aardolie) | нефт (м) | [neft] |
| olieleiding (de) | нефтопровод (м) | [neftoprovót] |

| | | |
|---|---|---|
| oliebron (de) | нефтена кула (ж) | [néftena kúla] |
| boortoren (de) | сондажна кула (ж) | [sondáʒna kúla] |
| tanker (de) | танкер (м) | [tánker] |
| | | |
| zand (het) | пясък (м) | [pʲásək] |
| kalksteen (de) | варовик (м) | [varóvik] |
| grind (het) | дребен чакъл (м) | [drében ʧakél] |
| veen (het) | торф (м) | [torf] |
| klei (de) | глина (ж) | [glína] |
| steenkool (de) | въглища (мн) | [végliʃta] |
| | | |
| ijzer (het) | желязо (с) | [ʒelʲázo] |
| goud (het) | злато (с) | [zláto] |
| zilver (het) | сребро (с) | [srebró] |
| nikkel (het) | никел (м) | [níkel] |
| koper (het) | мед (ж) | [met] |
| | | |
| zink (het) | цинк (м) | [tsink] |
| mangaan (het) | манган (м) | [mangán] |
| kwik (het) | живак (м) | [ʒivák] |
| lood (het) | олово (с) | [olóvo] |
| | | |
| mineraal (het) | минерал (м) | [minerál] |
| kristal (het) | кристал (м) | [kristál] |
| marmer (het) | мрамор (м) | [mrámor] |
| uraan (het) | уран (м) | [urán] |

# De Aarde. Deel 2

## 206. Weer

| | | |
|---|---|---|
| weer (het) | време (c) | [vréme] |
| weersvoorspelling (de) | прогноза (ж) за времето | [prognóza za vrémeto] |
| temperatuur (de) | температура (ж) | [temperatúra] |
| thermometer (de) | термометър (м) | [termométər] |
| barometer (de) | барометър (м) | [barométər] |
| | | |
| vochtig (bn) | влажен | [vláʒen] |
| vochtigheid (de) | влажност (ж) | [vláʒnost] |
| hitte (de) | пек (м) | [pek] |
| heet (bn) | горещ | [goréʃt] |
| het is heet | горещо | [goréʃto] |
| | | |
| het is warm | топло | [tóplo] |
| warm (bn) | топъл | [tópəl] |
| | | |
| het is koud | студено | [studéno] |
| koud (bn) | студен | [studén] |
| | | |
| zon (de) | слънце (c) | [sléntse] |
| schijnen (de zon) | грея | [gréja] |
| zonnig (~e dag) | слънчев | [sléntʃev] |
| opgaan (ov. de zon) | изгрея | [izgréja] |
| ondergaan (ww) | заляза | [zalʲáza] |
| | | |
| wolk (de) | облак (м) | [óblak] |
| bewolkt (bn) | облачен | [óblatʃen] |
| regenwolk (de) | голям облак (м) | [golʲám óblak] |
| somber (bn) | навъсен | [navésen] |
| | | |
| regen (de) | дъжд (м) | [dəʒt] |
| het regent | вали дъжд | [valí dəʒt] |
| | | |
| regenachtig (bn) | дъждовен | [dəʒdóven] |
| motregenen (ww) | ръмя | [rəmʲá] |
| | | |
| plensbui (de) | пороен дъжд (м) | [poróen dəʒt] |
| stortbui (de) | порой (м) | [porój] |
| hard (bn) | силен | [sílen] |
| | | |
| plas (de) | локва (ж) | [lókva] |
| nat worden (ww) | намокря се | [namókrʲa se] |
| | | |
| mist (de) | мъгла (ж) | [məglá] |
| mistig (bn) | мъглив | [məglíf] |
| sneeuw (de) | сняг (м) | [snʲak] |
| het sneeuwt | вали сняг | [valí snʲak] |

## 207. Zwaar weer. Natuurrampen

| | | |
|---|---|---|
| noodweer (storm) | гръмотевична буря (ж) | [grəmotévitʃna búrʲa] |
| bliksem (de) | мълния (ж) | [mélnija] |
| flitsen (ww) | блясвам | [blʲásvam] |
| | | |
| donder (de) | гръм (м) | [grəm] |
| donderen (ww) | гърмя | [gərmʲá] |
| het dondert | гърми | [gərmí] |
| | | |
| hagel (de) | градушка (ж) | [gradúʃka] |
| het hagelt | пада градушка | [páda gradúʃka] |
| | | |
| overstromen (ww) | потопя | [potopʲá] |
| overstroming (de) | наводнение (с) | [navodnénie] |
| | | |
| aardbeving (de) | земетресение (с) | [zemetresénie] |
| aardschok (de) | трус (м) | [trus] |
| epicentrum (het) | епицентър (м) | [epitséntər] |
| | | |
| uitbarsting (de) | изригване (с) | [izrígvane] |
| lava (de) | лава (ж) | [láva] |
| | | |
| wervelwind, windhoos (de) | торнадо (с) | [tornádo] |
| tyfoon (de) | тайфун (м) | [tajfún] |
| | | |
| orkaan (de) | ураган (м) | [uragán] |
| storm (de) | буря (ж) | [búrʲa] |
| tsunami (de) | цунами (с) | [tsunámi] |
| | | |
| cycloon (de) | циклон (м) | [tsiklón] |
| onweer (het) | лошо време (с) | [lóʃo vréme] |
| brand (de) | пожар (м) | [poʒár] |
| ramp (de) | катастрофа (ж) | [katastrófa] |
| meteoriet (de) | метеорит (м) | [meteorít] |
| | | |
| lawine (de) | лавина (ж) | [lavína] |
| sneeuwverschuiving (de) | лавина (ж) | [lavína] |
| sneeuwjacht (de) | виелица (ж) | [viélitsa] |
| sneeuwstorm (de) | снежна буря (ж) | [snéʒna búrʲa] |

## 208. Geluiden. Geluiden

| | | |
|---|---|---|
| stilte (de) | тишина (ж) | [tiʃiná] |
| geluid (het) | звук (м) | [zvuk] |
| lawaai (het) | шум (м) | [ʃum] |
| lawaai maken (ww) | шумя | [ʃumʲá] |
| lawaaierig (bn) | шумен | [ʃúmen] |
| | | |
| luid (~ spreken) | силно | [sílno] |
| luid (bijv. ~e stem) | силен | [sílen] |
| aanhoudend (voortdurend) | постоянен | [postojánen] |
| schreeuw (de) | вик (м) | [vik] |

| | | |
|---|---|---|
| schreeuwen (ww) | викам | [víkam] |
| gefluister (het) | шепот (м) | [ʃépot] |
| fluisteren (ww) | шептя | [ʃeptˈá] |

| | | |
|---|---|---|
| geblaf (het) | лай (м) | [laj] |
| blaffen (ww) | лая | [lája] |

| | | |
|---|---|---|
| gekreun (het) | стон (м) | [ston] |
| kreunen (ww) | стена | [sténa] |
| hoest (de) | кашлица (ж) | [káʃlitsa] |
| hoesten (ww) | кашлям | [káʃlˈam] |

| | | |
|---|---|---|
| gefluit (het) | свирене (с) | [svírene] |
| fluiten (op het fluitje blazen) | свиря | [svírˈa] |
| geklop (het) | тракане (с) | [trákane] |
| kloppen (aan een deur) | чукам | [tʃúkam] |

| | | |
|---|---|---|
| kraken (hout, ijs) | пращя | [praʃtˈá] |
| gekraak (het) | трясък (м) | [trˈásək] |

| | | |
|---|---|---|
| sirene (de) | сирена (ж) | [siréna] |
| fluit (stoom ~) | сирена (ж) | [siréna] |
| fluiten (schip, trein) | буча | [butʃá] |
| toeter (de) | клаксон (м) | [klákson] |
| toeteren (ww) | сигнализирам | [signalizíram] |

## 209. Winter

| | | |
|---|---|---|
| winter (de) | зима (ж) | [zíma] |
| winter- (abn) | зимен | [zímen] |
| in de winter (bw) | през зимата | [prez zímata] |

| | | |
|---|---|---|
| sneeuw (de) | сняг (м) | [snˈak] |
| het sneeuwt | вали сняг | [valí snˈak] |
| sneeuwval (de) | сноговалеж (м) | [snegovaléʒ] |
| sneeuwhoop (de) | преспа (ж) | [préspa] |

| | | |
|---|---|---|
| sneeuwvlok (de) | снежинка (ж) | [sneʒínka] |
| sneeuwbal (de) | снежна топка (ж) | [snéʒna tópka] |
| sneeuwman (de) | снежен човек (м) | [snéʒen tʃovék] |
| ijspegel (de) | ледена висулка (ж) | [lédena visúlka] |

| | | |
|---|---|---|
| december (de) | декември (м) | [dekémvri] |
| januari (de) | януари (м) | [januári] |
| februari (de) | февруари (м) | [fevruári] |

| | | |
|---|---|---|
| vorst (de) | мраз (м) | [mraz] |
| vries- (abn) | мразовит | [mrazovít] |

| | | |
|---|---|---|
| onder nul (bw) | под нулата | [pot núlata] |
| eerste vorst (de) | леко застудяване (с) | [léko zastudˈávane] |
| rijp (de) | скреж (м) | [skreʒ] |
| koude (de) | студ (м) | [stut] |
| het is koud | студено | [studéno] |

| bontjas (de) | кожено палто (с) | [kóʒeno paltó] |
| wanten (mv.) | ръкавици (ж мн) | [rəkavítsi |
| | с един пръст | s edín pərst] |

| ziek worden (ww) | разболявам | [razbolʲávam] |
| verkoudheid (de) | настинка (ж) | [nastínka] |
| verkouden raken (ww) | настина | [nastína] |

| ijs (het) | лед (м) | [let] |
| ijzel (de) | поледица (ж) | [poléditsa] |
| bevriezen (rivier, enz.) | замръзна | [zamrézna] |
| ijsschol (de) | леден блок (м) | [léden blok] |

| ski's (mv.) | ски (мн) | [ski] |
| skiër (de) | скиор (м) | [skiór] |
| skiën (ww) | карам ски | [káram ski] |
| schaatsen (ww) | пързалям се с кънки | [pərzálʲam se s kénki] |

# Fauna

## 210. Zoogdieren. Roofdieren

| | | |
|---|---|---|
| roofdier (het) | хищник (м) | [híʃtnik] |
| tijger (de) | тигър (м) | [tígər] |
| leeuw (de) | лъв (м) | [ləv] |
| wolf (de) | вълк (м) | [vəlk] |
| vos (de) | лисица (ж) | [lisítsa] |
| | | |
| jaguar (de) | ягуар (м) | [jaguár] |
| luipaard (de) | леопард (м) | [leopárt] |
| jachtluipaard (de) | гепард (м) | [gepárt] |
| | | |
| panter (de) | пантера (ж) | [pantéra] |
| poema (de) | пума (ж) | [púma] |
| sneeuwluipaard (de) | снежен барс (м) | [snéʒen bars] |
| lynx (de) | рис (м) | [ris] |
| | | |
| coyote (de) | койот (м) | [kojót] |
| jakhals (de) | чакал (м) | [tʃakál] |
| hyena (de) | хиена (ж) | [hiéna] |

## 211. Wilde dieren

| | | |
|---|---|---|
| dier (het) | животно (с) | [ʒivótno] |
| beest (het) | звяр (м) | [zvʲar] |
| | | |
| eekhoorn (de) | катерица (ж) | [káteritsa] |
| egel (de) | таралеж (м) | [taraléʒ] |
| haas (de) | заек (м) | [záek] |
| konijn (het) | питомен заек (м) | [pítomen záek] |
| | | |
| das (de) | язовец (м) | [jázovets] |
| wasbeer (de) | енот (м) | [enót] |
| hamster (de) | хамстер (м) | [hámster] |
| marmot (de) | мармот (м) | [marmót] |
| | | |
| mol (de) | къртица (ж) | [kərtítsa] |
| muis (de) | мишка (ж) | [míʃka] |
| rat (de) | плъх (м) | [pləh] |
| vleermuis (de) | прилеп (м) | [prílep] |
| | | |
| hermelijn (de) | хермелин (м) | [hermelín] |
| sabeldier (het) | самур (м) | [samúr] |
| marter (de) | бялка (ж) | [bʲálka] |
| wezel (de) | невестулка (ж) | [nevestúlka] |
| nerts (de) | норка (ж) | [nórka] |

| | | |
|---|---|---|
| bever (de) | бобър (м) | [bóbər] |
| otter (de) | видра (ж) | [vídra] |

| | | |
|---|---|---|
| paard (het) | кон (м) | [kon] |
| eland (de) | лос (м) | [los] |
| hert (het) | елен (м) | [elén] |
| kameel (de) | камила (ж) | [kamíla] |

| | | |
|---|---|---|
| bizon (de) | бизон (м) | [bizón] |
| wisent (de) | зубър (м) | [zúbər] |
| buffel (de) | бивол (м) | [bívol] |

| | | |
|---|---|---|
| zebra (de) | зебра (ж) | [zébra] |
| antilope (de) | антилопа (ж) | [antilópa] |
| ree (de) | сърна (ж) | [sərná] |
| damhert (het) | лопатар (м) | [lopatár] |
| gems (de) | сърна (ж) | [sərná] |
| everzwijn (het) | глиган (м) | [gligán] |

| | | |
|---|---|---|
| walvis (de) | кит (м) | [kit] |
| rob (de) | тюлен (м) | [tʲulén] |
| walrus (de) | морж (м) | [morʒ] |
| zeebeer (de) | морска котка (ж) | [mórska kótka] |
| dolfijn (de) | делфин (м) | [delfín] |

| | | |
|---|---|---|
| beer (de) | мечка (ж) | [métʃka] |
| ijsbeer (de) | бяла мечка (ж) | [bʲála métʃka] |
| panda (de) | панда (ж) | [pánda] |

| | | |
|---|---|---|
| aap (de) | маймуна (ж) | [majmúna] |
| chimpansee (de) | шимпанзе (с) | [ʃimpanzé] |
| orang-oetan (de) | орангутан (м) | [orangután] |
| gorilla (de) | горила (ж) | [goríla] |
| makaak (de) | макак (м) | [makák] |
| gibbon (de) | гибон (м) | [gibón] |

| | | |
|---|---|---|
| olifant (de) | слон (м) | [slon] |
| neushoorn (de) | носорог (м) | [nosorók] |
| giraffe (de) | жираф (м) | [ʒiráf] |
| nijlpaard (het) | хипопотам (м) | [hipopotám] |

| | | |
|---|---|---|
| kangoeroe (de) | кенгуру (с) | [kénguru] |
| koala (de) | коала (ж) | [koála] |

| | | |
|---|---|---|
| mangoest (de) | мангуста (ж) | [mangústa] |
| chinchilla (de) | чинчила (ж) | [tʃintʃíla] |
| stinkdier (het) | скунс (м) | [skuns] |
| stekelvarken (het) | бодливец (м) | [bodlívets] |

## 212. Huisdieren

| | | |
|---|---|---|
| poes (de) | котка (ж) | [kótka] |
| kater (de) | котарак (м) | [kotarák] |
| paard (het) | кон (м) | [kon] |

| hengst (de) | жребец (м) | [ʒrebéts] |
| merrie (de) | кобила (ж) | [kobíla] |

| koe (de) | крава (ж) | [kráva] |
| bul, stier (de) | бик (м) | [bik] |
| os (de) | вол (м) | [vol] |

| schaap (het) | овца (ж) | [ovtsá] |
| ram (de) | овен (м) | [ovén] |
| geit (de) | коза (ж) | [kozá] |
| bok (de) | козел (м) | [kozél] |

| ezel (de) | магаре (с) | [magáre] |
| muilezel (de) | муле (с) | [múle] |

| varken (het) | свиня (ж) | [svinʲá] |
| biggetje (het) | прасе (с) | [prasé] |
| konijn (het) | питомен заек (м) | [pítomen záek] |

| kip (de) | кокошка (ж) | [kokóʃka] |
| haan (de) | петел (м) | [petél] |

| eend (de) | патица (ж) | [pátitsa] |
| woerd (de) | паток (м) | [patók] |
| gans (de) | гъсок (м) | [gəsók] |

| kalkoen haan (de) | пуяк (м) | [pújak] |
| kalkoen (de) | пуйка (ж) | [pújka] |

| huisdieren (mv.) | домашни животни (с мн) | [domáʃni ʒivótni] |
| tam (bijv. hamster) | питомен | [pítomen] |
| temmen (tam maken) | опитомявам | [opitomʲávam] |
| fokken (bijv. paarden ~) | отглеждам | [otgléʒdam] |

| boerderij (de) | ферма (ж) | [férma] |
| gevogelte (het) | домашна птица (ж) | [domáʃna ptítsa] |
| rundvee (het) | добитък (м) | [dobítək] |
| kudde (de) | стадо (с) | [stádo] |

| paardenstal (de) | обор (м) | [obór] |
| zwijnenstal (de) | кочина (ж) | [kótʃina] |
| koeienstal (de) | краварник (м) | [kravárnik] |
| konijnenhok (het) | зайчарник (м) | [zajtʃárnik] |
| kippenhok (het) | курник (м) | [kúrnik] |

## 213. Honden. Hondenrassen

| hond (de) | куче (с) | [kútʃe] |
| herdershond (de) | овчарско куче (с) | [oftʃársko kútʃe] |
| Duitse herdershond (de) | немска овчарка (ж) | [némska oftʃárka] |
| poedel (de) | пудел (м) | [púdel] |
| teckel (de) | дакел (м) | [dákel] |
| buldog (de) | булдог (м) | [buldók] |
| boxer (de) | боксер (м) | [boksér] |

| | | |
|---|---|---|
| mastiff (de) | мастиф (м) | [mastíf] |
| rottweiler (de) | ротвайлер (м) | [rotvájler] |
| doberman (de) | доберман (м) | [dóberman] |

| | | |
|---|---|---|
| basset (de) | басет (м) | [báset] |
| bobtail (de) | бобтейл (м) | [bóbtejl] |
| dalmatiër (de) | далматинец (м) | [dalmatinéts] |
| cockerspaniël (de) | кокер шпаньол (м) | [kóker ʃpanʲól] |

| | | |
|---|---|---|
| Newfoundlander (de) | нюфаундленд (м) | [nʲufáundlend] |
| sint-bernard (de) | санбернар (м) | [sanbernár] |

| | | |
|---|---|---|
| husky (de) | сибирско хъски (с) | [sibírsko héski] |
| chowchow (de) | чау-чау (с) | [ʧáu-ʧáu] |
| spits (de) | шпиц (м) | [ʃpits] |
| mopshond (de) | мопс (м) | [mops] |

## 214. Dierengeluiden

| | | |
|---|---|---|
| geblaf (het) | лай (м) | [laj] |
| blaffen (ww) | лая | [lája] |
| miauwen (ww) | мяукам | [mʲaúkam] |
| spinnen (katten) | мъркам | [mérkam] |

| | | |
|---|---|---|
| loeien (ov. een koe) | муча | [muʧá] |
| brullen (stier) | рева | [revá] |
| grommen (ov. de honden) | ръмжа | [rəmʒá] |

| | | |
|---|---|---|
| gehuil (het) | вой (м) | [voj] |
| huilen (wolf, enz.) | вия | [víja] |
| janken (ov. een hond) | скимтя | [skimtʲá] |

| | | |
|---|---|---|
| mekkeren (schapen) | блея | [bléja] |
| knorren (varkens) | грухтя | [gruhtʲá] |
| gillen (bijv. varken) | вреща | [vreʃtʲá] |

| | | |
|---|---|---|
| kwaken (kikvorsen) | крякам | [krʲákam] |
| zoemen (hommel, enz.) | бръмча | [brəmʧá] |
| tjirpen (sprinkhanen) | цвърча | [tsvərʧá] |

## 215. Jonge dieren

| | | |
|---|---|---|
| jong (het) | бебе, зверче (с) | [bébe], [zverʧé] |
| poesje (het) | котенце (с) | [kótentse] |
| muisje (het) | мишле (с) | [miʃlé] |
| puppy (de) | кученце (с) | [kúʧentse] |

| | | |
|---|---|---|
| jonge haas (de) | зайче (с) | [zájʧe] |
| konijntje (het) | зайче (с) | [zájʧe] |
| wolfje (het) | вълче (с) | [vəlʧé] |
| vosje (het) | лисиче (с) | [lisíʧe] |
| beertje (het) | мече (с) | [meʧé] |

| leeuwenjong (het) | лъвче (с) | [lóftʃe] |
| tijgertje (het) | тигърче (с) | [tígərtʃe] |
| olifantenjong (het) | слонче (с) | [slóntʃe] |

| biggetje (het) | прасе (с) | [prasé] |
| kalf (het) | теле (с) | [téle] |
| geitje (het) | яре (с) | [járe] |
| lam (het) | агне (с) | [ágne] |
| reekalf (het) | еленче (с) | [eléntʃe] |
| jonge kameel (de) | камилче (с) | [kamíltʃe] |

| slangenjong (het) | змийче (с) | [zmijtʃé] |
| kikkertje (het) | жабче (с) | [ʒáptʃe] |

| vogeltje (het) | пиле (с) | [píle] |
| kuiken (het) | пиле (с) | [píle] |
| eendje (het) | пате (с) | [páte] |

## 216. Vogels

| vogel (de) | птица (ж) | [ptítsa] |
| duif (de) | гълъб (м) | [géləp] |
| mus (de) | врабче (с) | [vrabtʃé] |
| koolmees (de) | синигер (м) | [sinigér] |
| ekster (de) | сврака (ж) | [svráka] |

| raaf (de) | гарван (м) | [gárvan] |
| kraai (de) | врана (ж) | [vrána] |
| kauw (de) | гарга (ж) | [gárga] |
| roek (de) | полски гарван (м) | [pólski gárvan] |

| eend (de) | патица (ж) | [pátitsa] |
| gans (de) | гъсок (м) | [gəsók] |
| fazant (de) | фазан (м) | [fazán] |

| arend (de) | орел (м) | [orél] |
| havik (de) | ястреб (м) | [jástrep] |
| valk (de) | сокол (м) | [sokól] |
| gier (de) | гриф (м) | [grif] |
| condor (de) | кондор (м) | [kondór] |

| zwaan (de) | лебед (м) | [lébet] |
| kraanvogel (de) | жерав (м) | [ʒérav] |
| ooievaar (de) | щъркел (м) | [ʃtə́rkel] |

| papegaai (de) | папагал (м) | [papagál] |
| kolibrie (de) | колибри (с) | [kolíbri] |
| pauw (de) | паун (м) | [paún] |

| struisvogel (de) | щраус (м) | [ʃtráus] |
| reiger (de) | чапла (ж) | [tʃápla] |
| flamingo (de) | фламинго (с) | [flamíngo] |
| pelikaan (de) | пеликан (м) | [pelikán] |
| nachtegaal (de) | славей (м) | [slávej] |

| | | |
|---|---|---|
| zwaluw (de) | лястовица (ж) | [lʲástovitsa] |
| lijster (de) | дрозд (м) | [drozd] |
| zanglijster (de) | поен дрозд (м) | [póen drozd] |
| merel (de) | кос, черен дрозд (м) | [kos], [tʃéren drozd] |

| | | |
|---|---|---|
| gierzwaluw (de) | бързолет (м) | [bərzolét] |
| leeuwerik (de) | чучулига (ж) | [tʃutʃulíga] |
| kwartel (de) | пъдпъдък (м) | [pədpədék] |

| | | |
|---|---|---|
| specht (de) | кълвач (м) | [kəlvátʃ] |
| koekoek (de) | кукувица (ж) | [kúkuvitsa] |
| uil (de) | сова (ж) | [sóva] |
| oehoe (de) | бухал (м) | [búhal] |
| auerhoen (het) | глухар (м) | [gluhár] |
| korhoen (het) | тетрев (м) | [tétrev] |
| patrijs (de) | яребица (ж) | [járebitsa] |

| | | |
|---|---|---|
| spreeuw (de) | скорец (м) | [skoréts] |
| kanarie (de) | канарче (с) | [kanártʃe] |
| hazelhoen (het) | лещарка (ж) | [leʃtárka] |
| vink (de) | чинка (ж) | [tʃínka] |
| goudvink (de) | червенушка (ж) | [tʃervenúʃka] |

| | | |
|---|---|---|
| meeuw (de) | чайка (ж) | [tʃájka] |
| albatros (de) | албатрос (м) | [albatrós] |
| pinguïn (de) | пингвин (м) | [pingvín] |

## 217. Vogels. Zingen en geluiden

| | | |
|---|---|---|
| fluiten, zingen (ww) | пея | [péja] |
| schreeuwen (dieren, vogels) | кряскам | [krʲáskam] |
| kraaien (ov. een haan) | кукуригам | [kukurígam] |
| kukeleku | кукуригу | [kukurígu] |

| | | |
|---|---|---|
| klokken (hen) | кудкудякам | [kutkudʲákam] |
| krassen (kraai) | грача | [grátʃa] |
| kwaken (eend) | крякам | [krʲákam] |
| piepen (kuiken) | пищя | [piʃtʲá] |
| tjilpen (bijv. een mus) | чуруликам | [tʃurulíkam] |

## 218. Vis. Zeedieren

| | | |
|---|---|---|
| brasem (de) | платика (ж) | [platíka] |
| karper (de) | шаран (м) | [ʃarán] |
| baars (de) | костур (м) | [kostúr] |
| meerval (de) | сом (м) | [som] |
| snoek (de) | щука (ж) | [ʃtúka] |

| | | |
|---|---|---|
| zalm (de) | сьомга (ж) | [sʲómga] |
| steur (de) | есетра (ж) | [esétra] |
| haring (de) | селда (ж) | [sélda] |
| atlantische zalm (de) | сьомга (ж) | [sʲómga] |

| | | |
|---|---|---|
| makreel (de) | скумрия (ж) | [skumríja] |
| platvis (de) | калкан (м) | [kalkán] |
| | | |
| snoekbaars (de) | бяла риба (ж) | [bʲála ríba] |
| kabeljauw (de) | треска (ж) | [tréska] |
| tonijn (de) | риба тон (м) | [ríba ton] |
| forel (de) | пъстърва (ж) | [pəstérva] |
| | | |
| paling (de) | змиорка (ж) | [zmiórka] |
| sidderrog (de) | електрически скат (м) | [elektrítʃeski skat] |
| murene (de) | мурена (ж) | [muréna] |
| piranha (de) | пираня (ж) | [piránʲa] |
| | | |
| haai (de) | акула (ж) | [akúla] |
| dolfijn (de) | делфин (м) | [delfín] |
| walvis (de) | кит (м) | [kit] |
| | | |
| krab (de) | морски рак (м) | [mórski rak] |
| kwal (de) | медуза (ж) | [medúza] |
| octopus (de) | октопод (м) | [oktopót] |
| | | |
| zeester (de) | морска звезда (ж) | [mórska zvezdá] |
| zee-egel (de) | морски таралеж (м) | [mórski taraléʒ] |
| zeepaardje (het) | морско конче (с) | [mórsko kóntʃe] |
| | | |
| oester (de) | стрида (ж) | [strída] |
| garnaal (de) | скарида (ж) | [skarída] |
| kreeft (de) | омар (м) | [omár] |
| langoest (de) | лангуста (ж) | [langústa] |

## 219. Amfibieën. Reptielen

| | | |
|---|---|---|
| slang (de) | змия (ж) | [zmijá] |
| giftig (slang) | отровен | [otróven] |
| | | |
| adder (de) | усойница (ж) | [usójnitsa] |
| cobra (de) | кобра (ж) | [kóbra] |
| python (de) | питон (м) | [pitón] |
| boa (de) | боа (ж) | [boá] |
| ringslang (de) | смок (м) | [smok] |
| ratelslang (de) | гърмяща змия (ж) | [gərmʲáʃta zmijá] |
| anaconda (de) | анаконда (ж) | [anakónda] |
| | | |
| hagedis (de) | гущер (м) | [gúʃter] |
| leguaan (de) | игуана (ж) | [iguána] |
| varaan (de) | варан (м) | [varán] |
| salamander (de) | саламандър (м) | [salamándər] |
| kameleon (de) | хамелеон (м) | [hameleón] |
| schorpioen (de) | скорпион (м) | [skorpión] |
| | | |
| schildpad (de) | костенурка (ж) | [kostenúrka] |
| kikker (de) | водна жаба (ж) | [vódna ʒába] |
| pad (de) | жаба (ж) | [ʒába] |
| krokodil (de) | крокодил (м) | [krokodíl] |

## 220. Insecten

| | | |
|---|---|---|
| insect (het) | насекомо (с) | [nasekómo] |
| vlinder (de) | пеперуда (ж) | [peperúda] |
| mier (de) | мравка (ж) | [mráfka] |
| vlieg (de) | муха (ж) | [muhá] |
| mug (de) | комар (м) | [komár] |
| kever (de) | бръмбар (м) | [brémbar] |
| | | |
| wesp (de) | оса (ж) | [osá] |
| bij (de) | пчела (ж) | [ptʃelá] |
| hommel (de) | земна пчела (ж) | [zémna ptʃelá] |
| horzel (de) | щръклица (ж), овод (м) | [ʃtréklitsa], [óvot] |
| | | |
| spin (de) | паяк (м) | [pájak] |
| spinnenweb (het) | паяжина (ж) | [pájaʒina] |
| | | |
| libel (de) | водно конче (с) | [vódno kóntʃe] |
| sprinkhaan (de) | скакалец (м) | [skakaléts] |
| nachtvlinder (de) | нощна пеперуда (ж) | [nóʃtna peperúda] |
| | | |
| kakkerlak (de) | хлебарка (ж) | [hlebárka] |
| teek (de) | кърлеж (м) | [kérleʃ] |
| vlo (de) | бълха (ж) | [bəlhá] |
| kriebelmug (de) | мушица (ж) | [muʃítsa] |
| | | |
| treksprinkhaan (de) | прелетен скакалец (м) | [préleten skakaléts] |
| slak (de) | охлюв (м) | [óhlʲuf] |
| krekel (de) | щурец (м) | [ʃturéts] |
| glimworm (de) | светулка (ж) | [svetúlka] |
| lieveheersbeestje (het) | калинка (ж) | [kalínka] |
| meikever (de) | майски бръмбар (м) | [májski brémbar] |
| | | |
| bloedzuiger (de) | пиявица (ж) | [pijávitsa] |
| rups (de) | гъсеница (ж) | [gəsénitsa] |
| aardworm (de) | червей (м) | [tʃérvej] |
| larve (de) | буба (ж) | [búba] |

## 221. Dieren. Lichaamsdelen

| | | |
|---|---|---|
| snavel (de) | клюн (м) | [klʲun] |
| vleugels (mv.) | криле (мн) | [krilé] |
| poot (ov. een vogel) | крак (м) | [krak] |
| verenkleed (het) | перушина (ж) | [peruʃína] |
| veer (de) | перо (с) | [peró] |
| kuifje (het) | качул (с) | [katʃúl] |
| | | |
| kieuwen (mv.) | хриле (с) | [hrilé] |
| kuit, dril (de) | хайвер (м) | [hajvér] |
| larve (de) | личинка (ж) | [lítʃinka] |
| vin (de) | перка (ж) | [pérka] |
| schubben (mv.) | люспа (ж) | [lʲúspa] |
| slagtand (de) | зъб (м) | [zəp] |

| | | |
|---|---|---|
| poot (bijv. ~ van een kat) | лапа (ж) | [lápa] |
| muil (de) | муцуна (ж) | [mutsúna] |
| bek (mond van dieren) | уста (ж) | [ustá] |
| staart (de) | опашка (ж) | [opáʃka] |
| snorharen (mv.) | мустаци (м мн) | [mustátsi] |

| | | |
|---|---|---|
| hoef (de) | копито (с) | [kopíto] |
| hoorn (de) | рог (м) | [rok] |

| | | |
|---|---|---|
| schild (schildpad, enz.) | черупка (ж) | [ʧerúpka] |
| schelp (de) | мида (ж) | [mída] |
| eierschaal (de) | черупка (ж) | [ʧerúpka] |

| | | |
|---|---|---|
| vacht (de) | козина (ж) | [kózina] |
| huid (de) | кожа (ж) | [kóʒa] |

## 222. Acties van de dieren

| | | |
|---|---|---|
| vliegen (ww) | летя | [letʲá] |
| cirkelen (vogel) | вия се | [víja se] |
| wegvliegen (ww) | отлетя | [otletʲá] |
| klapwieken (ww) | махам | [máham] |

| | | |
|---|---|---|
| pikken (vogels) | кълва | [kəlvá] |
| broeden (de eend zit te ~) | излюпвам | [izlʲúpvam] |
| uitbroeden (ww) | излюпвам се | [izlʲúpvam se] |
| een nest bouwen | вия | [víja] |

| | | |
|---|---|---|
| kruipen (ww) | пълзя | [pəlzʲá] |
| steken (bij) | жиля | [ʒílʲa] |
| bijten (de hond, enz.) | хапя | [hápʲa] |

| | | |
|---|---|---|
| snuffelen (ov. de dieren) | душа | [dúʃa] |
| blaffen (ww) | лая | [lája] |
| sissen (slang) | съска | [səska] |
| doen schrikken (ww) | плаша | [pláʃa] |
| aanvallen (ww) | нападам | [napádam] |

| | | |
|---|---|---|
| knagen (ww) | гриза | [grizá] |
| schrammen (ww) | драскам | [dráskam] |
| zich verbergen (ww) | крия се | [kríja se] |

| | | |
|---|---|---|
| spelen (ww) | играя | [igrája] |
| jagen (ww) | ловувам | [lovúvam] |
| winterslapen | изпадам в зимен сън | [ispádam v zímen sən] |
| uitsterven (dinosauriërs, enz.) | измра | [izmrá] |

## 223. Dieren. Leefomgevingen

| | | |
|---|---|---|
| leefgebied (het) | среда (ж) на обитаване | [sredá na obitávane] |
| migratie (de) | миграция (ж) | [migrátsija] |
| berg (de) | планина (ж) | [planiná] |

| | | |
|---|---|---|
| rif (het) | риф (м) | [rif] |
| klip (de) | скала (ж) | [skalá] |

| | | |
|---|---|---|
| bos (het) | гора (ж) | [gorá] |
| jungle (de) | джунгла (ж) | [dʒúngla] |
| savanne (de) | савана (ж) | [savána] |
| toendra (de) | тундра (ж) | [túndra] |

| | | |
|---|---|---|
| steppe (de) | степ (ж) | [step] |
| woestijn (de) | пустиня (ж) | [pustínʲa] |
| oase (de) | оазис (м) | [oázis] |

| | | |
|---|---|---|
| zee (de) | море (с) | [moré] |
| meer (het) | езеро (с) | [ézero] |
| oceaan (de) | океан (м) | [okeán] |

| | | |
|---|---|---|
| moeras (het) | блато (с) | [bláto] |
| zoetwater- (abn) | сладководен | [slatkovóden] |
| vijver (de) | изкуствен вир (м) | [iskústven vir] |
| rivier (de) | река (ж) | [reká] |

| | | |
|---|---|---|
| berenhol (het) | бърлога (ж) | [bərlóga] |
| nest (het) | гнездо (с) | [gnezdó] |
| boom holte (de) | хралупа (ж) | [hralúpa] |
| hol (het) | дупка (ж) | [dúpka] |
| mierenhoop (de) | мравуняк (м) | [mravúnʲak] |

## 224. Dierverzorging

| | | |
|---|---|---|
| dierentuin (de) | зоологическа градина (ж) | [zoologítʃeska gradína] |
| natuurreservaat (het) | резерват (м) | [rezervát] |

| | | |
|---|---|---|
| fokkerij (de) | развъдник (м) | [razvédnik] |
| openluchtkooi (de) | волиера (ж) | [voliéra] |
| kooi (de) | клетка (ж) | [klétka] |
| hondenhok (het) | кучешка колибка (ж) | [kútʃeʃka kolípka] |

| | | |
|---|---|---|
| duiventil (de) | гълъбарник (м) | [gələbárnik] |
| aquarium (het) | аквариум (м) | [akvárium] |
| dolfinarium (het) | делфинариум (м) | [delfinárium] |

| | | |
|---|---|---|
| fokken (bijv. honden ~) | развъждам | [razvéʒdam] |
| nakomelingen (mv.) | потомство (с) | [potómstvo] |
| temmen (tam maken) | опитомявам | [opitomʲávam] |
| dresseren (ww) | дресирам | [dresíram] |

| | | |
|---|---|---|
| voeding (de) | храна (ж) | [hraná] |
| voederen (ww) | храня | [hránʲa] |

| | | |
|---|---|---|
| dierenwinkel (de) | зоомагазин (м) | [zoomagazín] |
| muilkorf (de) | намордник (м) | [namórdnik] |
| halsband (de) | каишка (ж) | [kaíʃka] |
| naam (ov. een dier) | име (с) | [íme] |
| stamboom (honden met ~) | родословие (с) | [rodoslóvie] |

## 225. Dieren. Diversen

| | | |
|---|---|---|
| meute (wolven) | глутница (ж) | [glútnitsa] |
| zwerm (vogels) | ято (с) | [játo] |
| school (vissen) | пасаж (м) | [pasáʒ] |
| kudde (wilde paarden) | табун (м) | [tabún] |
| | | |
| mannetje (het) | самец (м) | [saméts] |
| vrouwtje (het) | самка (ж) | [sámka] |
| | | |
| hongerig (bn) | гладен | [gláden] |
| wild (bn) | див | [div] |
| gevaarlijk (bn) | опасен | [opásen] |

## 226. Paarden

| | | |
|---|---|---|
| paard (het) | кон (м) | [kon] |
| ras (het) | порода (ж) | [poróda] |
| | | |
| veulen (het) | жребец (м) | [ʒrebéts] |
| merrie (de) | кобила (ж) | [kobíla] |
| | | |
| mustang (de) | мустанг (м) | [mustáng] |
| pony (de) | пони (с) | [póni] |
| koudbloed (de) | товарен кон (м) | [továren kon] |
| | | |
| manen (mv.) | грива (ж) | [gríva] |
| staart (de) | опашка (ж) | [opáʃka] |
| | | |
| hoef (de) | копито (с) | [kopíto] |
| hoefijzer (het) | подкова (ж) | [potkóva] |
| beslaan (ww) | подкова | [potková] |
| paardensmid (de) | ковач (м) | [kovátʃ] |
| | | |
| zadel (het) | седло (с) | [sedló] |
| stijgbeugel (de) | стреме (с) | [stréme] |
| breidel (de) | юзда (ж) | [juzdá] |
| leidsels (mv.) | поводи (м мн) | [póvodi] |
| zweep (de) | камшик (м) | [kamʃík] |
| | | |
| ruiter (de) | ездач (м) | [ezdátʃ] |
| zadelen (ww) | яхна | [jáhna] |
| een paard bestijgen | седна в седло | [sédna f sedló] |
| | | |
| galop (de) | галоп (м) | [galóp] |
| galopperen (ww) | галопирам | [galopíram] |
| draf (de) | тръс (м) | [trəs] |
| in draf (bw) | в тръс | [f trəs] |
| draven (ww) | скачам в тръс | [skátʃam f trəs] |
| | | |
| renpaard (het) | състезателен кон (м) | [səstezátelen kon] |
| paardenrace (de) | конни надбягвания (с мн) | [kónni nadbʲágvanija] |
| paardenstal (de) | обор (м) | [obór] |

| | | |
|---|---|---|
| voederen (ww) | храня | [hránʲa] |
| hooi (het) | сено (с) | [senó] |
| water geven (ww) | поя | [pojá] |
| wassen (paard ~) | чистя | [ʧístʲa] |
| | | |
| paardenkar (de) | каруца (ж) | [karútsa] |
| grazen (gras eten) | паса | [pasá] |
| hinniken (ww) | цвиля | [tsvílʲa] |
| een trap geven | ритна | [rítna] |

# Flora

## 227. Bomen

| | | |
|---|---|---|
| boom (de) | дърво (c) | [dərvó] |
| loof- (abn) | широколистно | [ʃirokolístno] |
| dennen- (abn) | иглолистно | [iglolístno] |
| groenblijvend (bn) | вечнозелено | [vetʃnozeléno] |
| | | |
| appelboom (de) | ябълка (ж) | [jábəlka] |
| perenboom (de) | круша (ж) | [krúʃa] |
| zoete kers (de) | череша (ж) | [tʃeréʃa] |
| zure kers (de) | вишна (ж) | [víʃna] |
| pruimelaar (de) | слива (ж) | [slíva] |
| | | |
| berk (de) | бреза (ж) | [brezá] |
| eik (de) | дъб (м) | [dəp] |
| linde (de) | липа (ж) | [lipá] |
| esp (de) | трепетлика (ж) | [trepetlíka] |
| esdoorn (de) | клен (м) | [klen] |
| spar (de) | ела (ж) | [elá] |
| den (de) | бор (м) | [bor] |
| lariks (de) | лиственица (ж) | [lístvenitsa] |
| zilverspar (de) | бяла ела (ж) | [bʲála elá] |
| ceder (de) | кедър (м) | [kédər] |
| | | |
| populier (de) | топола (ж) | [topóla] |
| lijsterbes (de) | офика (ж) | [ofíka] |
| wilg (de) | върба (ж) | [vərbá] |
| els (de) | елша (ж) | [elʃá] |
| beuk (de) | бук (м) | [buk] |
| iep (de) | бряст (м) | [brʲast] |
| es (de) | ясен (м) | [jásen] |
| kastanje (de) | кестен (м) | [késten] |
| | | |
| magnolia (de) | магнолия (ж) | [magnólija] |
| palm (de) | палма (ж) | [pálma] |
| cipres (de) | кипарис (м) | [kiparís] |
| | | |
| mangrove (de) | мангрово дърво (c) | [mangrovo dərvó] |
| baobab (apenbroodboom) | баобаб (м) | [baobáp] |
| eucalyptus (de) | евкалипт (м) | [efkalípt] |
| mammoetboom (de) | секвоя (ж) | [sekvója] |

## 228. Heesters

| | | |
|---|---|---|
| struik (de) | храст (м) | [hrast] |
| heester (de) | храсталак (м) | [hrastalák] |

| wijnstok (de) | грозде (c) | [grózde] |
| wijngaard (de) | лозе (c) | [lóze] |

| frambozenstruik (de) | малина (ж) | [malína] |
| zwarte bes (de) | черно френско грозде (c) | [tʃérno frénsko grózde] |
| rode bessenstruik (de) | червено френско грозде (c) | [tʃervéno frénsko grózde] |
| kruisbessenstruik (de) | цариградско грозде (c) | [tsarigrátsko grózde] |

| acacia (de) | акация (ж) | [akátsija] |
| zuurbes (de) | кисел трън (м) | [kísel trən] |
| jasmijn (de) | жасмин (м) | [ʒasmín] |

| jeneverbes (de) | хвойна, смрика (ж) | [hvójna], [smríka] |
| rozenstruik (de) | розов храст (м) | [rózov hrast] |
| hondsroos (de) | шипка (ж) | [ʃípka] |

## 229. Champignons

| paddenstoel (de) | гъба (ж) | [géba] |
| eetbare paddenstoel (de) | ядлива гъба (ж) | [jadlíva géba] |
| giftige paddenstoel (de) | отровна гъба (ж) | [otróvna géba] |
| hoed (de) | шапка (ж) | [ʃápka] |
| steel (de) | пънче (c) | [péntʃe] |

| eekhoorntjesbrood (het) | манатарка (ж) | [manatárka] |
| rosse populierboleet (de) | червена брезовка (ж) | [tʃervéna brézofka] |
| berkenboleet (de) | брезова манатарка (ж) | [brézova manatárka] |
| cantharel (de) | пачи крак (м) | [pátʃi krak] |
| russula (de) | гълъбка (ж) | [gélapka] |

| morielje (de) | пумпалка (ж) | [púmpalka] |
| vliegenzwam (de) | мухоморка (ж) | [muhomórka] |
| groene knolamaniet (de) | зелена мухоморка (ж) | [zeléna muhómorka] |

## 230. Vruchten. Bessen

| vrucht (de) | плод (м) | [plot] |
| vruchten (mv.) | плодове (м мн) | [plodové] |
| appel (de) | ябълка (ж) | [jábəlka] |
| peer (de) | круша (ж) | [krúʃa] |
| pruim (de) | слива (ж) | [slíva] |

| aardbei (de) | ягода (ж) | [jágoda] |
| zure kers (de) | вишна (ж) | [víʃna] |
| zoete kers (de) | череша (ж) | [tʃeréʃa] |
| druif (de) | грозде (c) | [grózde] |

| framboos (de) | малина (ж) | [malína] |
| zwarte bes (de) | черно френско грозде (c) | [tʃérno frénsko grózde] |
| rode bes (de) | червено френско грозде (c) | [tʃervéno frénsko grózde] |

| kruisbes (de) | цариградско грозде (c) | [tsarigrátsko grózde] |
| veenbes (de) | клюква (ж) | [klʲúkva] |

| sinaasappel (de) | портокал (м) | [portokál] |
| mandarijn (de) | мандарина (ж) | [mandarína] |
| ananas (de) | ананас (м) | [ananás] |
| banaan (de) | банан (м) | [banán] |
| dadel (de) | фурма (ж) | [furmá] |

| citroen (de) | лимон (м) | [limón] |
| abrikoos (de) | кайсия (ж) | [kajsíja] |
| perzik (de) | праскова (ж) | [práskova] |
| kiwi (de) | киви (c) | [kívi] |
| grapefruit (de) | грейпфрут (м) | [gréjpfrut] |

| bes (de) | горски плод (м) | [górski plot] |
| bessen (mv.) | горски плодове (м мн) | [górski plodové] |
| vossenbes (de) | червена боровинка (ж) | [tʃervéna borovínka] |
| bosaardbei (de) | горска ягода (ж) | [górska jágoda] |
| blauwe bosbes (de) | черна боровинка (ж) | [tʃérna borovínka] |

## 231. Bloemen. Planten

| bloem (de) | цвете (c) | [tsvéte] |
| boeket (het) | букет (м) | [bukét] |

| roos (de) | роза (ж) | [róza] |
| tulp (de) | лале (c) | [lalé] |
| anjer (de) | карамфил (м) | [karamfíl] |
| gladiool (de) | гладиола (ж) | [gladióla] |

| korenbloem (de) | метличина (ж) | [metlitʃína] |
| klokje (het) | камбанка (ж) | [kambánka] |
| paardenbloem (de) | глухарче (c) | [gluhártʃe] |
| kamille (de) | лайка (ж) | [lájka] |

| aloë (de) | алое (c) | [alóe] |
| cactus (de) | кактус (м) | [káktus] |
| ficus (de) | фикус (м) | [fíkus] |

| lelie (de) | лилиум (м) | [lílium] |
| geranium (de) | мушкато (c) | [muʃkáto] |
| hyacint (de) | зюмбюл (м) | [zʲúmbʲúl] |

| mimosa (de) | мимоза (ж) | [mimóza] |
| narcis (de) | нарцис (м) | [nartsís] |
| Oost-Indische kers (de) | латинка (ж) | [latínka] |

| orchidee (de) | орхидея (ж) | [orhidéja] |
| pioenroos (de) | божур (м) | [boʒúr] |
| viooltje (het) | теменуга (ж) | [temenúga] |

| driekleurig viooltje (het) | трицветна теменуга (ж) | [tritsvétna temenúga] |
| vergeet-mij-nietje (het) | незабравка (ж) | [nezabráfka] |

| madeliefje (het) | маргаритка (ж) | [margarítka] |
| papaver (de) | мак (м) | [mak] |
| hennep (de) | коноп (м) | [konóp] |
| munt (de) | мента (ж) | [ménta] |

| lelietje-van-dalen (het) | момина сълза (ж) | [mómina səlzá] |
| sneeuwklokje (het) | кокиче (с) | [kokítʃe] |

| brandnetel (de) | коприва (ж) | [kopríva] |
| veldzuring (de) | киселец (м) | [kíselets] |
| waterlelie (de) | водна лилия (ж) | [vódna lílija] |
| varen (de) | папрат (м) | [páprat] |
| korstmos (het) | лишей (м) | [líʃej] |

| oranjerie (de) | оранжерия (ж) | [oranʒérija] |
| gazon (het) | тревна площ (ж) | [trévna ploʃt] |
| bloemperk (het) | цветна леха (ж) | [tsvétna lehá] |

| plant (de) | растение (с) | [rasténie] |
| gras (het) | трева (ж) | [trevá] |
| grasspriet (de) | тревичка (ж) | [trevítʃka] |

| blad (het) | лист (м) | [list] |
| bloemblad (het) | венчелистче (с) | [ventʃelísttʃe] |
| stengel (de) | стъбло (с) | [stəbló] |
| knol (de) | грудка (ж) | [grútka] |

| scheut (de) | кълн (м) | [kəln] |
| doorn (de) | бодил (м) | [bodíl] |

| bloeien (ww) | цъфтя | [tsəftʲá] |
| verwelken (ww) | увяхвам | [uvʲáhvam] |
| geur (de) | мирис (м) | [míris] |
| snijden (bijv. bloemen ~) | отрежа | [otréʒa] |
| plukken (bloemen ~) | откъсна | [otkésna] |

## 232. Granen, graankorrels

| graan (het) | зърно (с) | [zérno] |
| graangewassen (mv.) | житни култури (ж мн) | [ʒítni kultúri] |
| aar (de) | клас (м) | [klas] |

| tarwe (de) | пшеница (ж) | [pʃenítsa] |
| rogge (de) | ръж (ж) | [rəʒ] |
| haver (de) | овес (м) | [ovés] |
| gierst (de) | просо (с) | [prosó] |
| gerst (de) | ечемик (м) | [etʃemík] |

| maïs (de) | царевица (ж) | [tsárevitsa] |
| rijst (de) | ориз (м) | [oríz] |
| boekweit (de) | елда (ж) | [élda] |

| erwt (de) | грах (м) | [grah] |
| nierboon (de) | фасул (м) | [fasúl] |

| soja (de) | соя (ж) | [sója] |
| linze (de) | леща (ж) | [léʃta] |
| bonen (mv.) | боб (м) | [bop] |

## 233. Groenten. Groene groenten

| groenten (mv.) | зеленчуци (м мн) | [zelentʃútsi] |
| verse kruiden (mv.) | зарзават (м) | [zarzavát] |

| tomaat (de) | домат (м) | [domát] |
| augurk (de) | краставица (ж) | [krástavitsa] |
| wortel (de) | морков (м) | [mórkof] |
| aardappel (de) | картофи (мн) | [kartófi] |
| ui (de) | лук (м) | [luk] |
| knoflook (de) | чесън (м) | [tʃésən] |

| kool (de) | зеле (с) | [zéle] |
| bloemkool (de) | карфиол (м) | [karfiól] |
| spruitkool (de) | брюкселско зеле (с) | [brʲúkselsko zéle] |
| broccoli (de) | броколи (с) | [brókoli] |

| rode biet (de) | цвекло (с) | [tsvekló] |
| aubergine (de) | патладжан (м) | [patladʒán] |
| courgette (de) | тиквичка (ж) | [tíkvitʃka] |
| pompoen (de) | тиква (ж) | [tíkva] |
| knolraap (de) | ряпа (ж) | [rʲápa] |

| peterselie (de) | магданоз (м) | [magdanóz] |
| dille (de) | копър (м) | [kópər] |
| sla (de) | салата (ж) | [saláta] |
| selderij (de) | целина (ж) | [tsélina] |
| asperge (de) | аспержа (ж) | [aspérʒa] |
| spinazie (de) | спанак (м) | [spanák] |

| erwt (de) | грах (м) | [grah] |
| bonen (mv.) | боб (м) | [bop] |
| maïs (de) | царевица (ж) | [tsárevitsa] |
| nierboon (de) | фасул (м) | [fasúl] |

| peper (de) | пипер (м) | [pipér] |
| radijs (de) | репичка (ж) | [répitʃka] |
| artisjok (de) | ангинар (м) | [anginár] |

# REGIONALE AARDRIJKSKUNDE

## Landen. Nationaliteiten

### 234. West-Europa

| | | |
|---|---|---|
| Europa (het) | Европа | [evrópa] |
| Europese Unie (de) | Европейски Съюз (м) | [evropéjski səjúz] |
| Europeaan (de) | европеец (м) | [evropéets] |
| Europees (bn) | европейски | [evropéjski] |
| | | |
| Oostenrijk (het) | Австрия | [áfstrija] |
| Oostenrijker (de) | австриец (м) | [afstríets] |
| Oostenrijkse (de) | австрийка (ж) | [afstríjka] |
| Oostenrijks (bn) | австрийски | [afstríjski] |
| | | |
| Groot-Brittannië (het) | Великобритания | [velikobritánija] |
| Engeland (het) | Англия | [ánglija] |
| Engelsman (de) | англичанин (м) | [anglitʃánin] |
| Engelse (de) | англичанка (ж) | [anglitʃánka] |
| Engels (bn) | английски | [anglíjski] |
| | | |
| België (het) | Белгия | [bélgija] |
| Belg (de) | белгиец (м) | [belgíets] |
| Belgische (de) | белгийка (ж) | [belgíjka] |
| Belgisch (bn) | белгийски | [belgíjski] |
| | | |
| Duitsland (het) | Германия | [germánija] |
| Duitser (de) | германец (м) | [germánets] |
| Duitse (de) | германка (ж) | [germánka] |
| Duits (bn) | немски | [némski] |
| | | |
| Nederland (het) | Нидерландия | [niderlándija] |
| Holland (het) | Холандия (ж) | [holándija] |
| Nederlander (de) | холандец (м) | [holándets] |
| Nederlandse (de) | холандка (ж) | [holántka] |
| Nederlands (bn) | холандски | [holántski] |
| | | |
| Griekenland (het) | Гърция | [gértsija] |
| Griek (de) | грък (м) | [grək] |
| Griekse (de) | гъркиня (ж) | [gərkínʲa] |
| Grieks (bn) | гръцки | [grétski] |
| | | |
| Denemarken (het) | Дания | [dánija] |
| Deen (de) | датчанин (м) | [dattʃánin] |
| Deense (de) | датчанка (ж) | [dattʃánka] |
| Deens (bn) | датски | [dátski] |
| Ierland (het) | Ирландия | [irlándija] |
| Ier (de) | ирландец (м) | [irlándets] |

| Ierse (de) | ирландка (ж) | [irlántka] |
| Iers (bn) | ирландски | [irlántski] |

| IJsland (het) | Исландия | [islándija] |
| IJslander (de) | исландец (м) | [islándets] |
| IJslandse (de) | исландка (ж) | [islántka] |
| IJslands (bn) | исландски | [islántski] |

| Spanje (het) | Испания | [ispánija] |
| Spanjaard (de) | испанец (м) | [ispánets] |
| Spaanse (de) | испанка (ж) | [ispánka] |
| Spaans (bn) | испански | [ispánski] |

| Italië (het) | Италия | [itálija] |
| Italiaan (de) | италианец (м) | [italiánets] |
| Italiaanse (de) | италианка (ж) | [italiánka] |
| Italiaans (bn) | италиански | [italiánski] |

| Cyprus (het) | Кипър | [kípər] |
| Cyprioot (de) | кипърец (м) | [kípərets] |
| Cypriotische (de) | кипърка (ж) | [kípərka] |
| Cypriotisch (bn) | кипърски | [kípərski] |

| Malta (het) | Малта | [málta] |
| Maltees (de) | малтиец (м) | [maltíets] |
| Maltese (de) | малтийка (ж) | [maltíjka] |
| Maltees (bn) | малтийски | [maltíjski] |

| Noorwegen (het) | Норвегия | [norvégija] |
| Noor (de) | норвежец (м) | [norvéʒets] |
| Noorse (de) | норвежка (ж) | [norvéʃka] |
| Noors (bn) | норвежки | [norvéʃki] |

| Portugal (het) | Португалия | [portugálija] |
| Portugees (de) | португалец (м) | [portugálets] |
| Portugese (de) | португалка (ж) | [portugálka] |
| Portugees (bn) | португалски | [portugálski] |

| Finland (het) | Финландия | [finlándija] |
| Fin (de) | финландец (м) | [finlándets] |
| Finse (de) | финландка (ж) | [finlántka] |
| Fins (bn) | фински | [fínski] |

| Frankrijk (het) | Франция | [frántsija] |
| Fransman (de) | французин (м) | [frantsúzin] |
| Française (de) | французойка (ж) | [frantsuzójka] |
| Frans (bn) | френски | [frénski] |

| Zweden (het) | Швеция | [ʃvétsija] |
| Zweed (de) | швед (м) | [ʃvet] |
| Zweedse (de) | шведка (ж) | [ʃvétka] |
| Zweeds (bn) | шведски | [ʃvétski] |

| Zwitserland (het) | Швейцария | [ʃvejtsárija] |
| Zwitser (de) | швейцарец (м) | [ʃvejtsárets] |
| Zwitserse (de) | швейцарка (ж) | [ʃvejtsárka] |

| Zwitsers (bn) | швейцарски | [ʃvejtsárski] |
| Schotland (het) | Шотландия | [ʃotlándija] |
| Schot (de) | шотландец (м) | [ʃotlándets] |
| Schotse (de) | шотландка (ж) | [ʃotlántka] |
| Schots (bn) | шотландски | [ʃotlántski] |

| Vaticaanstad (de) | Ватикана | [vatikána] |
| Liechtenstein (het) | Лихтенщайн | [líhtenʃtajn] |
| Luxemburg (het) | Люксембург | [lʲúksemburg] |
| Monaco (het) | Монако | [monáko] |

## 235. Centraal- en Oost-Europa

| Albanië (het) | Албания | [albánija] |
| Albanees (de) | албанец (м) | [albánets] |
| Albanese (de) | албанка (ж) | [albánka] |
| Albanees (bn) | албански | [albánski] |

| Bulgarije (het) | България | [bəlgárija] |
| Bulgaar (de) | българин (м) | [bélgarin] |
| Bulgaarse (de) | българка (ж) | [bélgarka] |
| Bulgaars (bn) | български | [bélgarski] |

| Hongarije (het) | Унгария | [ungárija] |
| Hongaar (de) | унгарец (м) | [ungárets] |
| Hongaarse (de) | унгарка (ж) | [ungárka] |
| Hongaars (bn) | унгарски | [ungárski] |

| Letland (het) | Латвия | [látvija] |
| Let (de) | латвиец (м) | [latvíets] |
| Letse (de) | латвийка (ж) | [latvíjka] |
| Lets (bn) | латвийски | [latvíjski] |

| Litouwen (het) | Литва | [lítva] |
| Litouwer (de) | литовец (м) | [litóvets] |
| Litouwse (de) | литовка (ж) | [litófka] |
| Litouws (bn) | литовски | [litófski] |

| Polen (het) | Полша | [pólʃa] |
| Pool (de) | поляк (м) | [polʲák] |
| Poolse (de) | полякиня (ж) | [polʲakínʲa] |
| Pools (bn) | полски | [pólski] |

| Roemenië (het) | Румъния | [rumǝnija] |
| Roemeen (de) | румънец (м) | [rumǝnets] |
| Roemeense (de) | румънка (ж) | [rumǝnka] |
| Roemeens (bn) | румънски | [rumǝnski] |

| Servië (het) | Сърбия | [sǝrbija] |
| Serviër (de) | сърбин (м) | [sǝrbin] |
| Servische (de) | сръбкиня (ж) | [srǝpkínʲa] |
| Servisch (bn) | сръбски | [srǝpski] |
| Slowakije (het) | Словакия | [slovákija] |
| Slowaak (de) | словак (м) | [slovák] |

| | | |
|---|---|---|
| Slowaakse (de) | словачка (ж) | [slovátʃka] |
| Slowaakse (bn) | словашки | [slováʃki] |
| | | |
| Kroatië (het) | Хърватия | [hərvátija] |
| Kroaat (de) | хърватин (м) | [hərvátin] |
| Kroatische (de) | хърватка (ж) | [hərvátka] |
| Kroatisch (bn) | хърватски | [hərvátski] |
| | | |
| Tsjechië (het) | Чехия | [tʃéhija] |
| Tsjech (de) | чех (м) | [tʃeh] |
| Tsjechische (de) | чехкиня (ж) | [tʃehkínʲa] |
| Tsjechisch (bn) | чешки | [tʃéʃki] |
| | | |
| Estland (het) | Естония | [estónija] |
| Est (de) | естонец (м) | [estónets] |
| Estse (de) | естонка (ж) | [estónka] |
| Ests (bn) | естонски | [estónski] |
| | | |
| Bosnië en Herzegovina (het) | Босна и Херцеговина | [bósna i hertsegóvina] |
| Macedonië (het) | Македония | [makedónija] |
| Slovenië (het) | Словения | [slovénija] |
| Montenegro (het) | Черна гора | [tʃérna gorá] |

## 236. Voormalige USSR landen

| | | |
|---|---|---|
| Azerbeidzjan (het) | Азербайджан | [azerbajdʒán] |
| Azerbeidzjaan (de) | азербайджанец (м) | [azerbajdʒánets] |
| Azerbeidjaanse (de) | азербайджанка (ж) | [azerbajdʒánka] |
| Azerbeidjaans (bn) | азербайджански | [azerbajdʒánski] |
| | | |
| Armenië (het) | Армения | [arménija] |
| Armeen (de) | арменец (м) | [arménets] |
| Armeense (de) | арменка (ж) | [arménka] |
| Armeens (bn) | арменски | [arménski] |
| | | |
| Wit-Rusland (het) | Беларус | [belarús] |
| Wit-Rus (de) | беларусин (м) | [belarúsin] |
| Wit-Russische (de) | беларускиня (ж) | [belaruskínʲa] |
| Wit-Russisch (bn) | беларуски | [belarúski] |
| | | |
| Georgië (het) | Грузия | [grúzija] |
| Georgiër (de) | грузинец (м) | [gruzínets] |
| Georgische (de) | грузинка (ж) | [gruzínka] |
| Georgisch (bn) | грузински | [gruzínski] |
| | | |
| Kazakstan (het) | Казахстан | [kazahstán] |
| Kazak (de) | казах (м) | [kazáh] |
| Kazakse (de) | казашка (ж) | [kazáʃka] |
| Kazakse (bn) | казахски | [kazáhski] |
| | | |
| Kirgizië (het) | Киргизстан | [kirgistán] |
| Kirgiziër (de) | киргиз (м) | [kirgíz] |
| Kirgizische (de) | киргизка (ж) | [kirgíska] |
| Kirgizische (bn) | киргизки | [kirgíski] |

| | | |
|---|---|---|
| Moldavië (het) | Молдова | [moldóva] |
| Moldaviër (de) | молдовец (м) | [moldóvets] |
| Moldavische (de) | молдовка (ж) | [moldófka] |
| Moldavisch (bn) | молдавски | [moldáfski] |

| | | |
|---|---|---|
| Rusland (het) | Русия | [rusíja] |
| Rus (de) | руснак (м) | [rusnák] |
| Russin (de) | рускиня (ж) | [ruskínʲa] |
| Russisch (bn) | руски | [rúski] |

| | | |
|---|---|---|
| Tadzjikistan (het) | Таджикистан | [tadʒikistán] |
| Tadzjiek (de) | таджик (м) | [tadʒík] |
| Tadzjiekse (de) | таджикистанка (ж) | [tadʒikistánka] |
| Tadzjieks (bn) | таджикски | [tadʒíkski] |

| | | |
|---|---|---|
| Turkmenistan (het) | Туркменистан | [turkmenistán] |
| Turkmeen (de) | туркмен (м) | [turkmén] |
| Turkmeense (de) | туркменка (ж) | [turkménka] |
| Turkmeens (bn) | туркменски | [turkménski] |

| | | |
|---|---|---|
| Oezbekistan (het) | Узбекистан | [uzbekistán] |
| Oezbeek (de) | узбек (м) | [uzbék] |
| Oezbeekse (de) | узбечка (ж) | [uzbéʧka] |
| Oezbeeks (bn) | узбекски | [uzbékski] |

| | | |
|---|---|---|
| Oekraïne (het) | Украйна | [ukrájna] |
| Oekraïner (de) | украинец (м) | [ukraínets] |
| Oekraïense (de) | украинка (ж) | [ukraínka] |
| Oekraïens (bn) | украински | [ukraínski] |

## 237. Azië

| | | |
|---|---|---|
| Azië (het) | Азия | [ázija] |
| Aziatisch (bn) | азиатски | [aziátski] |

| | | |
|---|---|---|
| Vietnam (het) | Виетнам | [vietnám] |
| Vietnamees (de) | виетнамец (м) | [vietnámets] |
| Vietnamese (de) | виетнамка (ж) | [vietnámka] |
| Vietnamees (bn) | виетнамски | [vietnámski] |

| | | |
|---|---|---|
| India (het) | Индия | [índija] |
| Indiër (de) | индиец (м) | [indíets] |
| Indische (de) | индийка (ж) | [indíjka] |
| Indisch (bn) | индийски | [indíjski] |

| | | |
|---|---|---|
| Israël (het) | Израел | [izráel] |
| Israëliër (de) | израилтянин (м) | [izrailtʲánin] |
| Israëlische (de) | израилтянка (ж) | [izrailtʲánka] |
| Israëlisch (bn) | израелски | [izráelski] |

| | | |
|---|---|---|
| Jood (etniciteit) | евреин (м) | [evréin] |
| Jodin (de) | еврейка (ж) | [evréjka] |
| Joods (bn) | еврейски | [evréjski] |
| China (het) | Китай | [kitáj] |

| | | |
|---|---|---|
| Chinees (de) | китаец (м) | [kitáets] |
| Chinese (de) | китайка (ж) | [kitájka] |
| Chinees (bn) | китайски | [kitájski] |
| | | |
| Koreaan (de) | кореец (м) | [koréets] |
| Koreaanse (de) | корейка (ж) | [koréjka] |
| Koreaans (bn) | корейски | [koréjski] |
| | | |
| Libanon (het) | Ливан | [liván] |
| Libanees (de) | ливанец (м) | [livánets] |
| Libanese (de) | ливанка (ж) | [livánka] |
| Libanees (bn) | ливански | [livánski] |
| | | |
| Mongolië (het) | Монголия | [mongólija] |
| Mongool (de) | монголец (м) | [mongólets] |
| Mongoolse (de) | монголка (ж) | [mongólka] |
| Mongools (bn) | монголски | [mongólski] |
| | | |
| Maleisië (het) | Малайзия | [malájzija] |
| Maleisiër (de) | малайзиец (м) | [malajzíets] |
| Maleisische (de) | малайзийка (ж) | [malajzíjka] |
| Maleisisch (bn) | малайски | [malájski] |
| | | |
| Pakistan (het) | Пакистан | [pakistán] |
| Pakistaan (de) | пакистанец (м) | [pakistánets] |
| Pakistaanse (de) | пакистанка (ж) | [pakistánka] |
| Pakistaans (bn) | пакистански | [pakistánski] |
| | | |
| Saoedi-Arabië (het) | Саудитска Арабия | [saudítska arábija] |
| Arabier (de) | арабин (м) | [arábin] |
| Arabische (de) | арабка (ж) | [arápka] |
| Arabisch (bn) | арабски | [arápski] |
| | | |
| Thailand (het) | Тайланд | [tajlánt] |
| Thai (de) | тайландец (м) | [tajlándets] |
| Thaise (de) | тайландка (ж) | [tajlántka] |
| Thai (bn) | тайландски | [tajlántski] |
| | | |
| Taiwan (het) | Тайван | [tajván] |
| Taiwanees (de) | тайванец (м) | [tajvánets] |
| Taiwanese (de) | тайванка (ж) | [tajvánka] |
| Taiwanees (bn) | тайвански | [tajvánski] |
| | | |
| Turkije (het) | Турция | [túrtsija] |
| Turk (de) | турчин (м) | [túrtʃin] |
| Turkse (de) | туркиня (ж) | [turkínʲa] |
| Turks (bn) | турски | [túrski] |
| | | |
| Japan (het) | Япония | [japónija] |
| Japanner (de) | японец (м) | [japónets] |
| Japanse (de) | японка (ж) | [japónka] |
| Japans (bn) | японски | [japónski] |
| | | |
| Afghanistan (het) | Афганистан | [afganistán] |
| Bangladesh (het) | Бангладеш | [bangladéʃ] |
| Indonesië (het) | Индонезия | [indonézija] |

| Jordanië (het) | Йордания | [jordánija] |
|---|---|---|
| Irak (het) | Ирак | [irák] |
| Iran (het) | Иран | [irán] |
| Cambodja (het) | Камбоджа | [kambódʒa] |
| Koeweit (het) | Кувейт | [kuvéjt] |

| Laos (het) | Лаос | [laós] |
|---|---|---|
| Myanmar (het) | Мянма | [mʲánma] |
| Nepal (het) | Непал | [nepál] |
| Verenigde Arabische Emiraten | Обединени арабски емирства | [obedinéni arápski emírstva] |

| Syrië (het) | Сирия | [sírija] |
|---|---|---|
| Palestijnse autonomie (de) | Палестинска автономия | [palestínska aftonómija] |
| Zuid-Korea (het) | Южна Корея | [júʒna koréja] |
| Noord-Korea (het) | Северна Корея | [séverna koréja] |

## 238. Noord-Amerika

| Verenigde Staten van Amerika | Съединени американски щати | [səedinéni amerikánski ʃtáti] |
|---|---|---|
| Amerikaan (de) | американец (м) | [amerikánets] |
| Amerikaanse (de) | американка (ж) | [amerikánka] |
| Amerikaans (bn) | американски | [amerikánski] |

| Canada (het) | Канада | [kanáda] |
|---|---|---|
| Canadees (de) | канадец (м) | [kanádets] |
| Canadese (de) | канадка (ж) | [kanátka] |
| Canadees (bn) | канадски | [kanátski] |

| Mexico (het) | Мексико | [méksiko] |
|---|---|---|
| Mexicaan (de) | мексиканец (м) | [meksikánets] |
| Mexicaanse (de) | мексиканка (ж) | [meksikánka] |
| Mexicaans (bn) | мексикански | [meksikánski] |

## 239. Midden- en Zuid-Amerika

| Argentinië (het) | Аржентина | [arʒentína] |
|---|---|---|
| Argentijn (de) | аржентинец (м) | [arʒentínets] |
| Argentijnse (de) | аржентинка (ж) | [arʒentínka] |
| Argentijns (bn) | аржентински | [arʒentínski] |

| Brazilië (het) | Бразилия | [brazílija] |
|---|---|---|
| Braziliaan (de) | бразилец (м) | [brazílets] |
| Braziliaanse (de) | бразилка (ж) | [brazílka] |
| Braziliaans (bn) | бразилски | [brazílski] |

| Colombia (het) | Колумбия | [kolúmbija] |
|---|---|---|
| Colombiaan (de) | колумбиец (м) | [kolumbíets] |
| Colombiaanse (de) | колумбийка (ж) | [kolumbíjka] |
| Colombiaans (bn) | колумбийски | [kolumbíjski] |
| Cuba (het) | Куба | [kúba] |

| Cubaan (de) | кубинец (м) | [kubínets] |
| Cubaanse (de) | кубинка (ж) | [kubínka] |
| Cubaans (bn) | кубински | [kubínski] |

| Chili (het) | Чили | [ʧíli] |
| Chileen (de) | чилиец (м) | [ʧilíets] |
| Chileense (de) | чилийка (ж) | [ʧilíjka] |
| Chileens (bn) | чилийски | [ʧilíjski] |

| Bolivia (het) | Боливия | [bolívija] |
| Venezuela (het) | Венецуела | [venetsuéla] |
| Paraguay (het) | Парагвай | [paragváj] |
| Peru (het) | Перу | [perú] |
| Suriname (het) | Суринам | [surinám] |
| Uruguay (het) | Уругвай | [urugváj] |
| Ecuador (het) | Еквадор | [ekvadór] |

| Bahama's (mv.) | Бахамски острови | [bahámski óstrovi] |
| Haïti (het) | Хаити | [haíti] |
| Dominicaanse Republiek (de) | Доминиканска република | [dominikánska república] |
| Panama (het) | Панама | [panáma] |
| Jamaica (het) | Ямайка | [jamájka] |

## 240. Afrika

| Egypte (het) | Египет | [egípet] |
| Egyptenaar (de) | египтянин (м) | [egíptʲanin] |
| Egyptische (de) | египтянка (ж) | [egíptʲanka] |
| Egyptisch (bn) | египетски | [egípetski] |

| Marokko (het) | Мароко | [maróko] |
| Marokkaan (de) | мароканец (м) | [marokánets] |
| Marokkaanse (de) | мароканка (ж) | [marokánka] |
| Marokkaans (bn) | марокански | [marokánski] |

| Tunesië (het) | Тунис | [túnis] |
| Tunesiër (de) | тунисец (м) | [tunísets] |
| Tunesische (de) | туниска (ж) | [tuníska] |
| Tunesisch (bn) | туниски | [tuníski] |

| Ghana (het) | Гана | [gána] |
| Zanzibar (het) | Занзибар | [zanzibár] |
| Kenia (het) | Кения | [kénija] |
| Libië (het) | Либия | [líbija] |
| Madagaskar (het) | Мадагаскар | [madagaskár] |

| Namibië (het) | Намибия | [namíbija] |
| Senegal (het) | Сенегал | [senegál] |
| Tanzania (het) | Танзания | [tanzánija] |
| Zuid-Afrika (het) | Южноафриканска република | [juʒno·afrikánska república] |
| Afrikaan (de) | африканец (м) | [afrikánets] |
| Afrikaanse (de) | африканка (ж) | [afrikánka] |
| Afrikaans (bn) | африкански | [afrikánski] |

## 241. Australië. Oceanië

| | | |
|---|---|---|
| Australië (het) | Австралия | [afstrálija] |
| Australiër (de) | австралиец (м) | [afstralíets] |
| Australische (de) | австралийка (ж) | [afstralíjka] |
| Australisch (bn) | австралийски | [afstralíjski] |
| | | |
| Nieuw-Zeeland (het) | Нова Зеландия | [nóva zelándija] |
| Nieuw-Zeelander (de) | новозеландец (м) | [novozelándets] |
| Nieuw-Zeelandse (de) | новозеландка (ж) | [novozelántka] |
| Nieuw-Zeelands (bn) | новозеландски | [novozelántski] |
| | | |
| Tasmanië (het) | Тасмания | [tasmánija] |
| Frans-Polynesië | Френска Полинезия | [frénska polinézija] |

## 242. Steden

| | | |
|---|---|---|
| Amsterdam | Амстердам | [amsterdám] |
| Ankara | Анкара | [ánkara] |
| Athene | Атина | [átina] |
| Bagdad | Багдад | [bagdád] |
| Bangkok | Банкок | [bankók] |
| | | |
| Barcelona | Барселона | [barselóna] |
| Beiroet | Бейрут | [bejrút] |
| Berlijn | Берлин | [berlín] |
| Boedapest | Будапеща | [budapéʃta] |
| Boekarest | Букурещ | [búkureʃt] |
| | | |
| Bombay, Mumbai | Мумбай | [mumbáj] |
| Bonn | Бон | [bon] |
| Bordeaux | Бордо | [bordó] |
| Bratislava | Братислава | [bratisláva] |
| Brussel | Брюксел | [brʲúksel] |
| | | |
| Caïro | Кайро | [kájro] |
| Calcutta | Калкута | [kalkúta] |
| Chicago | Чикаго | [ʧikágo] |
| Dar Es Salaam | Дар ес Салам | [dar es salám] |
| Delhi | Делхи | [délhi] |
| | | |
| Den Haag | Хага | [hága] |
| Dubai | Дубай | [dubáj] |
| Dublin | Дъблин | [déblin] |
| Düsseldorf | Дюселдорф | [dʲúseldorf] |
| Florence | Флоренция | [floréntsija] |
| | | |
| Frankfort | Франкфурт | [fránkfurt] |
| Genève | Женева | [ʒenéva] |
| Hamburg | Хамбург | [hámburk] |
| Hanoi | Ханой | [hanój] |
| Havana | Хавана | [havána] |
| Helsinki | Хелзинки | [hélzinki] |

| | | |
|---|---|---|
| Hiroshima | Хирошима | [hiroʃíma] |
| Hongkong | Хонконг | [honkóng] |
| Istanbul | Истанбул | [istanbúl] |
| Jeruzalem | Ерусалим | [érusalim] |
| Kiev | Киев | [kíev] |
| | | |
| Kopenhagen | Копенхаген | [kopenhágen] |
| Kuala Lumpur | Куала Лумпур | [kuála lumpúr] |
| Lissabon | Лисабон | [lisabón] |
| Londen | Лондон | [lóndon] |
| Los Angeles | Лос Анджелис | [los ándʒelis] |
| | | |
| Lyon | Лион | [lión] |
| Madrid | Мадрид | [madrít] |
| Marseille | Марсилия | [marsílija] |
| Mexico-Stad | Мексико | [méksiko] |
| Miami | Маями | [majámi] |
| | | |
| Montreal | Монреал | [monreál] |
| Moskou | Москва | [moskvá] |
| München | Мюнхен | [mʲúnhen] |
| Nairobi | Найроби | [najróbi] |
| Napels | Неапол | [neápol] |
| | | |
| New York | Ню Йорк | [nʲu jórk] |
| Nice | Ница | [nítsa] |
| Oslo | Осло | [óslo] |
| Ottawa | Отава | [otáva] |
| Parijs | Париж | [paríʒ] |
| | | |
| Peking | Пекин | [pekín] |
| Praag | Прага | [prága] |
| Rio de Janeiro | Рио де Жанейро | [río de ʒanéjro] |
| Rome | Рим | [rim] |
| Seoel | Сеул | [seúl] |
| Singapore | Сингапур | [singapúr] |
| | | |
| Sint-Petersburg | Санкт Петербург | [sankt péterburk] |
| Sjanghai | Шанхай | [ʃanháj] |
| Stockholm | Стокхолм | [stokhólm] |
| Sydney | Сидни | [sídni] |
| Taipei | Тайпе | [tajpé] |
| Tokio | Токио | [tókio] |
| | | |
| Toronto | Торонто | [torónto] |
| Venetië | Венеция | [venétsija] |
| Warschau | Варшава | [varʃáva] |
| Washington | Вашингтон | [váʃinkton] |
| Wenen | Виена | [viéna] |

## 243. Politiek. Overheid. Deel 1

| | | |
|---|---|---|
| politiek (de) | политика (ж) | [politíka] |
| politiek (bn) | политически | [politíʧeski] |

| politicus (de) | политик (м) | [politík] |
| staat (land) | държава (ж) | [dərʒáva] |
| burger (de) | гражданин (м) | [gráʒdanin] |
| staatsburgerschap (het) | гражданство (с) | [gráʒdanstvo] |

| nationaal wapen (het) | национален герб (м) | [natsionálen gerp] |
| volkslied (het) | държавен химн (м) | [dərʒáven himn] |

| regering (de) | правителство (с) | [pravítelstvo] |
| staatshoofd (het) | държавен глава (м) | [dərʒáven glavá] |
| parlement (het) | парламент (м) | [parlamént] |
| partij (de) | партия (ж) | [pártija] |

| kapitalisme (het) | капитализъм (м) | [kapitalízəm] |
| kapitalistisch (bn) | капиталистически | [kapitalistítʃeski] |

| socialisme (het) | социализъм (м) | [sotsialízəm] |
| socialistisch (bn) | социалистически | [sotsialistítʃeski] |

| communisme (het) | комунизъм (м) | [komunízəm] |
| communistisch (bn) | комунистически | [komunistítʃeski] |
| communist (de) | комунист (м) | [komuníst] |

| democratie (de) | демокрация (ж) | [demokrátsija] |
| democraat (de) | демократ (м) | [demokrát] |
| democratisch (bn) | демократически | [demokratítʃeski] |
| democratische partij (de) | демократическа партия (ж) | [demokratítʃeska pártija] |

| liberaal (de) | либерал (м) | [liberál] |
| liberaal (bn) | либерален | [liberálen] |

| conservator (de) | консерватор (м) | [konservátor] |
| conservatief (bn) | консервативен | [konservatíven] |

| republiek (de) | република (ж) | [repúblika] |
| republikein (de) | републиканец (м) | [republikánets] |
| Republikeinse Partij (de) | републиканска партия (ж) | [republikánska pártija] |

| verkiezing (de) | избори (мн) | [ízbori] |
| kiezen (ww) | избирам | [izbíram] |
| kiezer (de) | избирател (м) | [izbirátel] |
| verkiezingscampagne (de) | избирателна кампания (ж) | [izbirátelna kampánija] |

| stemming (de) | гласуване (с) | [glasúvane] |
| stemmen (ww) | гласувам | [glasúvam] |
| stemrecht (het) | право (с) на глас | [právo na glas] |

| kandidaat (de) | кандидат (м) | [kandidát] |
| zich kandideren | балотирам се | [balotíram se] |
| campagne (de) | кампания (ж) | [kampánija] |

| oppositie- (abn) | опозиционен | [opozitsiónen] |
| oppositie (de) | опозиция (ж) | [opozítsija] |

| bezoek (het) | визита (ж) | [vizíta] |
| officieel bezoek (het) | официална визита (ж) | [ofitsiálna vizíta] |

| internationaal (bn) | международен | [meʒdunaróden] |
| onderhandelingen (mv.) | преговори (мн) | [prégovori] |
| onderhandelen (ww) | водя преговори | [vódʲa prégovori] |

## 244. Politiek. Overheid. Deel 2

| maatschappij (de) | общество (с) | [obʃtestvó] |
| grondwet (de) | конституция (ж) | [konstitútsija] |
| macht (politieke ~) | власт (ж) | [vlast] |
| corruptie (de) | корупция (ж) | [korúptsija] |

| wet (de) | закон (м) | [zakón] |
| wettelijk (bn) | законен | [zakónen] |

| rechtvaardigheid (de) | справедливост (ж) | [spravedlívost] |
| rechtvaardig (bn) | справедлив | [spravedlív] |

| comité (het) | комитет (м) | [komitét] |
| wetsvoorstel (het) | законопроект (м) | [zakonoproékt] |
| begroting (de) | бюджет (м) | [bʲudʒét] |
| beleid (het) | политика (ж) | [politíka] |
| hervorming (de) | реформа (ж) | [refórma] |
| radicaal (bn) | радикален | [radikálen] |

| macht (vermogen) | сила (ж) | [síla] |
| machtig (bn) | силен | [sílen] |
| aanhanger (de) | привърженик (м) | [privérʒenik] |
| invloed (de) | влияние (с) | [vlijánie] |

| regime (het) | режим (м) | [reʒím] |
| conflict (het) | конфликт (м) | [konflíkt] |
| samenzwering (de) | заговор (м) | [zágovor] |
| provocatie (de) | провокация (ж) | [provokátsija] |

| omverwerpen (ww) | сваля | [svalʲá] |
| omverwerping (de) | сваляне (с) | [sválʲane] |
| revolutie (de) | революция (ж) | [revolʲútsija] |

| staatsgreep (de) | преврат (м) | [prevrát] |
| militaire coup (de) | военен преврат (м) | [voénen prevrát] |

| crisis (de) | криза (ж) | [kríza] |
| economische recessie (de) | икономически спад (м) | [ikonomítʃeski spat] |
| betoger (de) | демонстрант (м) | [demonstránt] |
| betoging (de) | демонстрация (ж) | [demonstrátsija] |
| krijgswet (de) | военно положение (с) | [voénno poloʒénie] |
| militaire basis (de) | база (ж) | [báza] |

| stabiliteit (de) | стабилност (ж) | [stabílnost] |
| stabiel (bn) | стабилен | [stabílen] |

| uitbuiting (de) | експлоатация (ж) | [eksploatátsija] |
| uitbuiten (ww) | експлоатирам | [eksploatíram] |
| racisme (het) | расизъм (м) | [rasízəm] |

| racist (de) | расист (м) | [rasíst] |
| fascisme (het) | фашизъм (м) | [faʃízəm] |
| fascist (de) | фашист (м) | [faʃíst] |

## 245. Landen. Diversen

| vreemdeling (de) | чужденец (м) | [ʧuʒdenéts] |
| buitenlands (bn) | чуждестранен | [ʧuʒdestránen] |
| in het buitenland (bw) | в чужбина | [v ʧuʒbína] |

| emigrant (de) | емигрант (м) | [emigránt] |
| emigratie (de) | емиграция (ж) | [emigrátsija] |
| emigreren (ww) | емигрирам | [emigríram] |

| Westen (het) | Запад | [zápat] |
| Oosten (het) | Изток | [ístok] |
| Verre Oosten (het) | Далечният Изток | [daléʧnijat ístok] |
| beschaving (de) | цивилизация (ж) | [tsivilizátsija] |
| mensheid (de) | човечество (с) | [ʧovéʧestvo] |
| wereld (de) | свят (м) | [svʲat] |
| vrede (de) | мир (м) | [mir] |
| wereld- (abn) | световен | [svetóven] |

| vaderland (het) | родина (ж) | [rodína] |
| volk (het) | народ (м) | [narót] |
| bevolking (de) | население (с) | [naselénie] |
| mensen (mv.) | хора (мн) | [hóra] |
| natie (de) | нация (ж) | [nátsija] |
| generatie (de) | поколение (с) | [pokolénie] |
| gebied (bijv. bezette ~en) | територия (ж) | [teritórija] |
| regio, streek (de) | регион (м) | [región] |
| deelstaat (de) | щат (м) | [ʃtat] |

| traditie (de) | традиция (ж) | [tradítsija] |
| gewoonte (de) | обичай (м) | [obiʧáj] |
| ecologie (de) | екология (ж) | [ekológija] |

| Indiaan (de) | индианец (м) | [indiánets] |
| zigeuner (de) | циганин (м) | [tsíganin] |
| zigeunerin (de) | циганка (ж) | [tsíganka] |
| zigeuner- (abn) | цигански | [tsíganski] |

| rijk (het) | империя (ж) | [impérija] |
| kolonie (de) | колония (ж) | [kolónija] |
| slavernij (de) | робство (с) | [rópstvo] |
| invasie (de) | нашествие (с) | [naʃéstvie] |
| hongersnood (de) | глад (м) | [glat] |

## 246. Grote religieuze groepen. Bekentenissen

| religie (de) | религия (ж) | [relígija] |
| religieus (bn) | религиозен | [religiózen] |

| | | |
|---|---|---|
| geloof (het) | вяра (ж) | [vʲára] |
| geloven (ww) | вярвам | [vʲárvam] |
| gelovige (de) | вярващ (м) | [vʲárvaʃt] |
| | | |
| atheïsme (het) | атеизъм (м) | [ateízəm] |
| atheïst (de) | атеист (м) | [ateíst] |
| | | |
| christendom (het) | християнство (с) | [hristijánstvo] |
| christen (de) | християнин (м) | [hristijánin] |
| christelijk (bn) | християнски | [hristijánski] |
| | | |
| katholicisme (het) | Католицизъм (м) | [katolitsízəm] |
| katholiek (de) | католик (м) | [katolík] |
| katholiek (bn) | католически | [katolítʃeski] |
| | | |
| protestantisme (het) | протестантство (с) | [protestántstvo] |
| Protestante Kerk (de) | протестантска църква (ж) | [protestántska tsérkva] |
| protestant (de) | протестант (м) | [protestánt] |
| | | |
| orthodoxie (de) | Православие (с) | [pravoslávie] |
| Orthodoxe Kerk (de) | Православна църква (ж) | [pravoslávna tsérkva] |
| orthodox | православен | [pravosláven] |
| | | |
| presbyterianisme (het) | Презвитерианство (с) | [prezviteriánstvo] |
| Presbyteriaanse Kerk (de) | Презвитерианска църква (ж) | [prezviteriánska tsérkva] |
| presbyteriaan (de) | презвитерианец (м) | [prezviteriánets] |
| | | |
| lutheranisme (het) | Лютеранска църква (ж) | [lʲuteránska tsérkva] |
| lutheraan (de) | лютеран (м) | [lʲuterán] |
| | | |
| baptisme (het) | Баптизъм (м) | [baptízəm] |
| baptist (de) | баптист (м) | [baptíst] |
| | | |
| Anglicaanse Kerk (de) | Англиканска църква (ж) | [anglikánska tsérkva] |
| anglicaan (de) | англиканец (м) | [anglikánets] |
| | | |
| mormonisme (het) | мормонство (с) | [mormónstvo] |
| mormoon (de) | мормон (м) | [mormón] |
| | | |
| Jodendom (het) | Юдаизъм (м) | [judaízəm] |
| jood (aanhanger van het Jodendom) | юдей (м) | [judéj] |
| | | |
| boeddhisme (het) | Будизъм (м) | [budízəm] |
| boeddhist (de) | будист (м) | [budíst] |
| | | |
| hindoeïsme (het) | Индуизъм (м) | [induízəm] |
| hindoe (de) | индус (м) | [indús] |
| | | |
| islam (de) | Ислям (м) | [islʲám] |
| islamiet (de) | мюсюлманин (м) | [mʲusʲulmánin] |
| islamitisch (bn) | мюсюлмански | [mʲusʲulmánski] |
| | | |
| sjiisme (het) | шиизъм (м) | [ʃiízəm] |
| sjiiet (de) | шиит (м) | [ʃiít] |

| | | |
|---|---|---|
| soennisme (het) | сунизъм (м) | [sunízəm] |
| soenniet (de) | сунит (м) | [sunít] |

## 247. Religies. Priesters

| | | |
|---|---|---|
| priester (de) | свещеник (м) | [sveʃténik] |
| paus (de) | Папа Римски (м) | [pápa rímski] |

| | | |
|---|---|---|
| monnik (de) | монах (м) | [monáh] |
| non (de) | монахиня (ж) | [monahínʲa] |
| pastoor (de) | пастор (м) | [pástor] |

| | | |
|---|---|---|
| abt (de) | абат (м) | [abát] |
| vicaris (de) | викарий (м) | [vikárij] |
| bisschop (de) | епископ (м) | [episkóp] |
| kardinaal (de) | кардинал (м) | [kardinál] |

| | | |
|---|---|---|
| predikant (de) | проповедник (м) | [propovédnik] |
| preek (de) | проповед (м) | [própovet] |
| kerkgangers (mv.) | енориаши (мн) | [enoriáʃi] |

| | | |
|---|---|---|
| gelovige (de) | вярващ (м) | [vʲárvaʃt] |
| atheïst (de) | атеист (м) | [ateíst] |

## 248. Geloof. Christendom. Islam

| | | |
|---|---|---|
| Adam | Адам | [adám] |
| Eva | Ева | [éva] |

| | | |
|---|---|---|
| God (de) | Бог | [bok] |
| Heer (de) | Господ | [góspot] |
| Almachtige (de) | Всемогъщ | [fsemogéʃt] |

| | | |
|---|---|---|
| zonde (de) | грях (м) | [grʲah] |
| zondigen (ww) | греша | [greʃá] |
| zondaar (de) | грешник (м) | [gréʃnik] |
| zondares (de) | грешница (ж) | [gréʃnitsa] |

| | | |
|---|---|---|
| hel (de) | ад (м) | [at] |
| paradijs (het) | рай (м) | [raj] |

| | | |
|---|---|---|
| Jezus | Исус | [isús] |
| Jezus Christus | Исус Христос | [isús hristós] |

| | | |
|---|---|---|
| Heilige Geest (de) | Светия Дух | [svetíja duh] |
| Verlosser (de) | Спасител | [spasítel] |
| Maagd Maria (de) | Богородица | [bogoróditsa] |

| | | |
|---|---|---|
| duivel (de) | Дявол | [dʲávol] |
| duivels (bn) | дяволски | [dʲávolski] |
| Satan | Сатана | [sataná] |
| satanisch (bn) | сатанински | [satanínski] |

| engel (de) | ангел (м) | [ángel] |
| beschermengel (de) | ангел-пазител (м) | [ángel-pazítel] |
| engelachtig (bn) | ангелски | [ángelski] |

| apostel (de) | апостол (м) | [apóstol] |
| aartsengel (de) | архангел (м) | [arhángel] |
| antichrist (de) | антихрист (м) | [antíhrist] |

| Kerk (de) | Църква (ж) | [tsérkva] |
| bijbel (de) | библия (ж) | [bíblija] |
| bijbels (bn) | библейски | [bibléjski] |

| Oude Testament (het) | Стария Завет (м) | [stárija zavét] |
| Nieuwe Testament (het) | Новия Завет (м) | [nóvija zavét] |
| evangelie (het) | Евангелие (c) | [evángelie] |
| Heilige Schrift (de) | Свещено Писание (c) | [sveʃténo pisánie] |
| Hemel, Hemelrijk (de) | Небе (c) | [nebé] |

| gebod (het) | заповед (ж) | [zápovet] |
| profeet (de) | пророк (м) | [prorók] |
| profetie (de) | пророчество (c) | [prorótʃestvo] |

| Allah | Алах | [aláh] |
| Mohammed | Мохамед | [mohamét] |
| Koran (de) | Коран | [korán] |

| moskee (de) | джамия (ж) | [dʒamíja] |
| moellah (de) | молла (м) | [mollá] |
| gebed (het) | молитва (ж) | [molítva] |
| bidden (ww) | моля се | [mólʲa se] |

| pelgrimstocht (de) | поклонничество (c) | [poklónnitʃestvo] |
| pelgrim (de) | поклонник (м) | [poklónnik] |
| Mekka | Мека | [méka] |

| kerk (de) | църква (ж) | [tsérkva] |
| tempel (de) | храм (м) | [hram] |
| kathedraal (de) | катедрала (ж) | [katedrála] |
| gotisch (bn) | готически | [gotítʃeski] |
| synagoge (de) | синагога (ж) | [sinagóga] |
| moskee (de) | джамия (ж) | [dʒamíja] |

| kapel (de) | параклис (м) | [paráklis] |
| abdij (de) | абатство (c) | [abátstvo] |
| nonnenklooster (het) | манастир (м) | [manastír] |
| mannenklooster (het) | манастир (м) | [manastír] |

| klok (de) | камбана (ж) | [kambána] |
| klokkentoren (de) | камбанария (ж) | [kambanaríja] |
| luiden (klokken) | бия | [bíja] |

| kruis (het) | кръст (м) | [krəst] |
| koepel (de) | купол (м) | [kúpol] |
| icoon (de) | икона (ж) | [ikóna] |
| ziel (de) | душа (ж) | [duʃá] |
| lot, noodlot (het) | съдба (ж) | [sədbá] |

| | | |
|---|---|---|
| kwaad (het) | зло (c) | [zlo] |
| goed (het) | добро (c) | [dobró] |
| | | |
| vampier (de) | вампир (м) | [vampír] |
| heks (de) | вещица (ж) | [véʃtitsa] |
| demoon (de) | демон (м) | [démon] |
| geest (de) | дух (м) | [duh] |
| | | |
| verzoeningsleer (de) | изкупление (c) | [iskuplénie] |
| vrijkopen (ww) | изкупя | [iskúpʲa] |
| | | |
| mis (de) | служба (ж) | [slúʒba] |
| de mis opdragen | служа | [slúʒa] |
| biecht (de) | изповед (ж) | [íspovet] |
| biechten (ww) | изповядвам се | [ispovʲádvam se] |
| | | |
| heilige (de) | светец (м) | [svetéts] |
| heilig (bn) | свещен | [sveʃtén] |
| wijwater (het) | света вода (ж) | [svetá vodá] |
| | | |
| ritueel (het) | ритуал (м) | [rituál] |
| ritueel (bn) | ритуален | [rituálen] |
| offerande (de) | жертвоприношение (c) | [ʒertvoprinoʃénie] |
| | | |
| bijgeloof (het) | суеверие (c) | [suevérie] |
| bijgelovig (bn) | суеверен | [suevéren] |
| hiernamaals (het) | задгробен живот (м) | [zadgróben ʒivót] |
| eeuwige leven (het) | вечен живот (м) | [vétʃen ʒivót] |

# DIVERSEN

## 249. Diverse nuttige woorden

| | | |
|---|---|---|
| achtergrond (de) | фон (м) | [fon] |
| balans (de) | баланс (м) | [baláns] |
| basis (de) | база (ж) | [báza] |
| begin (het) | начало (c) | [natʃálo] |
| beurt (wie is aan de ~?) | ред (м) | [ret] |
| | | |
| categorie (de) | категория (ж) | [kategórija] |
| comfortabel (~ bed, enz.) | удобен | [udóben] |
| compensatie (de) | компенсация (ж) | [kompensátsija] |
| deel (gedeelte) | част (ж) | [tʃast] |
| | | |
| deeltje (het) | частица (ж) | [tʃastítsa] |
| ding (object, voorwerp) | вещ (ж) | [veʃt] |
| dringend (bn, urgent) | срочен | [srótʃen] |
| dringend (bw, met spoed) | срочно | [srótʃno] |
| effect (het) | ефект (м) | [efékt] |
| | | |
| eigenschap (kwaliteit) | свойство (c) | [svójstvo] |
| einde (het) | край (м) | [kraj] |
| element (het) | елемент (м) | [elemént] |
| feit (het) | факт (м) | [fakt] |
| fout (de) | грешка (ж) | [gréʃka] |
| | | |
| geheim (het) | тайна (ж) | [tájna] |
| graad (mate) | степен (ж) | [stépen] |
| groei (ontwikkeling) | ръст (м) | [rəst] |
| hindernis (de) | преграда (ж) | [pregráda] |
| hinderpaal (de) | пречка (ж) | [prétʃka] |
| | | |
| hulp (de) | помощ (ж) | [pómoʃt] |
| ideaal (het) | идеал (м) | [ideál] |
| inspanning (de) | усилие (c) | [usílie] |
| keuze (een grote ~) | избор (м) | [ízbor] |
| labyrint (het) | лабиринт (м) | [labirínt] |
| | | |
| manier (de) | начин (м) | [nátʃin] |
| moment (het) | момент (м) | [momént] |
| nut (bruikbaarheid) | полза (ж) | [pólza] |
| onderscheid (het) | различие (c) | [razlítʃie] |
| | | |
| ontwikkeling (de) | развитие (c) | [razvítie] |
| oplossing (de) | решение (c) | [reʃénie] |
| origineel (het) | оригинал (м) | [originál] |
| pauze (de) | пауза (ж) | [páuza] |
| positie (de) | позиция (ж) | [pozítsija] |
| principe (het) | принцип (м) | [príntsip] |

| probleem (het) | проблем (м) | [problém] |
| proces (het) | процес (м) | [protsés] |
| reactie (de) | реакция (ж) | [reáktsija] |

| reden (om ~ van) | причина (ж) | [pritʃína] |
| risico (het) | риск (м) | [risk] |
| samenvallen (het) | съвпадение (с) | [səfpadénie] |
| serie (de) | серия (ж) | [sérija] |

| situatie (de) | ситуация (ж) | [situátsija] |
| soort (bijv. ~ sport) | вид (м) | [vit] |
| standaard (bn) | стандартен | [standárten] |
| standaard (de) | стандарт (м) | [standárt] |
| stijl (de) | стил (м) | [stil] |

| stop (korte onderbreking) | почивка (ж) | [potʃífka] |
| systeem (het) | система (ж) | [sistéma] |
| tabel (bijv. ~ van Mendelejev) | таблица (ж) | [táblitsa] |
| tempo (langzaam ~) | темпо (с) | [témpo] |
| term (medische ~en) | термин (м) | [término] |

| type (soort) | тип (м) | [tip] |
| variant (de) | вариант (м) | [variánt] |
| veelvuldig (bn) | чест | [tʃest] |
| vergelijking (de) | сравнение (с) | [sravnénie] |
| voorbeeld (het goede ~) | пример (м) | [prímer] |

| voortgang (de) | прогрес (м) | [progrés] |
| voorwerp (ding) | обект (м) | [obékt] |
| vorm (uiterlijke ~) | форма (ж) | [fórma] |
| waarheid (de) | истина (ж) | [ístina] |
| zone (de) | зона (ж) | [zóna] |

## 250. Beperkende bijwoorden. Bijvoeglijke naamwoorden. Deel 1

| accuraat (uurwerk, enz.) | акуратен | [akuráten] |
| achter- (abn) | заден | [záden] |
| additioneel (bn) | допълнителен | [dopəlnítelen] |
| anders (bn) | различен | [razlítʃen] |

| arm (bijv. ~e landen) | беден | [béden] |
| begrijpelijk (bn) | понятен | [ponʲáten] |
| belangrijk (bn) | важен | [váʒen] |
| belangrijkst (bn) | най-важен | [naj-váʒen] |

| beleefd (bn) | вежлив | [veʒlív] |
| beperkt (bn) | ограничен | [ogranitʃén] |
| betekenisvol (bn) | значителен | [znatʃítelen] |
| bijziend (bn) | късоглед | [kəsoglét] |
| binnen- (abn) | вътрешен | [vétreʃen] |

| bitter (bn) | горчив | [gortʃív] |
| blind (bn) | сляп | [slʲap] |
| breed (een ~e straat) | широк | [ʃirók] |

| breekbaar (porselein, glas) | крехък | [kréhək] |
| buiten- (abn) | външен | [vénʃen] |

| buitenlands (bn) | чуждестранен | [ʧuʒdestránen] |
| burgerlijk (bn) | граждански | [gráʒdanski] |
| centraal (bn) | централен | [tsentrálen] |
| dankbaar (bn) | благодарен | [blagodáren] |
| dicht (~e mist) | гъст | [gəst] |

| dicht (bijv. ~e mist) | гъст | [gəst] |
| dicht (in de ruimte) | близък | [blízək] |
| dicht (bn) | ближен | [blíʒen] |
| dichtstbijzijnd (bn) | най-близък | [naj-blízək] |

| diepvries (~product) | замразен | [zamrazén] |
| dik (bijv. muur) | дебел | [debél] |
| dof (~ licht) | блед | [blet] |
| dom (dwaas) | глупав | [glúpav] |

| donker (bijv. ~e kamer) | тъмен | [témen] |
| dood (bn) | мъртъв | [mértəv] |
| doorzichtig (bn) | бистър | [bístər] |
| droevig (~ blik) | печален | [peʧálen] |
| droog (bn) | сух | [suh] |

| dun (persoon) | слаб | [slap] |
| duur (bn) | скъп | [skəp] |
| eender (bn) | еднакъв | [ednákəv] |
| eenvoudig (bn) | лесен | [lésen] |
| eenvoudig (bn) | лесен | [lésen] |

| eeuwenoude (~ beschaving) | древен | [dréven] |
| enorm (bn) | огромен | [ogrómen] |
| geboorte- (stad, land) | роден | [róden] |
| gebruind (bn) | почернял | [poʧernʲál] |

| gelijkend (bn) | приличащ | [prilíʧaʃt] |
| gelukkig (bn) | щастлив | [ʃtastlív] |
| gesloten (bn) | затворен | [zatvóren] |
| getaand (bn) | мургав | [múrgav] |

| gevaarlijk (bn) | опасен | [opásen] |
| gewoon (bn) | обикновен | [obiknovén] |
| gezamenlijk (~ besluit) | съвместен | [səvmésten] |
| glad (~ oppervlak) | гладък | [gládək] |
| glad (~ oppervlak) | равен | [ráven] |

| goed (bn) | добър | [dobér] |
| goedkoop (bn) | евтин | [éftin] |
| gratis (bn) | безплатен | [bespláten] |
| groot (bn) | голям | [golʲám] |

| hard (niet zacht) | твърд | [tvərt] |
| heel (volledig) | цял | [tsʲal] |
| heet (bn) | горещ | [goréʃt] |
| hongerig (bn) | гладен | [gláden] |

| hoofd- (abn) | главен | [gláven] |
| hoogste (bn) | висш | [visʃ] |
| huidig (courant) | настоящ | [nastojáʃt] |
| jong (bn) | млад | [mlat] |

| juist, correct (bn) | правилен | [právilen] |
| kalm (bn) | спокоен | [spokóen] |
| kinder- (abn) | детски | [détski] |
| klein (bn) | малък | [málək] |
| koel (~ weer) | прохладен | [prohláden] |

| kort (kortstondig) | краткотраен | [kratkotráen] |
| kort (niet lang) | къс | [kəs] |
| koud (~ water, weer) | студен | [studén] |
| kunstmatig (bn) | изкуствен | [iskústven] |

| laatst (bn) | последен | [posléden] |
| lang (een ~ verhaal) | дълъг | [dé`lək] |
| langdurig (bn) | продължителен | [prodəʤítelen] |
| lastig (~ probleem) | сложен | [slóʒen] |

| leeg (glas, kamer) | празен | [prázen] |
| lekker (bn) | вкусен | [fkúsen] |
| licht (kleur) | светъл | [svétəl] |
| licht (niet veel weegt) | лек | [lek] |

| linker (bn) | ляв | [lʲav] |
| luid (bijv. ~e stem) | силен | [sílen] |
| mager (bn) | кльощав | [klʲóʃtaf] |
| mat (bijv. ~ verf) | матов | [mátov] |
| moe (bn) | изморен | [izmorén] |

| moeilijk (~ besluit) | труден | [trúden] |
| mogelijk (bn) | възможен | [vəzmóʒen] |
| mooi (bn) | хубав | [húbav] |
| mysterieus (bn) | загадъчен | [zagádətʃen] |

| naburig (bn) | съседен | [səséden] |
| nalatig (bn) | немарлив | [nemarlív] |
| nat (~te kleding) | мокър | [mókər] |
| nerveus (bn) | нервен | [nérven] |
| niet groot (bn) | неголям | [negolʲám] |

| niet moeilijk (bn) | лесен | [lésen] |
| nieuw (bn) | нов | [nov] |
| nodig (bn) | нужен | [núʒen] |
| normaal (bn) | нормален | [normálen] |

## 251. Beperkende bijwoorden. Bijvoeglijke naamwoorden. Deel 2

| onbegrijpelijk (bn) | непонятен | [neponʲáten] |
| onbelangrijk (bn) | незначителен | [neznatʃítelen] |
| onbeweeglijk (bn) | неподвижен | [nepodvíʒen] |
| onbewolkt (bn) | безоблачен | [bezóblatʃen] |

229

| | | |
|---|---|---|
| ondergronds (geheim) | нелегален | [nelegálen] |
| ondiep (bn) | плитък | [plítək] |
| onduidelijk (bn) | неясен | [nejásen] |
| onervaren (bn) | неопитен | [neópiten] |
| onmogelijk (bn) | невъзможен | [nevəzmóʒen] |
| onontbeerlijk (bn) | необходим | [neobhodím] |
| | | |
| onophoudelijk (bn) | непрекъснат | [neprekə́snat] |
| ontkennend (bn) | отрицателен | [otritsátelen] |
| open (bn) | отворен | [otvóren] |
| openbaar (bn) | обществен | [obʃtéstven] |
| origineel (ongewoon) | оригинален | [originálen] |
| | | |
| oud (~ huis) | стар | [star] |
| overdreven (bn) | прекален | [prekalén] |
| passend (bn) | пригоден | [prigóden] |
| permanent (bn) | постоянен | [postojánen] |
| persoonlijk (bn) | частен | [ʧásten] |
| | | |
| plat (bijv. ~ scherm) | плосък | [plósək] |
| prachtig (~ paleis, enz.) | прекрасен | [prekrásen] |
| precies (bn) | точен | [tóʧen] |
| prettig (bn) | приятен | [prijáten] |
| privé (bn) | частен | [ʧásten] |
| | | |
| punctueel (bn) | пунктуален | [punktuálen] |
| rauw (niet gekookt) | суров | [suróf] |
| recht (weg, straat) | прав | [prav] |
| rechter (bn) | десен | [désen] |
| rijp (fruit) | зрял | [zrʲal] |
| | | |
| riskant (bn) | рискован | [riskóvan] |
| ruim (een ~ huis) | просторен | [prostóren] |
| rustig (bn) | тих | [tih] |
| scherp (bijv. ~ mes) | остър | [óstər] |
| schoon (niet vies) | чист | [ʧist] |
| | | |
| slecht (bn) | лош | [loʃ] |
| slim (verstandig) | умен | [úmen] |
| smal (~le weg) | тесен | [tésen] |
| snel (vlug) | бърз | [bərz] |
| somber (bn) | мрачен | [mráʧen] |
| speciaal (bn) | специален | [spetsiálen] |
| | | |
| sterk (bn) | силен | [sílen] |
| stevig (bn) | стабилен | [stabílen] |
| straatarm (bn) | беден | [béden] |
| strak (schoenen, enz.) | тесен | [tésen] |
| teder (liefderijk) | нежен | [néʒen] |
| | | |
| tegenovergesteld (bn) | противоположен | [protivopolóʒen] |
| tevreden (bn) | доволен | [dovólen] |
| tevreden (klant, enz.) | удовлетворен | [udovletvorén] |
| treurig (bn) | тъжен | [tə́ʒen] |
| tweedehands (bn) | употребяван | [upotrebʲávan] |
| uitstekend (bn) | отличен | [otlíʧen] |

| | | |
|---|---|---|
| uitstekend (bn) | превъзходен | [prevəshóden] |
| uniek (bn) | уникален | [unikálen] |
| veilig (niet gevaarlijk) | безопасен | [bezopásen] |
| ver (in de ruimte) | далечен | [dalétʃen] |

| | | |
|---|---|---|
| verenigbaar (bn) | съвместим | [səvmestím] |
| vermoeiend (bn) | изморителен | [izmorítelen] |
| verplicht (bn) | обезателен | [obezátelen] |
| vers (~ brood) | пресен | [présen] |
| verschillende (bn) | различен, разни | [razlítʃen], [rázni] |

| | | |
|---|---|---|
| verst (meest afgelegen) | далечен | [dalétʃen] |
| vettig (voedsel) | мазен | [mázen] |
| vijandig (bn) | враждебен | [vraʒdében] |
| vloeibaar (bn) | течен | [tétʃen] |
| vochtig (bn) | влажен | [vláʒen] |
| vol (helemaal gevuld) | пълен | [pélen] |

| | | |
|---|---|---|
| volgend (~ jaar) | следващ | [slédvaʃt] |
| vorig (bn) | минал | [mínal] |
| voornaamste (bn) | основен | [osnóven] |
| vorig (~ jaar) | минал | [mínal] |
| vorig (bijv. ~e baas) | предишен | [predíʃen] |

| | | |
|---|---|---|
| vriendelijk (aardig) | мил | [mil] |
| vriendelijk (goedhartig) | добър | [dobér] |
| vrij (bn) | свободен | [svobóden] |
| vrolijk (bn) | весел | [vésel] |
| vruchtbaar (~ land) | плодороден | [plodoróden] |

| | | |
|---|---|---|
| vuil (niet schoon) | мръсен | [mrésen] |
| waarschijnlijk (bn) | вероятен | [verojáten] |
| warm (bn) | топъл | [tópəl] |
| wettelijk (bn) | законен | [zakónen] |
| zacht (bijv. ~ kussen) | мек | [mek] |

| | | |
|---|---|---|
| zacht (bn) | тих | [tih] |
| zeldzaam (bn) | рядък | [rʲádək] |
| ziek (bn) | болен | [bólen] |
| zoet (~ water) | сладък | [sládək] |
| zoet (bn) | сладък | [sládək] |

| | | |
|---|---|---|
| zonnig (~e dag) | слънчев | [sléntʃev] |
| zorgzaam (bn) | грижлив | [griʒlív] |
| zout (de soep is ~) | солен | [solén] |
| zuur (smaak) | кисел | [kísel] |
| zwaar (~ voorwerp) | тежък | [téʒək] |

# DE 500 BELANGRIJKSTE WERKWOORDEN

## 252. Werkwoorden A-C

| | | |
|---|---|---|
| aaien (bijv. een konijn ~) | галя | [gálʲa] |
| aanbevelen (ww) | съветвам | [səvétvam] |
| aandringen (ww) | настоявам | [nastojávam] |
| aankomen (ov. de treinen) | пристигам | [pristígam] |
| | | |
| aanleggen (bijv. bij de pier) | акостирам | [akostíram] |
| aanraken (met de hand) | докосвам се | [dokósvam se] |
| aansteken (kampvuur, enz.) | запалвам | [zapálvam] |
| aanstellen (in functie plaatsen) | назначавам | [naznatʃávam] |
| | | |
| aanvallen (mil.) | атакувам | [atakúvam] |
| aanvoelen (gevaar ~) | чувствам | [tʃúfstvam] |
| aanvoeren (leiden) | оглавявам | [oglavʲávam] |
| aanwijzen (de weg ~) | посочвам | [posótʃvam] |
| | | |
| aanzetten (computer, enz.) | включвам | [fklʲútʃvam] |
| ademen (ww) | дишам | [díʃam] |
| adverteren (ww) | рекламирам | [reklamíram] |
| adviseren (ww) | съветвам | [səvétvam] |
| | | |
| afdalen (on.ww.) | слизам | [slízam] |
| afgunstig zijn (ww) | завиждам | [zavíʒdam] |
| afhakken (ww) | отсека | [otseká] |
| afhangen van ... | завися от ... | [zavísʲa ot] |
| | | |
| afluisteren (ww) | подслушвам | [potslúʃvam] |
| afnemen (verwijderen) | свалям | [sválʲam] |
| afrukken (ww) | откъсна | [otkésna] |
| afslaan (naar rechts ~) | завивам | [zavívam] |
| | | |
| afsnijden (ww) | отрязвам | [otrʲázvam] |
| afzeggen (ww) | отменям | [otménʲam] |
| amputeren (ww) | ампутирам | [amputíram] |
| amuseren (ww) | забавлявам | [zabávlʲavam] |
| | | |
| antwoorden (ww) | отговарям | [otgovárʲam] |
| applaudisseren (ww) | аплодирам | [aplodíram] |
| aspireren (iets willen worden) | стремя се | [stremʲá se] |
| assisteren (ww) | асистирам | [asistíram] |
| | | |
| bang zijn (ww) | страхувам се | [strahúvam se] |
| barsten (plafond, enz.) | напуквам се | [napúkvam se] |
| bedienen (in restaurant) | обслужвам | [obslúʒvam] |
| bedreigen (bijv. met een pistool) | заплашвам | [zaplálʃvam] |

| | | |
|---|---|---|
| bedriegen (ww) | лъжа | [léʒa] |
| beduiden (betekenen) | означавам | [oznatʃávam] |
| bedwingen (ww) | удържам | [udérʒam] |
| beëindigen (ww) | приключвам | [priklʲútʃvam] |

| | | |
|---|---|---|
| begeleiden (vergezellen) | придружавам | [pridruʒávam] |
| begieten (water geven) | поливам | [polívam] |
| beginnen (ww) | започвам | [zapótʃvam] |
| begrijpen (ww) | разбирам | [razbíram] |
| behandelen (patiënt, ziekte) | лекувам | [lekúvam] |

| | | |
|---|---|---|
| beheren (managen) | ръководя | [rəkovódʲa] |
| beïnvloeden (ww) | влияя | [vlijája] |
| bekennen (misdadiger) | признавам се | [priznávam se] |
| beledigen (met scheldwoorden) | оскърбявам | [oskərbʲávam] |

| | | |
|---|---|---|
| beledigen (ww) | обиждам | [obíʒdam] |
| beloven (ww) | обещавам | [obeʃtávam] |
| beperken (de uitgaven ~) | ограничавам | [ogranitʃávam] |
| bereiken (doel ~, enz.) | достигам | [dostígam] |

| | | |
|---|---|---|
| bereiken (plaats van bestemming ~) | стигам | [stígam] |
| beschermen (bijv. de natuur ~) | опазвам | [opázvam] |
| beschuldigen (ww) | обвинявам | [obvinʲávam] |
| beslissen (~ iets te doen) | решавам | [reʃávam] |

| | | |
|---|---|---|
| besmet worden (met …) | заразя се | [zarazʲá se] |
| besmetten (ziekte overbrengen) | заразявам | [zarazʲávam] |
| bespreken (spreken over) | обсъждам | [obséʒdam] |
| bestaan (een ~ voeren) | живея | [ʒivéja] |

| | | |
|---|---|---|
| bestellen (eten ~) | поръчвам | [porétʃvam] |
| bestraffen (een stout kind ~) | наказвам | [nakázvam] |
| betalen (ww) | плащам | [pláʃtam] |
| betekenen (beduiden) | знача | [znátʃa] |

| | | |
|---|---|---|
| betreuren (ww) | съжалявам | [səʒalʲávam] |
| bevallen (prettig vinden) | харесвам | [harésvam] |
| bevelen (mil.) | заповядвам | [zapovʲádvam] |
| bevredigen (ww) | удовлетворявам | [udovletvorʲávam] |

| | | |
|---|---|---|
| bevrijden (stad, enz.) | освобождавам | [osvoboʒdávam] |
| bewaren (oude brieven, enz.) | съхранявам | [səhranʲávam] |
| bewaren (vrede, leven) | съхранявам | [səhranʲávam] |
| bewijzen (ww) | доказвам | [dokázvam] |

| | | |
|---|---|---|
| bewonderen (ww) | възхищавам се | [vəshiʃtávam se] |
| bezitten (ww) | владея | [vladéja] |
| bezorgd zijn (ww) | безпокоя се | [bespokojá se] |
| bezorgd zijn (ww) | вълнувам се | [vəlnúvam se] |
| bidden (praten met God) | моля се | [mólʲa se] |
| bijvoegen (ww) | добавям | [dobávʲam] |

| binden (ww) | свързвам | [svérzvam] |
| binnengaan (een kamer ~) | влизам | [vlízam] |

| blazen (ww) | надувам | [nadúvam] |
| blozen (zich schamen) | изчервявам се | [istʃervʲávam se] |
| blussen (brand ~) | загасявам | [zagasʲávam] |
| boos maken (ww) | сърдя | [sérdʲa] |

| boos zijn (ww) | сърдя се на ... | [sérdʲa se na] |
| breken | скъсам се | [skésam se] |
| (on.ww., van een touw) | | |
| breken (speelgoed, enz.) | чупя | [tʃúpʲa] |
| brengen (iets ergens ~) | докарвам | [dokárvam] |

| charmeren (ww) | очаровам | [otʃaróvam] |
| citeren (ww) | цитирам | [tsitíram] |
| compenseren (ww) | компенсирам | [kompensíram] |
| compliceren (ww) | усложнявам | [usloʒnʲávam] |

| componeren (muziek ~) | съчинявам | [sətʃinʲávam] |
| compromitteren (ww) | компрометирам | [komprometíram] |
| concurreren (ww) | конкурирам | [konkuríram] |
| controleren (ww) | контролирам | [kontrolíram] |

| coöpereren (samenwerken) | сътруднича | [sətrúdnitʃa] |
| coördineren (ww) | координирам | [koordiníram] |
| corrigeren (fouten ~) | поправям | [poprávʲam] |
| creëren (ww) | създам | [səzdám] |

## 253. Werkwoorden D-K

| danken (ww) | благодаря | [blagodarʲá] |
| de was doen | пера | [perá] |
| de weg wijzen | направлявам | [napravlʲávam] |
| deelnemen (ww) | участвам | [utʃástvam] |
| delen (wisk.) | деля | [delʲá] |

| denken (ww) | мисля | [míslʲa] |
| doden (ww) | убивам | [ubívam] |
| doen (ww) | правя | [právʲa] |
| dresseren (ww) | дресирам | [dresíram] |

| drinken (ww) | пия | [píja] |
| drogen (klederen, haar) | суша | [suʃá] |
| dromen (in de slaap) | сънувам | [sənúvam] |
| dromen (over vakantie ~) | мечтая | [metʃtája] |
| duiken (ww) | гмуркам се | [gmúrkam se] |

| durven (ww) | осмелявам се | [osmelʲávam se] |
| duwen (ww) | блъскам | [bléskam] |
| een auto besturen | карам кола | [káram kolá] |
| een bad geven | къпя | [képʲa] |
| een bad nemen | мия се | [míja se] |
| een conclusie trekken | правя заключение | [právʲa zaklʲutʃénie] |

| | | |
|---|---|---|
| foto's maken | снимам | [snímam] |
| eisen (met klem vragen) | изисквам | [izískvam] |
| erkennen (schuld) | признавам | [priznávam] |
| erven (ww) | наследявам | [nasledʲávam] |
| | | |
| eten (ww) | ям | [jam] |
| excuseren (vergeven) | извинявам | [izvinʲávam] |
| existeren (bestaan) | съществувам | [səʃtestvúvam] |
| feliciteren (ww) | поздравявам | [pozdravʲávam] |
| gaan (te voet) | вървя | [vərvʲá] |
| | | |
| gaan slapen | лягам да спя | [lʲágam da spʲa] |
| gaan zitten (ww) | сядам | [sʲádam] |
| gaan zwemmen | къпя се | [képʲa se] |
| garanderen (garantie geven) | гарантирам | [garantíram] |
| | | |
| gebruiken (bijv. een potlood ~) | ползвам | [pólzvam] |
| gebruiken (woord, uitdrukking) | употребявам | [upotrebʲávam] |
| geconserveerd zijn (ww) | запазвам се | [zapázvam se] |
| gedateerd zijn (ww) | датирам се | [datíram se] |
| gehoorzamen (ww) | подчинявам се | [podtʃinʲávam se] |
| | | |
| gelijken (op elkaar lijken) | приличам | [prilíʧam] |
| geloven (vinden) | вярвам | [vʲárvam] |
| genoeg zijn (ww) | стигам | [stígam] |
| geven (ww) | давам | [dávam] |
| gieten (in een beker ~) | наливам | [nalívam] |
| | | |
| glimlachen (ww) | усмихвам се | [usmíhvam se] |
| glimmen (glanzen) | светя | [svétʲa] |
| gluren (ww) | надниквам | [nadníkvam] |
| goed raden (ww) | отгатна | [otgátna] |
| gooien (een steen, enz.) | хвърлям | [hvérlʲam] |
| | | |
| grappen maken (ww) | шегувам се | [ʃegúvam se] |
| graven (tunnel, enz.) | ровя | [róvʲa] |
| haasten (iemand ~) | карам ... да бърза | [káram ... da bérza] |
| hebben (ww) | имам | [ímam] |
| helpen (hulp geven) | помагам | [pomágam] |
| | | |
| herhalen (opnieuw zeggen) | повтарям | [poftárʲam] |
| herinneren (ww) | помня | [pómnʲa] |
| herinneren aan ... (afspraak, opdracht) | напомням | [napómnʲam] |
| herkennen (identificeren) | опознавам | [opoznávam] |
| herstellen (repareren) | поправям | [poprávʲam] |
| | | |
| het haar kammen | сресвам се | [srésvam se] |
| hopen (ww) | надявам се | [nadʲávam se] |
| horen (waarnemen met het oor) | чувам | [ʧúvam] |
| houden van (muziek, enz.) | обичам | [obíʧam] |
| huilen (wenen) | плача | [pláʧa] |
| huiveren (ww) | трепвам | [trépvam] |

| huren (een boot ~) | наемам | [naémam] |
| huren (huis, kamer) | наемам | [naémam] |
| huren (personeel) | наемам | [naémam] |
| imiteren (ww) | имитирам | [imitíram] |

| importeren (ww) | внасям | [vnásʲam] |
| inenten (vaccineren) | ваксинирам | [vaksiníram] |
| informeren (informatie geven) | информирам | [informíram] |
| informeren naar ... | научавам | [nautʃávam] |
| (navraag doen) | | |
| inlassen (invoegen) | слагам | [slágam] |

| inpakken (in papier) | опаковам | [opakóvam] |
| inspireren (ww) | въодушевявам | [vəoduʃevʲávam] |
| instemmen (akkoord gaan) | съгласявам се | [səglasʲávam se] |
| interesseren (ww) | интересувам | [interesúvam] |

| irriteren (ww) | дразня | [dráznʲa] |
| isoleren (ww) | изолирам | [izolíram] |
| jagen (ww) | ловувам | [lovúvam] |
| kalmeren (kalm maken) | успокоявам | [uspokojávam] |

| kennen (kennis | познавам | [poznávam] |
| hebben van iemand) | | |
| kennismaken (met ...) | запознавам се | [zapoznávam se] |
| kiezen (ww) | избирам | [izbíram] |
| kijken (ww) | гледам | [glédam] |

| klaarmaken (een plan ~) | подготвя | [podgótvʲa] |
| klaarmaken (het eten ~) | готвя | [gótvʲa] |
| klagen (ww) | оплаквам се | [oplákvam se] |
| kloppen (aan een deur) | чукам (на врата) | [tʃúkam na vratá] |

| kopen (ww) | купувам | [kupúvam] |
| kopieën maken | размножавам | [razmnoʒávam] |
| kosten (ww) | струвам | [strúvam] |
| kunnen (ww) | мога | [móga] |
| kweken (planten ~) | отглеждам | [otgléʒdam] |

## 254. Werkwoorden L-R

| lachen (ww) | смея се | [sméja se] |
| laden (geweer, kanon) | зареждам | [zaréʒdam] |
| laden (vrachtwagen) | натоварвам | [natovárvam] |
| laten vallen (ww) | изтървавам | [istərvávam] |

| lenen (geld ~) | взимам на заем | [vzímam na záem] |
| leren (lesgeven) | обучавам | [obutʃávam] |
| leven (bijv. in Frankrijk ~) | живея | [ʒivéja] |
| lezen (een boek ~) | чета | [tʃeta] |

| lid worden (ww) | присъединявам се | [prisəedinʲávam se] |
| liefhebben (ww) | обичам | [obítʃam] |
| liegen (ww) | лъжа | [léʒa] |

| | | |
|---|---|---|
| liggen (op de tafel ~) | лежа | [leʒá] |
| liggen (persoon) | лежа | [leʒá] |
| lijden (pijn voelen) | страдам | [strádam] |
| losbinden (ww) | отвързвам | [otvǽrzvam] |
| luisteren (ww) | слушам | [slúʃam] |
| | | |
| lunchen (ww) | обядвам | [obʲádvam] |
| markeren (op de kaart, enz.) | отбелязвам | [otbelʲázvam] |
| melden (nieuws ~) | съобщавам | [seobʃtávam] |
| memoriseren (ww) | запомням | [zapómnʲam] |
| | | |
| mengen (ww) | смесвам | [smésvam] |
| mikken op (ww) | целя се | [tsélʲa se] |
| minachten (ww) | презирам | [prezíram] |
| moeten (ww) | дължа | [deʒá] |
| | | |
| morsen (koffie, enz.) | проливам | [prolívam] |
| naderen (dichterbij komen) | доближавам (се) | [dobliʒávam se] |
| neerlaten (ww) | спускам | [spúskam] |
| nemen (ww) | взимам | [vzímam] |
| | | |
| nodig zijn (ww) | трябвам | [trʲábvam] |
| noemen (ww) | наричам | [narítʃam] |
| noteren (opschrijven) | отбележа | [otbeléʒa] |
| omhelzen (ww) | прегръщам | [pregréʃtam] |
| | | |
| omkeren (steen, voorwerp) | обърна | [obérna] |
| onderhandelen (ww) | водя преговори | [vódʲa prégovori] |
| ondernemen (ww) | предприемам | [pretpriémam] |
| onderschatten (ww) | недооценявам | [nedootsenʲávam] |
| | | |
| onderscheiden (een ereteken geven) | наградя | [nagradʲá] |
| onderstrepen (ww) | подчертая | [podtʃertája] |
| ondertekenen (ww) | подписвам | [potpísvam] |
| onderwijzen (ww) | инструктирам | [instruktíram] |
| | | |
| onderzoeken (alle feiten, enz.) | разгледам | [razglédam] |
| bezorgd maken | безпокоя | [bespokojá] |
| onmisbaar zijn (ww) | трябвам | [trʲábvam] |
| ontbijten (ww) | закусвам | [zakúsvam] |
| | | |
| ontdekken (bijv. nieuw land) | откривам | [otkrívam] |
| ontkennen (ww) | отричам | [otrítʃam] |
| ontlopen (gevaar, taak) | избягвам | [izbʲágvam] |
| ontnemen (ww) | лишавам | [liʃávam] |
| | | |
| ontwerpen (machine, enz.) | проектирам | [proektíram] |
| oorlog voeren (ww) | воювам | [vojúvam] |
| op orde brengen | подреждам | [podréʒdam] |
| opbergen (in de kast, enz.) | скривам | [skrívam] |
| opduiken (ov. een duikboot) | изплувам | [isplúvam] |
| | | |
| openen (ww) | отварям | [otvárʲam] |
| ophangen (bijv. gordijnen ~) | закачам | [zakátʃam] |

| | | |
|---|---|---|
| ophouden (ww) | прекратявам | [prekrat'ávam] |
| oplossen (een probleem ~) | реша | [reʃá] |
| opmerken (zien) | забелязвам | [zabel'ázvam] |

| | | |
|---|---|---|
| opmerken (zien) | видя | [víd'a] |
| opscheppen (ww) | хваля се | [hvál'a se] |
| opschrijven (op een lijst) | вписвам | [fpísvam] |
| opschrijven (ww) | записвам | [zapísvam] |

| | | |
|---|---|---|
| opstaan (uit je bed) | ставам | [stávam] |
| opstarten (project, enz.) | пускам, стартирам | [púskam], [startíram] |
| opstijgen (vliegtuig) | излитам | [izlítam] |
| optreden (resoluut ~) | действам | [déjstvam] |

| | | |
|---|---|---|
| organiseren (concert, feest) | организирам | [organizíram] |
| overdoen (ww) | преправям | [prepráv'am] |
| overheersen (dominant zijn) | преобладавам | [preobladávam] |
| overschatten (ww) | надценявам | [nattsen'ávam] |

| | | |
|---|---|---|
| overtuigd worden (ww) | убеждавам се | [ubeʒdávam se] |
| overtuigen (ww) | убеждавам | [ubeʒdávam] |
| passen (jurk, broek) | подхождам | [podhóʒdam] |
| passeren (~ mooie dorpjes, enz.) | минавам | [minávam] |

| | | |
|---|---|---|
| peinzen (lang nadenken) | замисля се | [zamísl'a se] |
| penetreren (ww) | прониквам | [proníkvam] |
| plaatsen (ww) | слагам | [slágam] |
| plaatsen (zetten) | нареждам | [naréʒdam] |

| | | |
|---|---|---|
| plannen (ww) | планирам | [planíram] |
| plezier hebben (ww) | веселя се | [vesel'á se] |
| plukken (bloemen ~) | късам | [kэsam] |
| prefereren (verkiezen) | предпочитам | [pretpoʧítam] |

| | | |
|---|---|---|
| proberen (trachten) | опитвам се | [opítvam se] |
| proberen (trachten) | опитам се | [opítam se] |
| protesteren (ww) | протестирам | [protestíram] |
| provoceren (uitdagen) | провокирам | [provokíram] |

| | | |
|---|---|---|
| raadplegen (dokter, enz.) | консултирам се с ... | [konsultíram se s] |
| rapporteren (ww) | докладвам | [dokládvam] |
| redden (ww) | спасявам | [spas'ávam] |
| regelen (conflict) | уреждам | [uréʒdam] |

| | | |
|---|---|---|
| reinigen (schoonmaken) | пречиствам | [potʃístvam] |
| rekenen op ... | разчитам на ... | [rasʧítam na] |
| rennen (ww) | бягам | [b'ágam] |
| reserveren (een hotelkamer ~) | резервирам | [rezervíram] |

| | | |
|---|---|---|
| rijden (per auto, enz.) | пътувам | [pэtúvam] |
| rillen (ov. de kou) | треперя | [trepér'a] |
| riskeren (ww) | рискувам | [riskúvam] |
| roepen (met je stem) | повикам | [povíkam] |
| roepen (om hulp) | викам | [víkam] |

| ruiken (bepaalde geur verspreiden) | мириша | [miríʃa] |
| ruiken (rozen) | мириша | [miríʃa] |
| rusten (verpozen) | почивам | [potʃívam] |

## 255. Verbs S-V

| samenstellen, maken (een lijst ~) | съставям | [sestávʲam] |
| schieten (ww) | стрелям | [strélʲam] |
| schoonmaken (bijv. schoenen ~) | обелвам | [obélvam] |
| schoonmaken (ww) | подреждам | [podréʒdam] |
| schrammen (ww) | драскам | [dráskam] |
| schreeuwen (ww) | викам | [víkam] |
| schrijven (ww) | пиша | [píʃa] |
| schudden (ww) | треса | [tresá] |
| selecteren (ww) | избера | [izberá] |
| simplificeren (ww) | опрощавам | [oproʃtávam] |
| slaan (een hond ~) | бия | [bíja] |
| sluiten (ww) | затварям | [zatvárʲam] |
| smeken (bijv. om hulp ~) | умолявам | [umolʲávam] |
| souperen (ww) | вечерям | [vetʃérʲam] |
| spelen (bijv. filmacteur) | играя | [igrája] |
| spelen (kinderen, enz.) | играя | [igrája] |
| spreken met ... | говоря с ... | [govórʲa s] |
| spuwen (ww) | плюя | [plʲúja] |
| stelen (ww) | крада | [kradá] |
| stemmen (verkiezing) | гласувам | [glasúvam] |
| steunen (een goed doel, enz.) | подкрепям | [potkrepʲám] |
| stoppen (pauzeren) | спирам се | [spíram se] |
| storen (lastigvallen) | безпокоя | [bespokojá] |
| strijden (tegen een vijand) | боря се | [bórʲa se] |
| strijden (ww) | сражавам се | [sraʒávam se] |
| strijken (met een strijkbout) | гладя | [gládʲa] |
| studeren (bijv. wiskunde ~) | изучавам | [izutʃávam] |
| sturen (zenden) | изпращам | [ispráʃtam] |
| tellen (bijv. geld ~) | броя | [brojá] |
| terugkeren (ww) | завръщам се | [zavréʃtam se] |
| terugsturen (ww) | върна обратно | [vérna obrátno] |
| toebehoren aan ... | принадлежа | [prinadleʒá] |
| toegeven (zwichten) | отстъпвам | [otstépvam] |
| toenemen (on. ww) | увеличавам се | [uvelitʃávam se] |
| toespreken (zich tot iemand richten) | обръщам се | [obréʃtam se] |

| | | |
|---|---|---|
| toestaan (goedkeuren) | позволявам | [pozvolʲávam] |
| toestaan (ww) | разрешавам | [razreʃávam] |

| | | |
|---|---|---|
| toewijden (boek, enz.) | посвещавам | [posveʃtávam] |
| tonen (uitstallen, laten zien) | показвам | [pokázvam] |
| trainen (ww) | тренирам | [treníram] |
| transformeren (ww) | трансформирам | [transformíram] |

| | | |
|---|---|---|
| trekken (touw) | дърпам | [dérpam] |
| trouwen (ww) | женя се | [ʒénʲa se] |
| tussenbeide komen (ww) | намесвам се | [namésvam se] |
| twijfelen (onzeker zijn) | съмнявам се | [səmnʲávam se] |

| | | |
|---|---|---|
| uitdelen (pamfletten ~) | раздам | [razdám] |
| uitdoen (licht) | изключвам | [isklʲútʃvam] |
| uitdrukken (opinie, gevoel) | изразявам | [izrazʲávam] |
| uitgaan (om te dineren, enz.) | излизам | [izlízam] |
| uitlachen (bespotten) | присмивам се | [prismívam se] |

| | | |
|---|---|---|
| uitnodigen (ww) | каня | [kánʲa] |
| uitrusten (ww) | оборудвам | [oborúdvam] |
| uitsluiten (wegsturen) | изключвам | [isklʲútʃvam] |
| uitspreken (ww) | произнасям | [proiznásʲam] |

| | | |
|---|---|---|
| uittorenen (boven …) | възвисявам се | [vəzvisʲávam se] |
| uitvaren tegen (ww) | ругая | [rugája] |
| uitvinden (machine, enz.) | изобретявам | [izobretʲávam] |
| uitwissen (ww) | изтрия | [istríja] |

| | | |
|---|---|---|
| vangen (ww) | ловя | [lovʲá] |
| vastbinden aan … | завързвам | [zavérzvam] |
| vechten (ww) | бия се | [bíja se] |
| veranderen (bijv. mening ~) | сменям | [sménʲam] |

| | | |
|---|---|---|
| verbaasd zijn (ww) | учудвам се | [utʃúdvam se] |
| verbazen (verwonderen) | удивлявам | [udivlʲávam] |
| verbergen (ww) | крия | [kríja] |
| verbieden (ww) | забранявам | [zabranʲávam] |

| | | |
|---|---|---|
| verblinden (andere chauffeurs) | ослепявам | [oslepʲávam] |
| verbouwereerd zijn (ww) | недоумявам | [nedoumʲávam] |
| verbranden (bijv. papieren ~) | изгарям | [izgárʲam] |
| verdedigen (je land ~) | защитавам | [zaʃtitávam] |

| | | |
|---|---|---|
| verdenken (ww) | подозирам | [podozíram] |
| verdienen (een complimentje, enz.) | заслужавам | [zasluʒávam] |
| verdragen (tandpijn, enz.) | търпя | [tərpʲá] |
| verdrinken (in het water omkomen) | давя се | [dávʲa se] |

| | | |
|---|---|---|
| verdubbelen (ww) | удвоявам | [udvojávam] |
| verdwijnen (ww) | изчезна | [iztʃézna] |
| verenigen (ww) | обединявам | [obedinʲávam] |
| vergelijken (ww) | сравнявам | [sravnʲávam] |

| vergeten (achterlaten) | забравям | [zabrávʲam] |
| vergeten (ww) | забравям | [zabrávʲam] |
| vergeven (ww) | прощавам | [proʃtávam] |
| vergroten (groter maken) | увеличавам | [uvelitʃávam] |
| verklaren (uitleggen) | обяснявам | [obʲasnʲávam] |

| verklaren (volhouden) | утвърждавам | [utvɘrʒdávam] |
| verklikken (ww) | доноснича | [donósnitʃa] |
| verkopen (per stuk ~) | продавам | [prodávam] |
| verlaten (echtgenoot, enz.) | изоставям | [ostávʲam] |
| verlichten (gebouw, straat) | осветявам | [osvetʲávam] |

| verlichten (gemakkelijker maken) | облекча | [oblektʃá] |
| verliefd worden (ww) | влюбя се | [vlʲúbʲa se] |
| verliezen (bagage, enz.) | губя | [gúbʲa] |
| vermelden (praten over) | споменавам | [spomenávam] |

| vermenigvuldigen (wisk.) | умножавам | [umnoʒávam] |
| verminderen (ww) | намалявам | [namalʲávam] |
| vermoeid raken (ww) | уморявам се | [umorʲávam se] |
| vermoeien (ww) | уморявам | [umorʲávam] |

## 256. Verbs V-Z

| vernietigen (documenten, enz.) | унищожавам | [uniʃtoʒávam] |
| veronderstellen (ww) | предполагам | [pretpolágam] |
| verontwaardigd zijn (ww) | възмущавам се | [vɘzmuʃtávam se] |
| veroordelen (in een rechtszaak) | осъждам | [osɘʒdam] |

| veroorzaken ... (oorzaak zijn van ...) | да бъда причина | [da bɘda pritʃína] |
| verplaatsen (ww) | премествам | [preméstvam] |
| verpletteren (een insect, enz.) | смачкам | [smátʃkam] |
| verplichten (ww) | принуждавам | [prinuʒdávam] |
| verschijnen (bijv. boek) | излизам | [izlízam] |

| verschijnen (in zicht komen) | появявам се | [pojavʲávam se] |
| verschillen (~ van iets anders) | отличавам се | [otlitʃávam se] |
| versieren (decoreren) | украсявам | [ukrasʲávam] |
| verspreiden (pamfletten, enz.) | разпространявам | [rasprostranʲávam] |

| verspreiden (reuk, enz.) | разпространявам | [rasprostranʲávam] |
| versterken (positie ~) | укрепвам | [ukrépvam] |
| verstommen (ww) | замълча | [zamɘltʃá] |
| vertalen (ww) | превеждам | [prevéʒdam] |
| vertellen (verhaal ~) | разказвам | [raskázvam] |
| vertrekken (bijv. naar Mexico ~) | заминавам | [zaminávam] |

| | | |
|---|---|---|
| vertrouwen (ww) | доверявам | [doverⁱávam] |
| vervolgen (ww) | продължавам | [prodəʒávam] |
| verwachten (ww) | очаквам | [otʃákvam] |
| | | |
| verwarmen (ww) | нагрявам | [nagrⁱávam] |
| verwarren (met elkaar ~) | обърквам | [obérkvam] |
| verwelkomen (ww) | приветствувам | [privétstvuvam] |
| verwezenlijken (ww) | осъществявам | [osəʃtestvⁱávam] |
| | | |
| verwijderen (een obstakel) | отстранявам | [otstranⁱávam] |
| verwijderen (een vlek ~) | премахвам | [premáhvam] |
| verwijten (ww) | упреквам | [uprékvam] |
| verwisselen (ww) | сменям | [sménⁱam] |
| verzoeken (ww) | моля | [mólⁱa] |
| | | |
| verzuimen (school, enz.) | пропускам | [propúskam] |
| vies worden (ww) | изцапам се | [istsápam se] |
| vinden (denken) | смятам | [smⁱátam] |
| vinden (ww) | намирам | [namíram] |
| | | |
| vissen (ww) | ловя риба | [lovⁱá ríba] |
| vleien (ww) | подмазвам се | [podmázvam se] |
| vliegen (vogel, vliegtuig) | летя | [letⁱá] |
| voederen (een dier voer geven) | храня | [hránⁱa] |
| | | |
| volgen (ww) | вървя след ... | [varvⁱá slet] |
| voorstellen (introduceren) | представлявам | [pretstavlⁱávam] |
| voorstellen (Mag ik jullie ~) | запознавам | [zapoznávam] |
| voorstellen (ww) | предлагам | [predlágam] |
| | | |
| voorzien (verwachten) | предвиждам | [predvíʒdam] |
| vorderen (vooruitgaan) | напредвам | [naprédvam] |
| vormen (samenstellen) | образовам | [obrazóvam] |
| vullen (glas, fles) | напълвам | [napélvam] |
| | | |
| waarnemen (ww) | наблюдавам | [nablⁱudávam] |
| waarschuwen (ww) | предупреждавам | [predupreʒdávam] |
| wachten (ww) | чакам | [tʃákam] |
| wassen (ww) | мия | [míja] |
| | | |
| weerspreken (ww) | възразявам | [vəzrazⁱávam] |
| wegdraaien (ww) | обръщам се | [obréʃtam se] |
| wegdragen (ww) | отнасям | [otnásⁱam] |
| wegen (gewicht hebben) | тежа | [teʒá] |
| | | |
| wegjagen (ww) | изгоня | [izgónⁱa] |
| weglaten (woord, zin) | пропускам | [propúskam] |
| wegvaren (uit de haven vertrekken) | отплувам | [otplúvam] |
| | | |
| weigeren (iemand ~) | отказвам | [otkázvam] |
| | | |
| wekken (ww) | събуждам | [səbúʒdam] |
| wensen (ww) | желая | [ʒelája] |
| werken (ww) | работя | [rabótⁱa] |
| weten (ww) | знам | [znam] |

| willen (verlangen) | искам | [ískam] |
| wisselen (omruilen, iets ~) | разменям си | [razménʲam si] |
| worden (bijv. oud ~) | ставам | [stávam] |
| worstelen (sport) | боря се | [bórʲa se] |
| wreken (ww) | отмъщавам | [otmǝʃtávam] |

| zaaien (zaad strooien) | сея | [séja] |
| zeggen (ww) | кажа | [káʒa] |
| zich baseerd op | базирам се на ... | [bazíram se na] |
| zich bevrijden van ... (afhelpen) | избавям се от ... | [izbávʲam se ot] |

| zich concentreren (ww) | концентрирам се | [kontsentríram se] |
| zich ergeren (ww) | дразня се | [dráznʲa se] |
| zich gedragen (ww) | държа се | [dǝrʒá se] |
| zich haasten (ww) | бързам | [bérzam] |
| zich herinneren (ww) | спомням | [spómnʲam] |

| zich herstellen (ww) | оздравявам | [ozdravʲávam] |
| zich indenken (ww) | представям си | [pretstávʲam si] |
| zich interesseren voor ... | интересувам се | [interesúvam se] |
| zich scheren (ww) | бръсна се | [brésna se] |

| zich trainen (ww) | тренирам се | [treníram se] |
| zich verdedigen (ww) | защищавам се | [zaʃtiʃtávam se] |
| zich vergissen (ww) | греша | [greʃá] |
| zich verontschuldigen | извинявам се | [izvinʲávam se] |

| zich vervelen (ww) | скучая | [skutʃája] |
| zijn (ww) | съм, бъда | [sǝm], [béda] |

| zinspelen (ww) | намеквам | [namékvam] |
| zitten (ww) | седя | [sedʲá] |
| zoeken (ww) | търся | [térsʲa] |
| zondigen (ww) | греша | [greʃá] |

| zuchten (ww) | въздъхна | [vǝzdéhna] |
| zwaaien (met de hand) | махам | [máham] |
| zwemmen (ww) | плувам | [plúvam] |
| zwijgen (ww) | мълча | [mǝltʃá] |

www.ingramcontent.com/pod-product-compliance
Lightning Source LLC
Chambersburg PA
CBHW071323090426
42738CB00012B/2771